“十三五”职业教育国家规划教材

“十二五”职业教育国家规划教材
经全国职业教育教材审定委员会审定

21世纪高职高专精品教材 会计系列

第四版

会计制度设计

主　编／牛　慧
副主编／陈平平　肖康元

中国人民大学出版社
·北京·

前言

在现代经济社会中，会计和会计工作对于任何会计主体的正常运行都是不可或缺的。会计人员依法从事会计工作的前提就是要熟悉和掌握会计主体制定的会计制度。而会计制度则是会计主体依据法律法规和本主体经济业务的实际情况，为贯彻本主体的发展理念，通过一定程序精心设计的。

只要对现代经济社会略加考察，我们就不难发现，一个会计主体会计制度的设计是否科学，往往是该主体能否实现可持续发展的一个重要影响因素。实际上，无论是国家机关还是企事业单位，只要其事业能够良性发展，必定有一个设计成功的会计制度给予强力支撑。

本书作为一部研究会计制度设计的专门著作，试图将会计制度设计的基本理论和具体方法，以最直观的方式呈现给读者。作者希望本书能够成为一部“好懂、好学、好记”的“好用”之书。为此，作者在编写过程中以“适用”为理念，以“助学”为定位，以“简洁”为方式，以“趣味”为钥匙，对会计制度设计进行了较全面的揭示。此外，作者还提供了宜于学习、设计精巧的案例以飨读者。

本书由国家开放大学教授、广州工商学院兼职教授牛慧任主编，上海开放大学陈平平副教授、上海海事大学肖康元副教授任副主编。全书分为八章，其中第 1、5 章由牛慧教授执笔，第 2、3 章由肖康元副教授执笔，第 4、6 章由陈平平副教授执笔，第 7 章由北京开放大学倪靖教授执笔，第 8 章由国家教育行政学院教授、广州工商学院兼职教授李树执笔。全书由牛慧教授总纂定稿。

在编写过程中，作者参阅了国内外大量的专业书籍，从会计制度设计领域的专家、学者的著述中获益匪浅，在此一并致谢。

恳请读者对本书缺憾之处予以批评指正。

牛　慧

目录

总 论

引 言

本章叙述了会计制度与会计制度设计的定义，简述了会计制度设计中会计法规体系、会计环境、内部控制制度的关系以及会计制度设计的原则、内容、方法和程序。本章是对会计制度设计基本理论的介绍，它为后续章节企业会计制度设计的学习奠定了基础。

> 第1章是本书的基础，重点介绍会计制度与会计制度设计的定义及相关知识。

学习目标

完成本章学习后，你应能够：

1. 解释制度、会计制度与会计制度设计的定义。
2. 理解会计制度设计中会计法规体系、会计环境、内部控制制度的关系。
3. 掌握会计制度设计的原则和主要内容。

1.1 会计制度与会计制度设计

本节精要

会计制度含义精，制度三种分类清。
设计对象须掌控，六项内容样样明。

1.1.1 会计制度的含义与分类

1. 制度的含义

制度是要求组织成员共同遵守的，按一定程序办事的行为规范和准则。

中国人在很久以前就认识到制度的重要性，“没有规矩不成方圆”的古训即为明证。

制度是制度设计人根据经济社会的实际情况和自己的意图设计出来的。制度设计人既可以是国家，也可以是社会组织。

2. 会计制度的含义

会计制度是由会计主体按一定的程序制定的具有一定强制性的会计行为规范和准则。会计制度是制度的一种类型，是单位管理制度中最根本的制度。

会计制度作为具体指导国家机关、企事业单位会计工作的规范和准则，必须满足以下三个需要：

- 会计机构在会计主体运行中的需要
- 社会公众对会计信息披露的需要
- 政府部门对会计信息汇总报告的需要

会计制度的制定可以保证会计核算行为的规范，保证会计资料的真实、准确，保证会计信息的可比性，保证会计监督的实施。

> 会计制度设计的质量直接影响着会计功能的发挥。

会计制度是管理制度的重要组成部分。

会计制度中规定了会计主体会计事项的确认、计量、报告以及会计核算。

《中华人民共和国会计法》（以下简称《会计法》）规定：国家实行统一的会计制度。国家统一的会计制度由国务院财政部门根据本法制定并公布。

会计主体设计会计制度时，无论在何种会计政策和会计方法中予以选择，都必须保证符合统一会计制度的规定和适合本主体内部的经济态势。

会计制度可以为会计主体顺利实现既定目标提供成功的保障。

3. 会计制度的分类

参照国际会计制度分类惯例，结合中国经济特色和会计监督的态势，中国会计制度的划分如图 1-1 所示。

会计工作制度包括：

- 会计工作交接制度
- 会计档案管理制度

…………

> 会计具有的财务、成本、管理和社会等方面的功能必须经由会计制度的规定来实现。

会计核算和会计监督制度包括：

- 企业会计准则
- 企业会计制度
- 小企业会计准则
- 金融企业会计制度

…………

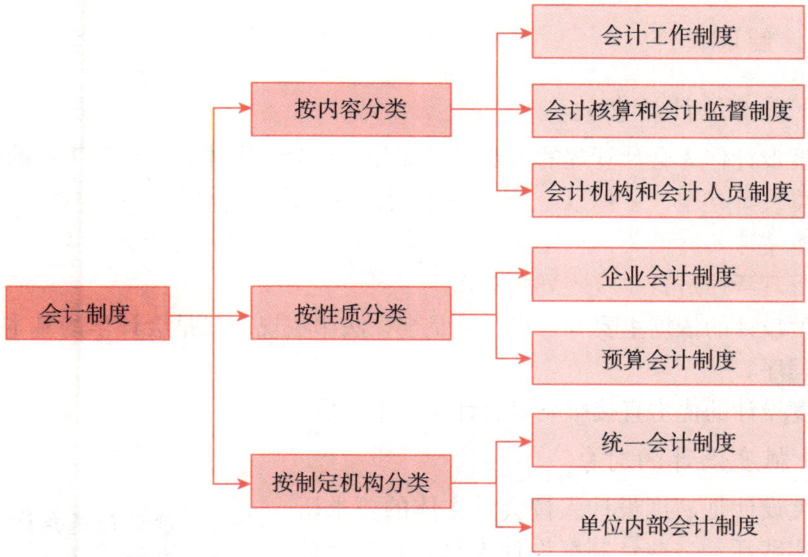

图 1-1　会计制度分类

会计机构和会计人员制度包括：

- 会计机构内部稽核制度
- 会计人员继续教育制度
- 会计人员回避制度
- 会计人员岗位责任制度
- 会计人员职权条例

…………

企业会计制度包括：

- 邮电通信企业会计制度
- 金融企业会计制度
- 房地产开发企业会计制度
- 民航企业会计制度
- 施工企业会计制度

…………

预算会计制度包括：

- 财政总预算会计制度
- 行政单位会计制度
- 事业单位会计制度

…………

单位内部会计制度包括：

- 会计机构内部稽核制度
- 会计人员继续教育制度
- 会计人员岗位责任制度

…………

1.1.2 会计制度设计

1. 会计制度设计的含义

会计制度设计作为会计管理的重要组成部分，是会计主体进行会计工作的前提。

会计制度设计是会计主体以会计法律法规、会计准则为依据，根据系统控制的理论、方法，结合本主体实际需要，运用文字、图表等形式对会计机构和会计人员的职责、会计事务、会计处理程序进行系统规划的工作。

会计制度设计的依据主要有三点：一是会计法律法规；二是会计学的基本理论；三是科学的设计程序。

会计制度设计的优劣直接影响着会计实务工作质量。

2. 会计制度设计的对象

会计制度设计是制度设计人按会计主体的要求所开展的一种实践活动。会计制度设计人只有掌控会计制度设计的对象，才可能为会计主体的会计机构制定出科学的会计工作准则和规范。

> 会计制度设计是会计主体依法确认会计事项、进行会计核算和会计监督工作程序的设计活动。

会计制度设计的对象是会计机构实施会计工作的过程。

会计工作过程是会计主体依法设置会计机构、配备会计人员、运用会计方法对本主体发生的会计事项进行的会计核算和会计监督。

掌控会计制度设计对象，进行会计制度设计应该注意以下几点：

- 依据法律法规
- 针对会计工作中现实存在的问题或可能发生的问题
- 提出解决问题的原则或具体办法
- 以制度的形式予以固定，作为会计工作的依据

会计制度设计对象的内容如图 1-2 所示。

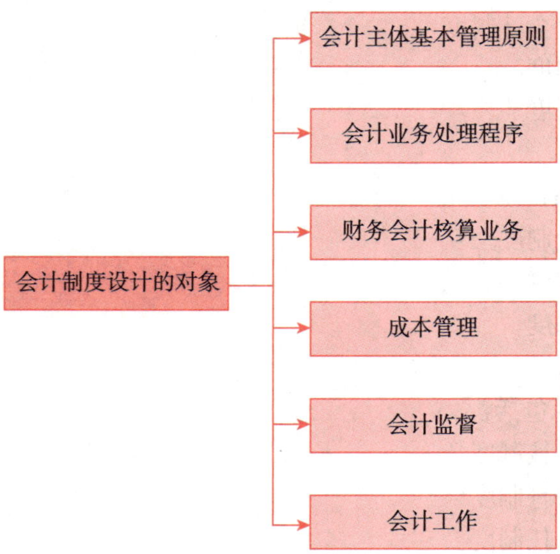

图 1-2 会计制度设计的对象

（1）会计主体基本管理原则是会计主体在法律允许的范围内，根据本主体的宗旨或章程所确立的观察问题、处理问题的准绳。会计主体不同，其管理原则也可能存在一定的差异。

（2）会计业务处理程序是会计主体处理会计事项的流程。无论会计主体之间存在何种差异，其会计业务处理程序均大同小异。

（3）财务会计核算业务包括：

- 财务报表
- 财务评价指标
- 会计科目
- 会计凭证
- 会计账簿
- 账务处理程序
- 财务会计事务程序

（4）成本管理包括：

- 采购成本会计制度
- 制造和作业成本会计制度
- 销售成本会计制度
- 标准和目标成本会计制度
- 物流成本管理会计制度
- 责任会计制度
- 质量会计制度

（5）会计监督包括：

- 内部会计管理体系
- 会计人员岗位责任制
- 内部牵制制度
- 内部稽核制度
- 原始记录管理制度
- 定额管理制度
- 计量验收制度
- 财产清查制度
- 成本管理制度
- 财务收支审批制度
- 财务会计分析制度

（6）会计工作包括：

- 会计机构和会计人员的设置
- 会计制度的实施

设计适应会计主体管理需要的会计制度是建立现代企业制度的一个重要条件。

1.2　会计制度设计的原则和任务

本节精要

会计功能发挥好，制度设计须精巧。
设计原则要点清，设计任务应明了。

1.2.1　会计制度设计的原则

会计制度设计作为会计管理的一项基础工作，其质量直接影响会计功能的发挥。设计人只有遵循一定的原则进行制度设计，才能确保设计的质量；设计人只有认真总结中国会计工作的经验、充分研究和借鉴国际会计惯例，才能设计出符合中国社会主义市场经济体制要求的会计制度。

会计制度设计的原则是会计主体根据本主体的实际需要依法设计会计制度时所依据的法则。

> 原则是话语或行为所依据的法则或标准。

会计制度设计的原则如图 1－3 所示。

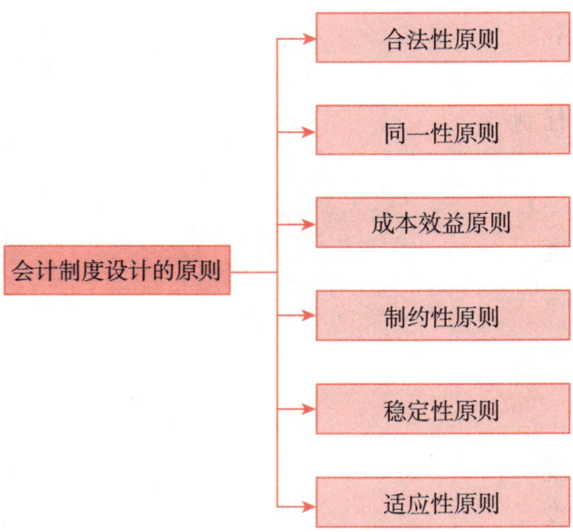

图 1－3　会计制度设计的原则

1. 合法性原则的要点

合法性原则要求会计制度设计必须符合国家的法律、法规和政策的规定。设计的会计制度必须体现国家法律、法规和政策的要求。合法性原则是会计制度设计的首要原则。

> 合法性原则的理解可与第8章的研读相结合。

- 设计会计制度必须依据会计法律法规的规定
- 会计制度必须经得起国家有关法律法规的检验

2. 同一性原则的要点

会计制度设计必须适应社会主义生产关系和社会主义经济核算的要求。同一性原则可促使社会主义经济核算得以顺利实施。同一性原则可视为会计制度设计的标准化原则。

- 会计制度应能满足国家宏观调控的要求
- 会计制度应能满足利益关系人了解会计主体相关财务状况的需要
- 会计制度应能满足会计主体内部管理的需要

3. 成本效益原则的要点

会计制度设计必须注重会计工作的运行质量和工作效率。设计的会计制度在保证会计工作质量的前提下应符合成本效益原则。如果实施时消耗的制度成本大于制度效应，说明设计的会计制度存在缺陷。

- 会计制度应促使会计机构精简
- 会计制度应科学缩短业务处理流程
- 会计制度应合理降低信息载体成本

4. 制约性原则的要点

制约性原则体现内部控制的要求，设计会计制度要符合制约性原则的要求，使会计制度成为内部控制的组成部分。

> 内部控制是会计主体内部为执行国家方针、政策及本主体经营策略，实现既定目标，维护资产完整，保护财务收支合法性、合规性和会计信息真实性、正确性以及保障经济运作的效益性而进行的驾驭和支配。

- 职务分离控制
- 授权批准控制
- 文件记录控制
- 实物保全控制
- 人员素质控制
- 业绩报告控制
- 目标计划控制

5. 稳定性原则的要点

设计的会计制度应能保持相对稳定，制度变更不宜过于频繁，但这并不意味着会计制度是一成不变的。

> 设计会计制度时，对诸如会计科目的分类编号等应留有空号，以备业务发展时进行增删，避免整个编号系统的变更。

- 制度的管理权限集中于管理决策的最高层，不宜分散
- 保持制度总体的相对稳定性，会计年度内不做较大变更
- 各项规定应留有适当余地以适应未来发展的变更需要

6. 适应性原则的要点

设计会计制度要符合适应性原则的要求，设计的会计制度要与会计主体的实际情况相适应。会计主体实际情况的不同导致为特定主体设计的会计制度存在特色。

- 与会计主体的责任性质相适应
- 与会计主体的出资方式相适应
- 与会计主体的核算工具相适应
- 与会计主体的会计记录文字相适应

1.2.2 会计制度设计的任务

会计制度设计的任务源于会计工作的任务。会计主体为保证会计事项的顺利进行，必须下达建立、健全相关的会计制度的指令，这就是会计制度设计的任务。

会计制度设计的任务是由会计主体指定设计人担负的以完成特定的会计工作为宗旨，建立起可保证该工作顺利完成的制度的工作或责任。

任务是担负的工作或责任。

会计制度设计的任务具体如图 1 - 4 所示。

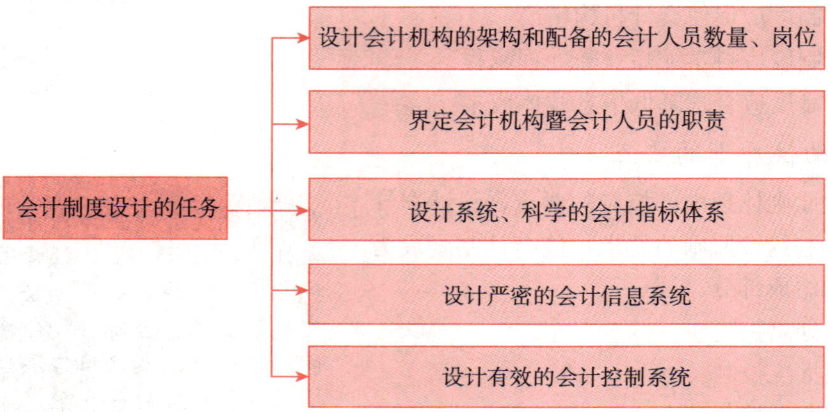

图 1 - 4 会计制度设计的任务

其中，会计指标体系中的会计指标被称为会计制度设计的“中枢神经”，它是确定会计报告的种类和项目、设置会计科目、设置账户、进行会计分析的依据。

设计的会计指标应当包括以下三类指标：

(1) 为国家宏观调控提供服务的综合性指标。它的作用在于国家可依据该指标汇总综合信息，决定国家的宏观经济政策。

(2) 为会计主体的利益关系人及社会公众提供服务的指标。它的作用在于该指标可向会计主体的利害关系人及社会公众提供有关投资和信贷决策、估计现金流量前景，以及该会计主体资产、资产上的权利和它们变动情况的信息。

(3) 为会计主体管理当局决策提供服务的指标。它的作用在于会计主体可依据该指标强化内部管理，提高效益，实现既定目标。

会计制度设计任务完成的效果与设计人的专业判断能力有直接关联。

1.3 会计制度设计的内容

本节精要

设计内容知多少，基本内容掌控好。
主要内容为五项，制度设计构思巧。

会计制度设计的内容是所设计的会计制度内部包含的实质或意义。掌控会计制度设计的内容是进行会计制度设计的重要节点，必须立足于掌控会计制度的基本内容。

1.3.1 会计制度的基本内容

以企业为例，会计制度的基本内容通常有 11 项，下面简述一下它们的主要内容。

1. 总则

会计制度总则是对会计制度重要原则问题的规定。

- 会计制度的制定宗旨
- 会计制度的适用范围
- 会计工作的管理体制

2. 会计机构和会计人员

- 会计机构的设置
- 会计人员的配备
- 会计人员的从业资格
- 会计人员的职业道德

3. 会计科目和使用说明

- 总分类账户和二级账户的名称、编号、类别
- 核算内容

4. 会计凭证、会计账簿和会计报表的格式与应用

- 原始凭证和记账凭证的种类、格式与使用说明
- 日记账、总分类账和明细账的种类、格式与使用说明
- 会计报表的种类、格式与使用说明

5. 会计核算形式

- 账簿组织、记账方法和记账程序配合的方式
- 账簿的种类、格式和各种账簿间的关系
- 编制、审核凭证，登记账簿和提供会计报表所需资料等的程序和方法

6. 会计处理程序手续

- 会计处理程序
- 需办理手续的说明

7. 成本计算规程

- 生产秩序
- 成本分类
- 产品成本计算
- 销售成本
- 成本控制与考核
- 成本报告

产品成本可分为材料成本、人工成本、间接成本。

8. 电算化会计制度

- 电算化会计内部控制系统的规定
- 电算化会计信息系统的维护与管理
- 电算化会计信息系统管理体制与组织结构

9. 内部稽核制度

- 会计机构内部的稽核制度
- 对不相容职务的规定

10. 会计监督制度

- 会计监督制度的规定
- 会计机构、会计人员的会计监督职责
- 对会计违法行为的抵制
- 对会计违法行为的检举

11. 附则

- 会计制度的生效时间
- 会计制度的修改程序
- 会计制度的解释权人

附则是附在会计制度后面的补充性条文。

设计人可根据会计主体的实际情况在会计制度基本内容的基础上进行适当的增补。

1.3.2 会计制度设计的主要内容

会计主体的性质、业务范围、所属机构及人员、设备与管理等因素的不同，必然导致针对不同会计主体所设计的会计制度的具体内容也不甚相同。

会计制度设计的主要内容至少应当包括会计制度总则设计、会计资料设计、会计事务处理准则设计、会计事务处理程序设计和附则设计五个方面。

1. 会计制度总则设计

会计制度总则是对会计制度重要原则问题的规定，也是对会计制度内容的概述。

由于会计制度总则的内容具有较大的弹性，所以，其可由设计人根据会计主体的设计要求，按自己的设计意志和专业取向予以设计。

2. 会计资料设计

会计资料设计是对会计科目、会计凭证、会计账簿、会计报表的设计。

(1) 会计科目的设计。包括一级科目的设计、二级科目的设计和三级科目的设计。

一级科目的设计由国家有关部门组织实施，二级科目和三级科目由设计人根据会计主体的实际需要予以设计，二级科目和三级科目的设计不得与一级科目相悖。

2019 年企业会计科目表如表 1－1 所示。

表 1－1　　2019 年企业会计科目表

序号	编号	名称	序号	编号	名称
		一、资产类	25	1321	代理业务资产
1	1001	库存现金	26	1401	材料采购
2	1002	银行存款	27	1402	在途物资
3	1003	存放中央银行款项（银行专用）	28	1403	原材料
4	1011	存放同业（银行专用）	29	1404	材料成本差异
5	1012	其他货币资金	30	1405	库存商品
6	1021	结算备付金（证券专用）	31	1406	发出商品
7	1031	存出保证金（金融共用）	32	1407	商品进销差价
8	1101	交易性金融资产	33	1408	委托加工物资
9	1111	买入返售金融资产（金融共用）	34	1411	周转材料
10	1121	应收票据	35	1421	消耗性生物资产（农业专用）
11	1122	应收账款	36	1431	贵金属（金融共用）
12	1123	预付账款	37	1441	抵债资产（金融共用）
13	1131	应收股利	38	1451	损余物资（保险专用）
14	1132	应收利息	39	1461	融资租赁资产（租赁专用）
15	1201	应收代位追偿款（保险专用）	40	1471	存货跌价准备
16	1211	应收分保账款（保险专用）	41	1501	持有至到期投资
17	1212	应收分保合同准备金（保险专用）	42	1502	持有至到期投资减值准备
18	1221	其他应收款	43	1503	可供出售金融资产
19	1231	坏账准备	44	1511	长期股权投资
20	1301	贴现资产（银行专用）	45	1512	长期股权投资减值准备
21	1302	拆出资金（金融共用）	46	1521	投资性房地产
22	1303	贷款（银行专用）	47	1531	长期应收款
23	1304	贷款损失准备（银行专用）	48	1532	未实现融资收益
24	1311	代理兑付证券（银行证券共用）	49	1541	存出资本保证金（保险专用）

续前表

序号	编号	名称	序号	编号	名称
50	1601	固定资产	80	2202	应付账款
51	1602	累计折旧	81	2203	预收账款
52	1603	固定资产减值准备	82	2211	应付职工薪酬
53	1604	在建工程	83	2221	应交税费
54	1605	工程物资	84	2231	应付股利
55	1606	固定资产清理	85	2232	应付利息
56	1611	未担保余值（租赁专用）	86	2241	其他应付款
57	1621	生产性生物资产（农业专用）	87	2251	应付保单红利（保险专用）
58	1622	生产性生物资产累计折旧（农业专用）	88	2261	应付分保账款（保险专用）
59	1623	公益性生物资产（农业专用）	89	2311	代理买卖证券款（证券专用）
60	1631	油气资产（石油天然气开采专用）	90	2312	代理承销证券款（金融共用）
61	1632	累计折耗（石油天然气开采专用）	91	2313	代理兑付证券款（证券和银行共用）
62	1701	无形资产	92	2314	受托代销商品款（代理业务负债）
63	1702	累计摊销	93	2401	递延收益
64	1703	无形资产减值准备	94	2245	持有待售负债
65	1711	商誉	95	2501	长期借款
66	1801	长期待摊费用	96	2502	应付债券
67	1811	递延所得税资产	97	2601	未到期责任准备金（保险专用）
68	1812	独立账户资产	98	2602	保险责任准备金（保险专用）
69	1901	待处理财产损溢	99	2611	保户储金（保险专用）
		二、负债类	100	2621	独立账户负债（保险专用）
70	2001	短期借款	101	2701	长期应付款
71	2002	存入保证金（金融共用）	102	2702	未确认融资费用
72	2003	拆入资金（金融共用）	103	2711	专项应付款
73	2004	向中央银行借款（银行专用）	104	2801	预计负债
74	2011	吸收存款（银行专用）	105	2901	递延所得税负债
75	2012	同业存放（银行专用）			**三、共同类**
76	2021	贴现负债（银行专用）	106	3001	清算资金往来（银行专用）
77	2101	交易性金融负债	107	3002	外汇买卖（金融共用）
78	2111	卖出回购金融资产款（金融共用）	108	3101	衍生工具
79	2201	应付票据	109	3201	套期工具

续前表

序号	编号	名称	序号	编号	名称
110	3202	被套期项目	132	6101	公允价值变动损益
		四、所有者权益类	133	6111	投资收益
111	4001	实收资本	134	6201	摊回保险责任准备金（保险专用）
112	4002	资本公积	135	6202	摊回赔付支出（保险专用）
113	4101	盈余公积	136	6203	摊回分保费用（保险专用）
114	4102	一般风险准备（金融共用）	137	6301	营业外收入
115	4103	本年利润	138	6401	主营业务成本
116	4104	利润分配	139	6402	其他业务成本
117	4201	库存股	140	6403	税金及附加
		五、成本类	141	6411	利息支出（金融共用）
118	5001	生产成本	142	6421	手续费及佣金支出（金融共用）
119	5101	制造费用	143	6501	提取未到期责任准备金（保险专用）
120	5201	劳务成本	144	6502	提取保险责任准备金（保险专用）
121	5301	研发支出	145	6511	赔付支出（保险专用）
122	5401	工程施工（建筑承包商专用）	146	6521	保单红利支出（保险专用）
123	5402	工程结算（建筑承包商专用）	147	6531	退保金（保险专用）
124	5403	机械作业（建筑承包商专用）	148	6541	分出保费（保险专用）
		六、损益类	149	6542	分保费用（保险专用）
125	6001	主营业务收入	150	6601	销售费用
126	6011	利息收入（金融共用）	151	6603	财务费用
127	6021	手续费及佣金收入（金融共用）	152	6604	勘探费用
128	6031	保费收入（保险专用）	153	6701	资产减值损失
129	6041	租赁收入（租赁专用）	154	6711	营业外支出
130	6051	其他业务收入	155	6801	所得税费用
131	6061	汇兑损益（金融专用）	156	6901	以前年度损益调整

（2）会计凭证的设计。包括原始凭证的设计和记账凭证的设计。会计凭证的设计应体现会计制度所阐明的会计凭证编制的原则。

原始凭证的样例如表 1－2 所示。

表 1-2

深圳增值税专用发票

全国统一发票监制章 北京 国家税务总局监制

抵扣联

No.：

开票日期：

税总局〔2019〕670号中钞光华印制有限公司

购买方	名　称： 纳税人识别号： 地 址、电 话： 开户行及账号：					密码区		
货物或应税劳务、服务名称		规格型号	单位	数量	单价	金额	税率	税额
合计			票	样				
价税合计（大写）					（小写）			
销售方	名　称： 纳税人识别号： 地 址、电 话： 开户行及账号：					备注		

第一联：记账联　销售方记账凭证

收款人：　　复核：　　开票人：　　销货单位：（章）

记账凭证的样例如表 1-3 所示。

表 1-3　　**收款凭证**　　总字第　　号

借方科目：　　年　月　日　　收字第　　号

摘要	贷方科目		√	金额								
	总账科目	二级或明细科目		百	十	万	千	百	十	元	角	分
合　计												

附件　　张

会计主管：　　记账：　　出纳：　　复核：　　制单：

（3）会计账簿的设计。分为总分类账设计和明细分类账设计，会计账簿应根据会计操作方式的不同而设计。

总分类账的样例如表 1-4 所示。明细分类账的样例如表 1-5 所示。

表 1-4

总 账

会计科目

年		凭证册号	摘要	借方											贷方											核对号	借或贷	余额										
月	日			亿	千	百	十	万	千	百	十	元	角	分	亿	千	百	十	万	千	百	十	元	角	分			亿	千	百	十	万	千	百	十	元	角	分

表 1－5

库		
区		
架		
层		位

材料明细账

最高存量____________________

最低存量______储备天数______计量单位______

编号	
名称	
材质	
规格	

年		凭证册号	摘要	借方											贷方											核对号	余额										
				数量	单价	金额									数量	单价	金额										数量	单价	金额								
月	日					百	十	万	千	百	十	元	角	分			百	十	万	千	百	十	元	角	分				百	十	万	千	百	十	元	角	分

（4）会计报表的设计。会计报表的设计应符合受理、审阅报告人的需要。

会计报表的样例如表 1－6 所示。

表 1－6　　资产负债表

会企 01 表

编制单位：　　　　　　＿＿年＿＿月＿＿日　　　　　　单位：元

资产	期末余额	上年年末余额	负债和所有者权益（或股东权益）	期末余额	上年年末余额
流动资产：			流动负债：		
货币资金			短期借款		
以公允价值计量且其变动计入当期损益的金融资产			以公允价值计量且其变动计入当期损益的金融负债		
衍生金融资产			衍生金融负债		
应收票据			应付票据		
应收账款			应付账款		
预付款项			预收款项		
其他应收款			应付职工薪酬		
存货			应交税费		
持有待售资产			其他应付款		
一年内到期的非流动资产			持有待售负债		
其他流动资产			一年内到期的非流动负债		
流动资产合计			其他流动负债		
非流动资产：			流动负债合计		
可供出售金融资产			非流动负债：		
持有至到期投资			长期借款		
长期应收款			应付债券		
长期股权投资			其中：优先股		
投资性房地产			永续债		
固定资产			长期应付款		
在建工程			预计负债		
生产性生物资产			递延收益		
油气资产			递延所得税负债		
无形资产			其他非流动负债		
开发支出			非流动负债合计		
商誉			负债合计		

续前表

资产	期末余额	上年年末余额	负债和所有者权益（或股东权益）	期末余额	上年年末余额
长期待摊费用			**所有者权益（或股东权益）：**		
递延所得税资产			实收资本（或股本）		
其他非流动资产			其他权益工具		
非流动资产合计			其中：优先股		
			永续债		
			资本公积		
			减：库存股		
			其他综合收益		
			专项储备		
			盈余公积		
			未分配利润		
			所有者权益（或股东权益）合计		
资产总计			**负债和所有者权益（或股东权益）总计**		

3. 会计事务处理准则设计

会计事务处理准则作为会计制度的一项主要内容，既是处理会计事务的规范，也是开展会计工作的依据。会计事务处理准则应符合公认会计原则、程序、方法，应适应会计主体的需要。

会计事务处理准则设计内容为一般性规定设计和分类性规定设计。

一般性规定作为具有共性的规定包括：

- 会计期间起讫的规定
- 会计事项列账基础的规定
- 会计科目排列次序的规定
- 记账单位的规定
- 会计方法使用一贯性的规定
- 收入与其成本费用配合的规定
- 会计科目应与预算科目相一致的规定

分类性规定作为会计具体事项的分类不具有普遍性。会计事项的种类有多少，与其相应的处理准则就应该有多少。

以收入处理准则为例，其内容应包括：

- 销售商品收入的确定
- 劳务收入完工百分比确认法
- 让渡资产使用权收入的确定
- 收入披露的规定

4. 会计事务处理程序设计

会计事务处理程序是会计制度设计中的核心设计之一。根据会计事务性质的不同，其处理程序的设计分为以下 5 种。

(1) 普通会计事务处理程序设计。会计制度中应规定的普通会计事务处理程序的内容有：

- 普通会计事务范围
- 原始凭证的审核
- 编制记账凭证
- 如何将资料输入机器
- 账簿的登记结算或资料的电子计算机处理作业
- 编报会计报表
- 内部损益的计算
- 总机构与所属机构之间的会计事务处理的联系办法
- 会计人员的配备，会计档案的建立与保管

(2) 成本会计事务处理程序设计。会计制度中应规定的成本会计事务处理程序的内容有：

- 成本项目与成本账簿的规定
- 生产过程的说明
- 材料成本的处理
- 人工成本的处理
- 间接生产费用的处理
- 成本的计算
- 内部转拨计价
- 标准成本制度及其他事项

(3) 管理会计事务处理程序设计。会计制度中应规定的管理会计事务处理程序的要点有：

- 经营政策
- 工作计划
- 资源分配
- 资金运用
- 成本控制
- 绩效考核

管理会计事务处理还包括：利润规划、财务分析统计方法、作业研究、内部控制在企业管理中的应用。

(4) 社会会计事务处理程序设计。会计制度中应规定的社会会计事务处理程序的内容有：

- 社会会计科目设置
- 汇总影响社会生活品质的资料
- 分析公害影响
- 计算防止公害投资绩效，提供防止公害决策方案和报告单位社会责任等

(5) 其他会计事务处理程序设计。其他会计事务处理程序包括：

- 预算事务程序
- 内部稽核程序
- 机器处理会计资料程序
- 其他业务程序

5. 附则设计

附则设计包括：

- 有必要规定的其他事项
- 必要的说明

1.4 会计制度设计的方式、方法和程序

本节精要

制度设计方式多，会计主体须选择。
设计方法会应用，三大阶段勿弄错。

1.4.1 会计制度设计的方式、方法

会计主体进行会计制度设计应选择合适的会计制度设计方式和适当的会计制度设计方法。

1. 会计制度设计方式

会计制度设计方式是指会计主体进行会计制度设计所采取的形式，主要有自行设计方式、委托设计方式和共同设计方式。

> 会计主体设计会计制度时可根据本主体的具体情况选择最有利的设计方式。

会计主体只有了解不同会计制度设计方式的意义和要点，才可能科学地选择最符合本主体利益的会计制度设计方式。

（1）自行设计方式。自行设计方式是会计主体采用自行组建设计机构的形式进行会计制度设计的方式。自行设计方式的要点有：进行可行性论证、组建设计机构、配备专业人员和进行制度设计。配备专业人员既可以内部选派，也可以外部聘任。

（2）委托设计方式。委托设计方式是会计主体采用委托专业设计机构的形式进行会计制度设计的方式。委托设计方式的要点有：编制设计要求、选择设计机构、签订设计合同和组织设计验收。选择委托设计方式应该注重设计机构的专业资质。

（3）共同设计方式。共同设计方式是会计主体自行组建的设计机构与受托的专业设计机构采用合作的形式进行会计制度设计的方式。会计主体可结合自行设计方式、委托设计方式的要点与受托的专业设计机构共同进行会计制度设计。

2. 会计制度设计方法

会计制度设计方法是指会计制度设计人在进行会计制度设计时解决问题的思路和程

序。会计制度设计方法的种类有：文字描述法、图表法和循环控制法。

在会计制度设计的过程中，同一会计制度的设计往往采用多种会计制度设计方法。

（1）文字描述法。文字描述法指设计人将为会计主体设计的会计制度用叙述性文字给予录入以形成书面说明的一种设计方法。文字描述法的要点为：符合会计法规、针对设计要求、采用通用模式和使用专业术语。文字描述法是最基本的会计制度设计方法。

（2）图表法。图表法指设计人将为会计主体设计的会计制度用既定的图形、表格、线条或标志描述的一种设计方法。图表法的要点有些与文字描述法的要点相同，特殊要求为：简明扼要、流程清晰、图标明显和指示准确。采用图表法，会计主体的会计机构设计、岗位职责划分、业务流程设计等均以图表的形式体现。

（3）循环控制法。循环控制法是将会计主体的主要业务体系分解为 N 个子循环后对各子循环实施控制的一种设计方法。

以企业为例，循环控制法可分为：收入与取得循环控制、购买与支出循环控制、生产或加工循环控制、管理支出循环控制和理财循环控制。

会计主体规模的不同、设计要求的不同决定采用的主要设计方法有所不同。

1.4.2 会计制度设计的程序

会计制度设计的程序作为设计工作的步骤，是设计人根据设计要求，运用一定的设计方法进行制度设计的全过程。

会计制度设计的程序具有阶段性，分为准备阶段、设计阶段和完善阶段。

1. 准备阶段

准备阶段是会计制度设计程序中的基础阶段。设计人接受会计制度设计任务后，需首先开展对后期设计极为必要的准备工作。

准备阶段是会计制度设计不可或缺的阶段。准备阶段一般分为以下三个工作步骤：

（1）研讨设计要求，确定设计重点。设计人在准备阶段首先要研讨会计主体的设计要求，结合会计法律法规和会计学科发展的态势确定会计制度设计的重点。

研讨设计要求、确定设计重点的意义在于通过该项作业，设计人可深入理解会计主体的制度设计意图，界定本次设计工作的重点。

（2）收集相关资料，开展调查研究。根据研讨设计要求的体会和确定的设计重点，对会计主体的有关业务活动进行调查研究，掌控与制度设计相关的各种情况。

收集相关资料、开展调查研究的意义在于通过该项作业，设计人可掌控会计主体与制度设计相关的实际情况，做到心中有数、有的放矢。

以企业为例，收集相关资料、开展调查研究工作的内容包括：

- 会计主体现行规章制度
- 企业生产经营基本概况
- 现代企业制度的建立情况
- 经营管理制度现状
- 经济业务会计处理程序及方法
- 生产经营部门和管理人员对设计的要求
- 其他需要调查的内容

（3）拟定工作提纲，规划设计方案。设计人完成收集相关资料、开展调查研究的作业后即可拟定工作提纲、规划设计方案。该项工作的主要内容为：编制会计制度设计的总体规划、工作日程表，安排工作进度。

2. 设计阶段

设计阶段是会计制度设计程序中的主体阶段。设计人如能按照一定的先后顺序进行制度设计，便可以使设计工作井然有序。

以企业为例，会计制度设计可采用的一般顺序为：

- 设计会计机构和会计岗位
- 设计内部控制制度
- 设计会计科目、会计凭证、会计账簿
- 设计会计报表项目
- 设计会计核算组织程序
- 设计各类业务的处理程序
- 设计电算化业务处理程序
- 进行全面调整，拾遗补缺，形成完整体系
- 形成正式的书面会计制度草案

> 出纳不得兼管稽核、会计档案保管，以及收入、支出、费用、债权债务账目的登记工作等。

> 各类业务包括货币资金、工资、固定资产、购销存、成本、投资等核算业务。

其中，前六个步骤均有各自的设计要求和设计方法，具体内容可参见本书和相关法规。

以上会计制度设计的一般顺序，供读者参考。在实际的设计工作中，设计人可以根据会计主体的实际情况选择或变更制度设计的顺序。

无论哪一种设计程序都必须按总体设计的有关要求进行。

设计阶段有以下四个工作要点：

（1）合法性：设计的会计制度要符合会计法律法规的规定，不能与之相抵触。

（2）全面性：设计的会计制度要全面、具体、适用、言之有物，并且要与会计主体的实际联系紧密。

（3）内控性：设计的会计制度应能够充分体现出内部控制的特点。会计人员分工实行"回避原则"。

（4）实用性：设计的会计制度必须适应设计单位的特点，做到切实可行。

3. 完善阶段

完善阶段是会计制度设计程序的终结阶段。在该阶段，新设计的会计制度已经有过一段时间的试行。设计人通过对试行的会计制度进行跟踪检查，寻觅和发掘制度设计瑕疵或制度设计缺陷并予以及时修正、补充，从而使该会计制度得以完善。

完善阶段跟踪检查的要点为：

- 跟踪检查人应为原设计人
- 设计的制度是否达到设计要求
- 设计的制度是否存在改进空间
- 有的放矢地修正、补充
- 提交定稿

达到设计要求的会计制度由会计主体以文件的形式颁布施行。

自我测试

复习与思考

1. 简述会计制度设计的含义和作用。
2. 会计制度设计的原则有哪些？
3. 会计制度设计应包括哪些内容？
4. 简述会计制度设计的方式和方法。
5. 会计制度设计的程序包括哪几个阶段？

第 2 章

会计制度总则设计

引 言

本章主要讲述会计制度总则的内容设计。主要包括：会计机构的设计，会计人员及其岗位责任制设计，会计核算规则的设计，会计档案管理制度的设计。

学习目标

完成本章学习后，你应能够：

1. 掌握会计制度总则的内容及设计程序。
2. 理解会计机构的内涵及设计方法。
3. 掌握会计人员的岗位责任制度。
4. 解释会计核算及会计档案规章。

2.1 会计制度总则内容的设计

本节精要

制度总则举大纲，三大系统心中装。
组织信息均控制，会计工作业绩彰。

2.1.1 会计制度总则的内容与作用

1. 会计制度总则的内容

会计制度第一章的名称即会计制度总则。

会计制度总则是指写在会计制度最前面的概括性的适用于会计工作各个环节的总的原则。

会计制度总则是会计主体组织会计工作的重要依据。

会计制度总则是对会计制度的指导性原则、总要求、总任务的概括规定。它的内容包括：

- 制度制定的目的与依据
- 适用范围
- 会计组织机构设置
- 会计工作任务
- 会计核算一般原则
- 记账方法
- 计量货币
- 文字选择
- 财务报告要求

2. 会计制度总则的作用

会计制度总则的作用主要在于以下两点：

(1) 统领整个会计制度。任何一个会计主体在设计适用于本主体的会计制度时，都必须说明该制度制定的目的与依据、适用范围和会计工作任务等。这些要求对该制度所包含的内容起统领作用，而会计制度的后续内容都必须遵循这些要求，在这个框架下制定。

(2) 指导做好会计工作。会计制度总则是写在最前面的概括说明，概括了会计制度的基本内容和一些原则规定，如会计核算一般原则、计量货币、文字选择和记账方法等。

3. 会计制度总则设计的内容

会计制度总则设计的内容包括：会计组织系统设计、会计信息系统设计和会计控制系统设计。设计会计制度总则必须总括说明会计组织系统、会计信息系统和会计控制系统的内容。

2.1.2 会计组织系统的设计

会计制度总则要对会计组织系统予以规定。

会计组织系统是会计主体内部执行会计制度、组织领导和处理会计工作的系统。

会计组织系统的设计是根据会计主体的设计要求对执行会计制度、组织领导和处理会计工作的系统预先制定的方案。

1. 会计组织系统设计的法律依据

《会计法》是会计组织系统设计的法律依据。

《会计法》规定，各单位应该根据会计业务的需要，设置会计机构，或者在有关机构中设置会计人员并指定会计主管人员；不具备设置条件的，应当委托经批准设立从事会计代理记账业务的中介机构代理记账。

2. 会计组织系统的设计

会计制度总则的会计组织系统部分设计的要点有：

- 对会计机构与会计人员的原则性规定
- 总会计师岗位的设置
- 一般会计工作岗位的设置
- 对会计人员的总体要求
- 会计人员的交接规定

2.1.3 会计信息系统的设计

会计制度总则要对会计信息系统予以规定。

会计信息系统是会计主体内部处理会计核算工作的系统。会计核算工作必须依据会计核算规则的规定进行。会计核算规则是会计核算中必须共同遵守的法则或章程。

会计信息系统的设计要点包括：

- 会计期间
- 记账方法
- 会计处理基础
- 记账本位币和会计记录文字
- 会计政策和会计估计变更的规定
- 会计资料
- 会计制度与税收制度的关系

2.1.4 会计控制系统的设计

会计制度总则要对会计控制系统予以规定。

会计控制系统是会计主体内部执行会计制度、控制或调节资金运动及相应的经济活动的系统。会计控制系统主要是通过会计控制发挥职能的。

会计控制是按规定调节资金运动及相应的经济活动的过程。

会计控制的分类如图 2－1 所示。

会计控制系统设计是拟订对资金、成本、利润进行事前控制、事中控制和事后控制的方式、措施。设计会计控制系统的作用在于提高会计信息质量，保护资产的安全、完整，确保法律法规和规章制度的贯彻执行。

会计制度总则设计中对会计控制进行概括说明的要点有：

- 会计控制的目标
- 建立会计控制体系的依据
- 会计控制的内容

搞好会计控制系统设计有助于开展目标管理和计划管理，强化会计主体的指挥系统。

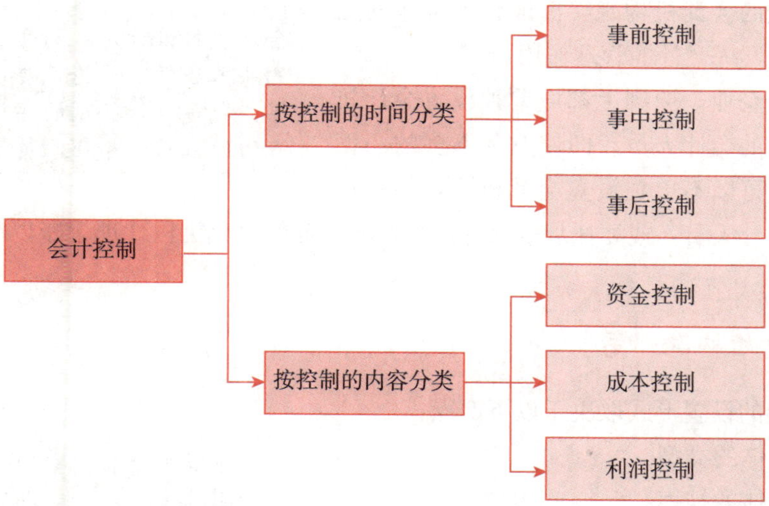

图 2-1　会计控制的分类

2.2　会计机构的设计

本节精要

机构设置须求精，要求繁简宗旨擎。
设置原则应遵守，集中分设规模定。

2.2.1　会计机构设计的意义

会计机构的设计是会计制度设计的重要组成部分。

《会计法》规定，各单位根据会计业务需要设置会计机构。凡实行独立核算的大中型企业、事业单位，都必须设置会计机构，有条件的大中型企业应设置总会计师。业务不多的小企业若不设独立的会计机构，也应设专职会计人员处理本单位的会计事项。

> 《会计法》第三十六条规定：各单位应当根据会计业务的需要，设置会计机构，或者在有关机构中设置会计人员并指定会计主管人员。

会计机构是会计主体从事会计工作的组织。

会计工作则是由专门的机构和专职财会人员从事的。会计人员既是会计工作的从业人员，又是会计制度的主要执行人员。

会计机构设计是指设计人按设计要求拟订有关会计组织的办法、措施和制度的方案。

建立健全的会计机构能够保证会计工作的正常进行，充分发挥会计的管理作用。

> 会计机构设计是顺利开展会计工作的基本条件。无论是会计信息的提供，或是会计控制的实施，都需要专门的机构和专业人员负责进行。

任何一个企业，原则上都应单独设置会计机构，配备相应的会计人员。即使业务不多的小型企业，经批准可以不单独设置会计机构，但仍应配备专职的会计人员，或委托从事会计代理记账业务的中介机构代理记账以满足会计工作需要。

2.2.2 会计机构的设置

会计机构的设置形式取决于以下四点：

- 会计主体的类型
- 会计主体的规模
- 会计主体的业务繁简
- 会计主体的管理要求

> 社会制度和国家的金融政策都会影响会计机构的设置形式。

《会计基础工作规范》对会计机构的设置做了具体的规定。

机构的设置是否完善和会计人员是否合理配备都会影响会计工作质量的优劣。

2.2.3 会计机构设计的原则

会计机构必须根据设计要求设置，应遵循适应性原则、牵制性原则和效率性原则。

1. 适应性原则

会计机构的设置应与会计主体的生产规模和经营特点相适应。

会计主体的生产规模和经营特点不同导致会计机构设置的不同。设置规模较大的会计机构的决定因素有生产规模大、业务量多和内部分工细。

> 设置规模较小的会计机构的决定因素与之相反，即生产规模小、业务量少、内部分工粗。

2. 牵制性原则

会计机构不论大小，都要通过岗位责任制促使其内部各部门和人员明确各自的职权、责任和具体分工内容。

岗位责任制的作用为：分工协作、相互制约和监督、减少会计差错、防止失误和弊端。牵制性原则要求每个部门的工作人员都应有明确的职责分工。

3. 效率性原则

会计机构的科学设置是反映会计工作目标的，因此，会计机构的设置应当满足会计职能的发挥。以大中型企业为例，应分设科室和实行会计电算化。

> 企业应贯彻精简、高效、节约的原则，合理设计会计机构。

效率性原则应避免重视会计核算、轻视财务管理的现象出现。

2.2.4 会计机构的分类

会计机构按设置形式分类，如图 2-2 所示。

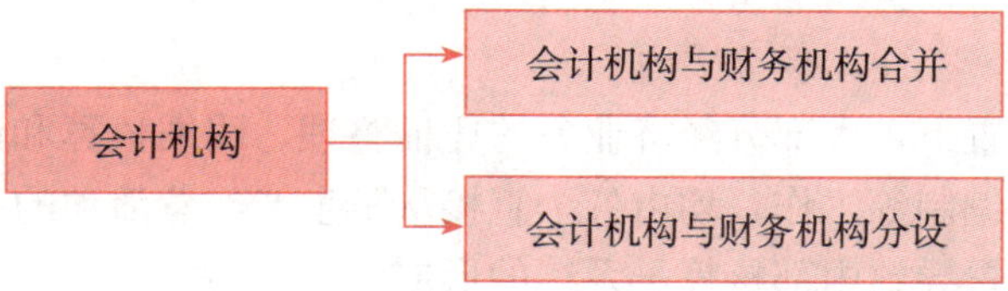

图 2-2 会计机构按设置形式分类

会计机构与财务机构的职责不同。

财务机构的主要职责是组织筹集和供应资金，管理各项财务收支和分配企业的财务成果。

会计机构的主要工作职责是反映和监督资金运动。

会计机构与财务机构合并的优势为：

- 会计记录更为及时、直接
- 财务机构能及时得到会计信息
- 避免或减少信息传递的失真
- 有利于监督财务计划的执行
- 有利于工作效率的提升

合并的模式适用于业务简单的中小型企业类会计主体。

会计机构与财务机构分设的优势为：

- 无须增加会计人员，可实现核算与管理职责的分工
- 便于实行岗位责任制，便于相互牵制、相互监督
- 有利于防止差错和舞弊的发生
- 便于经营决策活动的顺利进行

> 从职责分工和明确岗位责任的要求出发，也可将会计和财务分设两个机构进行工作。

分设的模式适用于经营范围广、业务繁多的大型企业类会计主体。

2.2.5 会计机构的集中设置与分级设置

1. 会计机构的集中设置

会计机构的集中设置是指仅在会计主体一级设置会计机构，会计主体内部的部门、单位则不设会计机构，不办理会计业务。

在这种形式下，会计主体的会计机构负责经济业务的凭证整理和明细核算和总分类核算。部门（车间）负责提供原始记录和原始凭证。

> 会计核算集中在会计主体一级的会计机构进行，会计机构的业务量大而集中，内部各部门、单位不直接进行会计工作，业务管理与会计管理脱节。

会计机构集中设置条件下的核算方式实行集中核

算，不利于内部各级主管利用会计的管理职能加强对业务活动的管理、控制。

会计机构集中设置这种形式一般适用于中小型企业类会计主体。

2. 会计机构的分级设置

会计机构的分级设置指除了在会计主体一级设置会计机构外，在其内部各部门、单位也相应设置会计机构，办理本级范围内相应的会计业务。

会计机构分级设置下，大部分经济业务的凭证整理、明细核算和部分（或全部）总分类核算以及内部报表编制等工作，均由各个直接从事生产经营活动的部门（车间）进行。

会计机构分级设置导致内部核算子系统的形成。

内部核算子系统的组织形式一般有三种：

(1) 会计主体与部门（车间）的核算关系用明细账加以联系，其方式一般是，会计主体设二级账，用以控制部门（车间）的明细账，或者厂部与车间分工登记明细账。

(2) 会计主体与部门（车间）的核算关系用结算性质的科目加以联系，其方式一般是用“内部往来”等结算性质的科目。

(3) 会计主体与部门（车间）的核算关系用会计科目和内部报表加以联系，其方式一般是，部门（车间）根据其生产经营业务的内容和范围设计一套完整的会计科目和内部报表，进行相对独立的核算。会计主体一级会计机构将各子系统的会计科目和报表指标在全企业范围进行汇总、调整或相互抵消后，形成全厂核算总系统和对外报表。这种子系统独立性较强，工作量大，有利于贯彻内部经济责任制。

会计机构分级设置一般适用于超大型企业或企业集团类会计主体。

2.3 会计人员及其岗位责任制设计

本节精要

会计岗位设置多，总师资格甚严格。
工作岗位随需定，各司其职负其责。

2.3.1 会计人员配备的原则和会计岗位责任制

会计机构设计完成之后，应进行会计人员的配备及分工的设计。

1. 会计人员配备的原则

会计人员配备的原则有：编制合理、因岗设人和精兵简政。

配备会计人员主要根据本单位从事会计工作所需的会计人员的有效数量及对会计人员的素质要求而定。会计人员的编制要根据会计岗位的要求及相应的工作量予以确定。

会计人员配备有两层含义：一是配备相应数量的会计人员，即对人员数量进行设计；二是确定会计人员的层次结构，即配备相应级别的会计人员。

对配备的会计人员要求必须具备会计从业资格证书。

会计人员的数量确定之后，进行根据工作岗位配备相应级别的会计人员的设计。

2. 会计岗位责任制

会计岗位责任制指会计机构中对各项财务工作和会计工作的职权范围、具体内容和要求做出具体规定，并落实到每个会计岗位或会计人员的一种会计工作责任制度。

科学地设计会计人员岗位责任制可保证会计工作有条不紊地进行。它的作用在于：

- 有利于分清岗位职责
- 有利于严明核算纪律
- 有利于改进工作作风
- 有利于提高工作效率
- 有利于加强会计管理

设计会计人员岗位责任制应从实际出发，坚持精简的原则。切实做到事事有人管，人人有专责。

2.3.2 会计人员的岗位设置

会计人员的岗位设置包括总会计师的岗位设置和其他会计人员的岗位设置。

1. 总会计师的岗位设置

总会计师岗位设置的依据——《会计法》。

《会计法》第三十六条规定：国有的和国有资产占控股地位或者主导地位的大、中型企业必须设置总会计师。

总会计师的任职资格有高级会计师和会计师。高级会计师担任大型企事业单位的总会计师和部、厅、局级行政机关的总会计师。会计师担任中型企事业和处级行政机关的总会计师。

总会计师的职责有以下六点：

（1）负责本单位预算的编制和执行、财务收支计划、信贷计划，拟定资金筹集和使用方案，开辟财源，有效地使用资金。

（2）进行成本费用预测、计划、控制、分析和考核，督促本单位有关部门降低消耗、节约费用、提高经济效益。

（3）建立、健全经济核算制度，利用财务会计资料进行经济活动分析。

（4）负责本单位财会机构的设置和财会人员的配备、培训、考核等工作。

（5）协助主要行政领导人对生产经营做出决策，参与新产品开发、技术改造、科技研究等方案的制订和重大经济合同的研究、审查等。

（6）监督本单位贯彻执行国家的各项财经政策、法令和制度。

2. 其他会计人员的岗位设置

除总会计师岗位之外，企业还须设置的会计人员岗位主要有：会计主管、出纳、存货核算、固定资产核算、工资核算、成本核算、总账报表核算、往来结算、利润核算、稽核管理。

会计人员岗位的具体设置应视会计主体会计工作的实际需要而定。

下面分别介绍各岗位的职责。

(1) 会计主管岗位职责：

- 组织开展会计核算和会计监督工作。
- 组织制定本单位的财务、会计制度，并负责贯彻执行。
- 参与本单位的经济活动、经营决策。
- 负责本单位会计人员的业绩考核、业务指导、岗位分工、工作协调。
- 监督各项资金的筹集、投放，以及收入分配等工作。
- 向本单位领导和职工代表大会报告财务状况和经营成果。
- 监督各项资金的使用和利润的分配。
- 保管有关印章。

会计主管人员在总会计师的领导下负责本机构的会计工作。

(2) 出纳岗位职责：

- 负责本单位的现金收付和银行结算业务。
- 登记现金和银行存款日记账。
- 保管库存现金和各种有价证券。
- 保管空白收据和支票。

出纳不得同时保管有关印章、空白收据和支票。

(3) 存货核算岗位职责：

- 会同有关部门拟定存货管理与核算实施办法。
- 审查汇编材料采购用款计划，控制材料采购成本。
- 审查存货出、入库手续，负责存货的明细核算和有关往来结算业务。
- 参与存货的清查盘点，分析存货的储备情况。
- 配合有关部门制定材料消耗定额或标准。
- 会同有关部门编制计划成本目录。

存货核算人员应关注各存货核算岗位之间的钩稽关系。

(4) 固定资产核算岗位职责：

- 拟定固定资产管理与核算实施办法。
- 参与固定资产更新改造及大修计划的制订。
- 计提固定资产折旧。
- 参与固定资产的清查盘点，分析固定资产的使用效果。
- 负责固定资产的明细核算，编制固定资产报表。

固定资产核算人员必须正确掌握计提固定资产折旧的各种计算方法。

(5) 工资核算岗位职责：

- 参与工资、工资基金拟订计划并监督其使用。
- 审核发放工资。
- 核定职工福利费、教育经费和工会经费，及时拨交工会经费。

工资核算人员必须随时掌握国家工资政策的调整变化。

(6) 成本核算岗位职责：

- 制定成本核算办法，编制成本费用计划。
- 核算产品成本，编制成本费用表，计算产品实际成本。

- 协助在产品和产成品的管理与核算。
- 开展部门、车间和班组经济核算。

会计主体的不同决定应用的成本核算方法亦不相同。

（7）总账报表核算岗位职责：

- 编制汇总记账凭证，登记总账。
- 编制资产负债表、利润表、现金流量表以及所有者权益变动表，核对其他报表。
- 管理会计凭证、会计账簿、会计报表。

总账报表核算人员应按时编报会计报表。

（8）往来结算岗位职责：

- 建立往来结算的清算手续。
- 办理各项应收、应付、预收、预付款项的往来结算业务。
- 负责内部备用金的管理和核算。
- 负责债权债务和备用金的明细管理。
- 催收欠款，建立账龄分析表，按规定处理坏账损失业务。

往来结算岗位工作人员必须及时地对呆账、坏账进行分析处理。

（9）利润核算岗位职责：

- 编制利润计划。
- 办理销售款项的结算业务。
- 负责销售和利润的明细核算。
- 编制利润报表，进行利润的分析和考核。
- 协助有关部门对产成品进行清查盘点。

利润核算人员应严格按照会计准则进行利润核算。

（10）稽核管理岗位职责：

- 核对财务成本计划执行情况。
- 审查各项财务收支。
- 复核会计报表。
- 其他稽核事项。

稽核管理人员应关注稽核事项内容的真实性、数字的准确性。

2.4 会计核算规则的设计

本节精要

核算规则项目多，八方要点一手托。

期间方法政策定，资料交接心中搁。

会计核算规则是会计核算中必须共同遵守的法则或章程。

会计核算规则包括：

- 会计期间
- 记账方法
- 会计处理基础
- 记账本位币和会计记录文字
- 会计政策和会计估计的规定
- 会计资料的规定
- 会计人员交接手续的规定
- 会计制度与税收制度的关系

有些会计核算规则在国家统一会计制度规定的前提下，单位可有一定的选择，因此在进行会计制度设计时，必须在会计制度总则中加以明确。

2.4.1 会计期间的确定

1. 会计期间确定的作用

会计期间是指人为地将单位持续不断的经营活动划分为若干个间隔相等的时间段，以分别提供在此时间段中的会计信息。

为了适应管理者和相关关系人及时利用会计信息来完成自己的决策的需要，单位有必要采用主观的方法对会计期间予以确定。

会计期间确定的作用包括：

（1）可为会计主体的会计核算提供分时进行的前提。

（2）可作为设计和选择会计方法的重要依据。

（3）可为会计人员核算提供一个时间段，并明确该时间段经营活动的状况。

2. 会计年度

会计年度是以年为时间段的会计期间。

我国《会计法》规定每年的 1 月 1 日起至 12 月 31 日止为一个会计年度。

各国的会计年度并不完全一样。例如，日本的会计年度为每年的 4 月 1 日至次年的 3 月 31 日。

2.4.2 记账方法的选用

1. 记账方法

记账方法的设计是会计核算规则设计中的主要事项。

记账方法是根据一定的原理和规则，采用一定的符号，利用账户记录经济业务的会计核算方法。

记账方法科学与否直接关系到会计信息的提供正确与否。

2. 单式记账法和复式记账法

记账方法有单式记账法和复式记账法之分。

单式记账法是指对发生的经济业务，只在一个账户中作单方面的登记的一种方法。

复式记账法是对发生的每一笔经济业务，用相等的金额在两个或两个以上相互联系的账户中进行登记的一种方法。

单式记账法与复式记账法区别在于：

单式记账法无法全面反映经济业务的来龙去脉，也无法了解会计要素的增减变化情况，已无法适应现代企业的会计核算要求。

复式记账法较之单式记账法复杂，但却能够完整反映每一项经济业务的过程和结果，在全部经济业务登记入账以后，可以通过账户之间的相互关系，对记录的结果进行试算平衡，以检查账户记录的正确性。

我国通过复式记账法完成编制会计凭证、登记账簿、试算平衡以及编制会计报表的工作。

我国统一采用复式记账法。

2.4.3 会计处理基础的确定

1. 权责发生制和收付实现制

会计处理须在确定了会计期间的基础上区分本期和非本期的收入和费用的入账基准。

目前有权责发生制和收付实现制两种方法。

权责发生制也称应收应付制，是指收入和费用应按实际发生的期间进行认定和归属，并与有关资产或债务一起记录为该期间的经济业务，而不论与该收入和费用有关的现金是在什么期间收到或者支付的。

采用权责发生制需要在会计上运用应收、应付、预收、预付、待摊、预提等一些特殊的会计处理方法。

收付实现制也称现收现付制，是指以款项是否收到作为确认本期收入费用的标准。凡在本期收到的款项，不论其应否属于本期，均作为本期的收入；凡在本期支出的款项，不论其应否属于本期，均作为本期的费用。

采用收付实现制在会计上一般不需要运用应收、应付、预收、预付、待摊、预提等会计处理方法。

2. 权责发生制和收付实现制的选用

我国会计主体性质的不同导致对权责发生制和收付实现制的选用亦不相同。

(1) 财政总预算会计和行政单位会计采用收付实现制作为会计处理基础。

(2) 事业单位根据实际情况分别采用收付实现制和权责发生制。

(3) 企业均以权责发生制为会计处理基础，只有在编制现金流量表和简化会计核算工作、节约核算成本、处理一些不重要的会计事项时才运用收付实现制。

设计会计制度时必须在总则中明确本单位所采用的会计处理基础。

2.4.4 记账本位币和会计文字记录的确定

1. 记账本位币

记账本位币是会计主体在会计核算时统一使用的记账货币。

《会计法》中对记账本位币做出了规定。《会计法》第十二条规定：会计核算以人民币为记账本位币。业务收支以人民币以外的货币为主的单位，可以选定其中一种货币作为记账本位币，但是编报的财务会计报告应当折算为人民币。

在记账本位币的选用上，针对境内的会计主体和境外的会计主体，有不同的规定。

（1）境内的会计主体。设计会计制度总则时应明确规定本单位选用的记账本位币，并且编报的财务会计报告应当折算为人民币反映，即单位对外报出的财务会计报告应以人民币金额反映，各个外币账户的期末余额应以期末市场汇率，折合为人民币作为编制财务报告的依据。

（2）境外的会计主体。设计会计制度总则时应明确规定一般以当地的货币进行经营活动和会计核算，但为了便于国内部门了解企业的财务状况和经营成果，在向国内报送财务会计报告时，应当折合为人民币来反映。

《会计法》为会计主体选择记账本位币提供了法律依据。

2. 会计文字记录

会计文字记录是指会计凭证、账簿、财务会计报告等会计专业核算资料的书面表达形式，它是会计信息交流的工具。

我国《会计法》第二十二条规定：会计记录的文字应当使用中文。在民族自治地方，会计记录可以同时使用当地通用的一种民族文字。在中华人民共和国境内的外商投资企业、外国企业和其他外国组织的会计记录可以同时使用一种外国文字。

《会计法》为少数民族地方会计主体和涉外会计主体选择会计记录文字提供了法律依据。

2.4.5 会计政策和会计估计的确定

1. 会计政策

（1）会计政策概述。

会计政策是指会计主体在会计核算时所遵循的具体原则以及单位所采纳的具体会计处理方法。

会计政策制定的目的：保证会计信息的可比性，使会计报表使用者在比较会计主体一个以上期间的财务会计报告时，能够正确判断单位的财务状况、经营成果和现金流量的趋势。

会计政策应用的要点如下：

- 每期采用相同的会计政策
- 会计政策不得随意变更
- 体现会计核算的一贯性原则

（2）会计政策变更。

会计政策变更的前提：法律或者会计准则等行政法规、经济环境变化等原因，使得变更会计政策后能够提供单位有关财务状况、经营成果和现金流量等的更可靠、更相关的会计信息，则应改变原选用的会计政策。

会计政策变更的要点：

- 具有据以变更的条件或原因
- 明确变更的程序和批准手续

会计政策变更的要点必须在会计制度总则中明确规定。

2. 会计估计

(1) 会计估计概述。

会计估计是指会计主体对其机构不确定的交易或事项以最近可利用的信息为基础所做的判断。

进行会计处理时会计估计不可或缺。

需要进行会计估计的经济业务有:

- 计提坏账准备
- 存货跌价
- 应计折旧固定资产的使用年限

(2) 会计估计变更。

会计估计变更的成因:会计估计是就现有的情况对未来所做的判断,随着时间的推移,如果赖以进行估计的基础发生变化,或者由于取得了新的信息、积累了更多的经验或法律法规有明确要求,则必须对会计估计进行修订。

对会计估计进行修订即会计估计变更。

会计估计变更的意义:会计估计变更并不说明原来的会计估计方法有问题或者不是最适当的,只表明该会计估计方法已经不能适应目前的实际情况,在目前已失去了继续沿用的依据。

会计估计变更的要求:变更会计估计方法,必须有据以变更的条件或原因,同时还应明确变更的程序和批准手续。所有这些都必须在单位会计制度总则中明确规定。

依法变更会计估计方法有利于会计工作的与时俱进。

2.4.6 会计资料的规定

1. 运用会计科目的规定

会计科目的分类、编号名称以及会计科目使用的详细说明都应当在会计科目设计中进行规定,而在会计制度总则中对运用会计科目的规定只是原则性要求。

运用会计科目的要点为:

(1) 企业应使用国家统一会计制度规定的会计科目编号,以便于编制会计凭证、登记账簿、查阅账目、实行会计电算化并保证提供会计信息的统一性。单位所属各核算部门(包括分公司、分支机构)不应随意改变或打乱重编会计科目的编号。会计制度在某些会计科目之间留有空号,主要供增设会计科目之用。

(2) 各核算部门(包括分公司、分支机构)应按会计制度设置和使用会计科目。在不影响会计核算要求和会计报表指标汇总,以及对外提供统一财务会计报告的前提下,可以根据实际情况自行增设、减少或合并某些会计科目。明细科目的设置,除单位会计制度已有规定者外,在不违反统一会计核算要求的前提下,各核算部门(包括分公司、分支机构)可以根据需要自行规定。

(3) 各核算部门在填制会计凭证、登记账簿时,应填写会计科目的名称,或同时填列会计科目的名称和编号,不应只填列科目编号而不填科目的名称。

2. 会计凭证填制与审核的规定

填制、审核会计凭证是对经济业务进行核算和监督的重要环节。会计凭证填制与审核的要点为：

(1) 任何单位在每一项经济业务发生后，都必须按照规定，由经办经济业务的有关人员填制或取得会计凭证，在会计凭证上记载经济业务的内容，并在会计凭证上签名、盖章，以示对会计凭证内容的真实性和正确性负有责任。

(2) 所有会计凭证都须经有关人员严格审核，只有经过审核无误的会计凭证，才能作为登记账簿的依据。对不真实、不合法的原始凭证有权不予接受，并向单位负责人报告。

(3) 对不准确、不完整的原始凭证予以退回，并要求按照国家统一的会计制度的规定更正、补充。原始凭证记载的各项内容不得涂改，原始凭证有错误的，应当由出具单位重开或者更正，更正处应加盖出具单位印章。

(4) 原始凭证金额有错误的，应当由出具单位重开，不得在原始凭证上更正。记账凭证应当根据经过审核的原始凭证及有关资料编制。

3. 会计账簿登记的规定

会计账簿借助于账户对会计凭证所提供的资料进行整理、分类、汇总，对经济业务分类、序时、连续、系统、全面地记录与反映，能够及时地为编制报表提供有关资料。

会计账簿登记的要点为：

(1) 会计账簿登记必须以经过审核的会计凭证为依据，并符合有关法律、行政法规和企业会计准则的规定。

(2) 登记时应当按照连续编号的页码顺序登记。会计账簿记录发生错误或者隔页、缺号的应当按照国家统一的会计制度规定的方法更正，并由会计人员和会计机构负责人（会计主管人员）在更正处盖章。

(3) 使用电子计算机进行会计核算的，其会计账簿的登记、更正应当符合国家统一的会计制度的规定。

会计人员必须按照会计制度的要求进行账务处理。

4. 编制和提供财务会计报告的规定

编制和提供财务会计报告的详细说明应在财务会计报告制度设计中进行规定，为了充分发挥会计报告的作用，必须保证会计报告的质量。

编制会计报告要求数字真实、计算准确、内容完整、编报及时和责任明确。

(1) 数字真实的要点为：

- 会计报表反映的各指标必须真实、可靠，能够公允、客观地反映企业经济活动情况，不应以估计数代替实际数，更不能弄虚作假伪造数据。

- 为了达到数字真实的要求，在日常会计核算中，会计凭证的编制和账簿记录必须以实际发生的经济业务为根据，将企业发生的经济业务全部登记入账，并按规定核对账目、清查财产、调整账项，做到账证相符、账账相符、账实相符，使编制的会计报告做到账表相符。

数字真实是会计报告可信度大的基础。

(2) 计算准确的要点为：

- 严格按照会计制度的报表编制说明操作。
- 正确把握各项指标的口径。
- 准确计算、填列各项账簿数据。

计算准确是保证数字真实的重要条件。

企业编制的各种会计报表共同构成了企业财务状况和经营成果等信息的数字指标体系。这些指标在编制报表的过程中都是采用一定的方法和程序进行计算的。

会计报表中的数据主要来自可靠的账簿记录。

(3) 内容完整的要点为:

- 向外单位提供的财务会计报告包括资产负债表、利润表、现金流量表、有关附表和会计报表附注以及财务情况说明书。
- 报表种类和格式、会计报表附注等主要内容应符合国家统一的会计制度的要求。
- 会计报告按法规规定的时间向有关各方提供。
- 需要向股东提供财务会计报告的,还应按公司章程规定的期限向股东提供。
- 各报表中的有关内容和指标,不得少列、少报和漏编、漏报。

会计主体内部管理需要的会计报表由会计制度规定。

(4) 编报及时的要点为:

- 按有关法律、行政法规规定的时间结账、编表、报表。
- 不得人为地提前或延迟结账、编表、报表。

会计报表编报及时可保证用表人及时了解会计主体的会计信息。

(5) 责任明确的要点为:

- 对外提供的财务会计报告应依次编订页数,加具封面,加盖公章。
- 对外提供的财务会计报告应当由单位负责人和主管会计工作的负责人、会计机构负责人(会计主管人员)签名并盖章。
- 设置总会计师的会计主体还需由总会计师签名并盖章。

《会计法》规定,单位负责人对本单位的会计工作和会计资料的真实性、完整性负责。

2.4.7 会计人员交接手续的规定

1. 设计会计人员交接手续的意义

《会计法》规定,会计人员调动工作或者离职,必须与接管人员办清交接手续。

设计会计人员交接手续的意义在于:

- 可促使会计工作前后紧密衔接
- 可防止账目不清、财务混乱
- 可分清会计人员的职务责任

2. 会计人员交接手续的具体规定

(1) 一般会计人员办理交接手续,由会计机构负责人(会计主管人员)监交。

(2) 会计机构负责人(会计主管人员)办理交接手续,由单位负责人监交,必要时主管单位可以派人监交。

会计人员未办清交接手续的,不得调动工作或者离职。

2.4.8 会计制度与税收制度的关系

1. 设计会计制度和税收制度关系的原因

设计会计制度和税收制度关系的原因在于：二者联系紧密又存在不同。

会计制度和税收制度联系紧密是因为会计主体往往具有纳税的义务。会计主体的会计制度必然会与国家的税收制度发生密切的联系。

会计制度和税收制度的不同主要有：

- 体现的经济关系不同
- 遵循的基本原则不同
- 服务的对象、目的不同

2. 会计制度和税收制度冲突的处理

按会计制度与按税收制度确认和计量收益、费用、资产、负债的结果不一定相同，如何处理这两者的关系，必须在设计会计核算规则时加以明确。

根据有关法规，会计制度规定的会计核算方法与有关税收规定相抵触的，应当按照会计制度规定进行会计核算，按照有关税收规定计算应税数额。

会计制度和税收制度冲突的处理方法必须在会计制度中明确规定。

2.5 会计档案管理制度的设计

本节精要

会计档案重如山，管理原则四重关。
分类编号期限定，利用销毁立规先。

2.5.1 会计档案的含义及分类

1. 会计档案的含义

会计档案是指单位在进行会计核算等过程中接收或形成的，记录和反映单位经济业务事项的，具有保存价值的文字、图表等各种形式的会计资料，包括通过计算机等电子设备形成、传输和存储的电子会计档案。

会计档案是会计主体档案的重要构成之一，也是国家档案的重要组成部分。会计档案管理是会计工作不可忽视的一部分。

2. 会计档案的分类

会计档案包括会计凭证、会计账簿、财务会计报告、其他会计资料。符合条件的可只建电子会计档案。具体如图 2－3 所示。

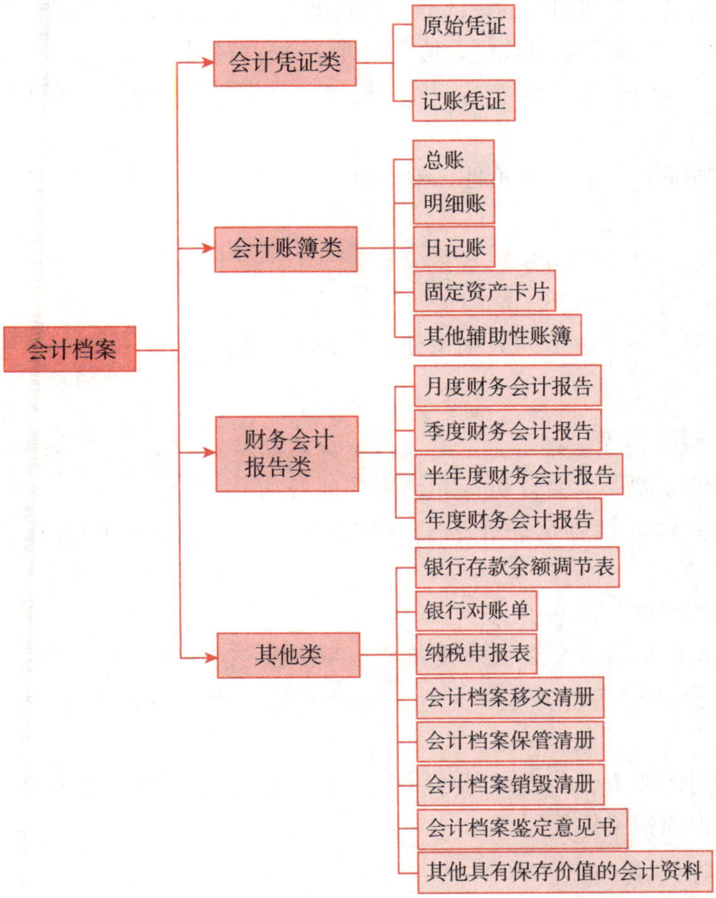

图 2－3　会计档案按会计资料的性质分类

为了防止这些资料因散失、被篡改、被窃而泄露经济机密，企业必须加强管理，其管理办法也应在会计制度设计时加以规定。

在设计会计制度时，应根据《会计法》和《会计档案管理办法》（中华人民共和国财政部　国家档案局令第 79 号，自 2016 年 1 月 1 日起施行），明确规定本单位会计档案管理的要求及整理、保管、利用、销毁会计档案的办法。

2.5.2　会计档案管理制度设计的原则

设计会计档案管理制度必须遵循一定的原则。

会计档案管理制度设计的原则是会计主体根据本主体的实际需要依法设计会计档案管理制度时所依据的法则。

掌握会计档案管理制度设计的原则是设计好的会计档案管理制度的基础。会计档案管理制度设计的原则主要有以下四个。

1. 统一管理、分工负责的原则

会计档案既是会计主体档案的一部分，也是国家档案的重要组成部分，因此，会计档案管理应由各级档案部门实行统筹规划，统一制度，进行监督和指导。

统一管理是指会计档案由档案部门统一管理。档案部门依法统一管理会计档案有利于会计档案的妥善保管。

会计档案分布面广，具有政策性、专业性。会计机构对会计档案也负有业务指导、检查和监督的责任。

分工负责是指会计主体每年形成的会计档案应由会计机构负责整理、立卷、装订成册，按期移交档案部门，由档案部门保管。

遵循统一管理、分工负责的原则可使会计机构与档案部门加强合作。

> 会计机构必须将会计档案全部归档，档案部门必须对会计档案妥善保管。

2. 齐全、完整的原则

齐全、完整的原则要求会计机构和档案部门各司其职。遵循齐全、完整的原则可防止因会计档案残缺不全所导致的会计档案利用价值的降低。

会计机构和档案部门的职责为：

（1）会计机构的职责。会计机构或者经办人员必须按期将应归档的会计档案，全部移交给档案部门，保证档案的齐全、完整。会计机构不得以方便工作为借口而自行封包保存。

（2）档案部门的职责。档案部门必须将会计机构移交的档案妥善保管，不能以库房紧张、装备不足为由而拒绝保管。

3. 简便易行的原则

简便易行的原则要求会计档案管理制度的设计做到：通俗易懂、操作简单和利用方便。

遵循简便易行的原则可提高工作效率，充分发挥会计档案的作用。

4. 依法管理的原则

会计档案涉及面广、政策性强、使用价值大，必须依法进行会计档案管理制度的建设。

依法管理的原则要求会计主体根据法律规定建立、健全会计档案的立卷、归档、调阅、保存和销毁等管理制度，依法管理会计档案。

遵循依法管理的原则可切实保证会计主体把会计档案管好、用好。

2.5.3 会计档案整理制度的设计

1. 会计档案整理和会计档案整理人的含义

会计档案整理是会计主体依法对会计资料整理立卷、装订成册、编制会计档案保管清册的过程。会计档案整理是会计档案保管的基础。

会计档案整理人是依法负责对会计档案实施整理作业的行为人。

《会计档案管理办法》规定，会计主体形成的各种会计档案，都应当由单位会计机构或会计人员所属机构，按照归档范围和归档要求，负责定期将应当归档的会计资料整理立卷，编制会计档案保管清册。

我国法规规定会计主体的会计机构和会计人员是会计档案整理人。

2. 会计档案整理程序

会计机构收到外来的原始凭证和填制自制的原始凭证时，就开始了会计档案的形成。

(1) 会计机构在收到原始凭证后，应及时编制记账凭证。记账凭证在记账后，应按类别和时间顺序收集整理，审查核对、编制目录、连同附件装订成册，并加具封面，若附件过多，且面积过大，不便装订在记账凭证下（如领料单、工资卡、成本计算的有关资料等），可单独装订。

(2) 定期或者每个月份终了，应将所有应归档的会计凭证和其他会计资料收集齐全，并分类整理其附件，剔除不属于会计档案范围和没有必要归档的资料，补充遗漏的必不可少的核算资料，按适当的厚度分成若干本，填制凭证封面，统一编号，装订成册，并由专人负责保管。

(3) 年终，各种账簿（包括仓库的材料、产成品或商品的明细分类账）在结转下年、建立新账后，一般要把旧账送交总账会计，由其集中统一管理，所有的活页账都要装订成册，并将账页连续编号。

3. 会计档案整理要求

(1) 在凭证、账簿的封面上写明单位名称、时间、种类、起讫号数和页数。

(2) 装订人和管理人签章以明确责任。

(3) 财务会计报告一般在年度终了后，由专人（一般是主管报表的人员或会计机构负责人）统一收集，将全年财务会计报告按时间顺序整理装订成册，经会计负责人审核、盖章后立卷归档。

(4) 其他会计资料，例如财务收支计划、经济活动分析报告等都视同正式会计档案进行收集整理，但这部分资料可不全部移交档案部门，有的在一个相当长的时期仍然由会计机构保存。因此，应对其他会计资料逐件进行筛选、鉴别，将需要移交档案部门保存的另行组卷装订并移交，其余的则由会计机构保管，以便随时利用。

(5) 会计机构收到的不属会计档案范围的上级文件，如会议文件、材料、书籍等，也需归集整理或单独存放，以备学习或查阅。

(6) 会计档案的整理要规范化。封面、盒、袋要按统一的尺寸、规格制作，卷脊、封面的内容要按统一的项目印制、填写。做到收集按范围、装订按标准、整理按规范。

规范化是会计档案整理的要点。

2.5.4 会计档案管理方法的分类与编号的设计

1. 会计档案管理方法的分类

会计档案管理方法的分类，要遵循会计档案的形成规律或本身固有的特点，要从本主体会计档案的实际出发。

会计档案管理方法可分为形成分类法和机构分类法。

(1) 形成分类法。形成分类法是把年度形成的会计档案分为凭证、账簿或财务报告三大类，然后分别组成若干保管单元（卷）的会计档案管理方法。形成分类法适用于一般的企事业单位。

（2）机构分类法。机构分类法是先把一个年度形成的会计档案按机构分开，然后在机构内再按凭证、账簿、财务报告分别组成保管单元的会计档案管理方法。机构分类法一般适用于各级财政、税务、银行等部门和下属单位多的大型企业。

2. 会计档案编号的设计

（1）会计档案编号设计的意义。

- 有利于会计档案的规范化管理
- 有利于会计档案的电算化处理

（2）会计档案排列的三要素。

- 年（所属年度）
- 类（种类）
- 限（保管期限）

（3）会计档案排列编号方法的选用。

根据会计档案排列的三要素的多种组合方式，可以选用的排列编号方法如下：

1）一般的会计主体可采用“年、限、类”的排列编号方法，即以每年度的会计档案为一单元，将每个案卷按不同的保管期限，从永久到最短依次排列，然后将同一保管期限的案卷排列，最后以第一卷“永久”卷为1号，按顺序编制目录号，这些号码也作为案卷号。

2）对于由于种种原因会计档案仍由会计机构保管的会计主体，可将当年的“永久”卷集中按时间先过去、后现在的顺序排列，用流水方法编号，即首卷为“1”号，以后各卷按顺序编下去。其余定期保管案卷，仍以每一年度为一单元，按上述“年、限、类”方式排列编号。

2.5.5 会计档案保管制度的设计

1. 会计档案保管的基本要求

（1）严格执行安全和保密制度，档案保管人调离时，确保会计档案不遗失、不破损、不霉烂，完好无缺。

（2）会计档案的信息不超过规定的传递范围。

会计主体对会计档案必须进行科学管理，做到专人妥善保管、存放有序、查找方便。

2. 当年会计档案的保管

《会计档案管理办法》规定，当年形成的会计档案，在会计年度终了后，可由单位会计管理机构临时保管一年，再移交单位档案管理机构保管。因工作需要确需推迟移交的，应当经单位档案管理机构同意。

3. 会计档案的保管期限

会计档案保管期限分为永久保管和定期保管。

一般年度财务会计报告、会计档案保管清册、会计档案销毁清册、会计档案鉴定意见书应永久保管。其他会计资料进行定期保管。

永久保管的会计档案不得予以销毁。

4. 定期保管的种类和保管期限的计算

定期保管的期限分为 10 年、30 年两种。会计档案的保管期限，从会计年度终了后的第一天算起。

定期保管的会计档案所使用的保管期限为最低保管期限，不得擅自变更。

5. 会计档案室须符合的条件

会计档案室要保持通风、安全、干燥，防火、防水、防盗、防虫鼠。

2.5.6 会计档案利用和销毁制度的设计

1. 会计档案的利用

会计档案利用的要点为：

(1) 会计档案主要为本单位借阅人提供借阅服务。借阅人不得将会计档案携带外出，若要复制，必须经过领导批准。

(2) 借阅人查阅和复制会计档案时，不得在会计档案上做任何记录、勾画和涂改，更不能拆封或抽换。

(3) 外单位借阅会计档案需掌握的原则是会计档案原件不外借。外单位如有特殊需要必须借阅会计档案原件，须报经上级主管单位批准，但不得拆散原卷册，并限期归还。

(4) 外单位借阅会计档案要有正式介绍信并经单位负责人批准；要详细登记借阅的档案名称、借阅日期、借阅人姓名及工作单位、借阅理由、归还日期等。

2. 会计档案的销毁

单位应当定期对已到保管期限的会计档案进行鉴定，并形成会计档案鉴定意见书。经鉴定，仍需继续保存的会计档案，应当重新划定保管期限；对保管期满，确无保存价值的会计档案，可以销毁。会计档案鉴定工作应当由单位档案管理机构牵头，组织单位会计、审计、纪检监察等机构或人员共同进行。电子会计档案的销毁还应当符合国家有关电子档案的规定，并由单位档案管理机构、会计管理机构和信息系统管理机构共同派员监销。保管期满但未结清的债权债务会计凭证和涉及其他未了事项的会计凭证不得销毁，纸质会计档案应当单独抽出立卷，电子会计档案单独转存，保管到未了事项完结时为止。

自我测试

复习与思考

1. 简述设计单位会计机构应遵循的原则。
2. 如何设置会计人员的岗位？各岗位的职责有哪些？
3. 简述会计档案管理方法。
4. 会计核算规则包括哪些内容？
5. 设计单位内部会计制度的依据是什么？
6. 会计档案保管制度设计有哪些要点？

设计与分析

某集团公司为大型企业，其财会部门下设三个职能科室：财务、会计、审计，该企业的财务管理分工如图 2-4 所示。

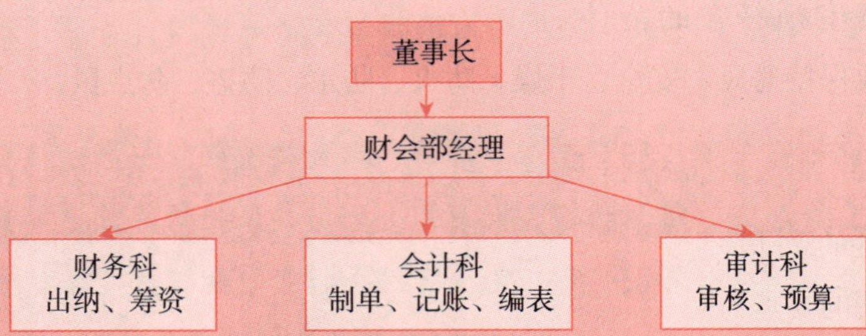

图 2-4　某企业的财务管理分工

请分析：

该企业会计机构的设置是否存在问题？有哪些问题？如何改善其设置？

会计核算系统设计

引言

本章主要介绍会计科目设计的意义和原则，会计科目设计的程序，各种原始凭证、记账凭证的具体设计以及凭证设计的其他有关问题。此外，会计账簿、财务报告以及会计核算组织程序设计也是本章的重要内容。

学习目标

完成本章学习后，你应能够：

1. 了解会计科目、会计凭证、会计账簿设计的原则、内容、方法。
2. 掌握财务报告的编制要求。
3. 解释会计核算组织程序的设计方法。

3.1 会计科目设计

本节精要

科目设计原则明，内容方法梳理清。
方法使用依业务，一二三级均确定。

3.1.1 会计科目设计概述

1. 会计科目的含义与会计科目的设计

会计科目是对会计要素的具体内容按照经济管理的要求进行分类的标志。

会计科目是会计制度的重要组成部分，掌握会计科目是进行会计科目设计的前提

会计科目的设计是设计人根据会计要素的具体内容做出分类，并确定每类经济业务的名称及其相互之间的关系，使之形成完整的会计科目体系的方法。

完整的会计科目体系，是形成各种会计记录和会计报告的基础。

> 会计科目是会计制度的重要组成部分。

设计会计科目必须做到两点：一是明确规定每一会计科目反映的经济内容及其所属类别；二是明确具体的各个科目之间的相互关系。

会计主体可根据实际情况设计合适的会计科目。

2. 会计科目设计的意义

会计科目的设计是会计制度设计的基础环节之一。会计科目设计具有以下五方面的意义：

（1）对会计核算内容进行具体分类。

会计核算内容的分类是对会计对象六大要素中的内容的进一步分类。

会计对象六大要素为：资产、负债、所有者权益、收入、费用和利润。

会计科目设计是对经济业务内容做具体分类，是系统、连续核算的一个重要步骤。

> 分类使经济业务发生后引起的各项会计要素的增减变动情况得到了系统的反映。

（2）为编制会计凭证提供依据。

取得原始凭证后，要根据会计科目进行分类整理，编制记账凭证，作为登记账簿的依据。连续、系统、全面地反映会计主体的经济业务活动是会计核算的特点。

（3）为设计会计账簿提供依据。

账簿是账户的载体，会计科目是开设账户、建立总分类账和明细分类账的依据。

会计科目设计是开设账户、建立账簿体系的基础。

（4）便于编制会计报表。

总分类账户就是按照总分类会计科目设置的账户，期末可以根据总分类账的本期发生额和余额编制试算平衡表，并进一步编制资产负债表和利润表。

设置会计科目是会计报表编制的前提。

（5）为建立科学、完善的会计核算方法体系奠定基础。

会计核算方法作为一个完整的体系包括：

- 设置会计科目
- 复式记账
- 填制和审核凭证
- 登记账簿
- 成本计算

- 财产清查
- 编制会计报表

设置会计科目可为编制会计凭证和登记账簿提供依据。

会计主体的会计机构内部应合理分工，以达到相互联系、相互牵制的目的。

会计人员具体的岗位及相应的具体核算内容为：

- 材料组，负责原材料、材料采购的核算。
- 工资组，负责应付职工薪酬的核算。
- 成本组，负责生产成本的核算。
- 综合组，负责固定资产及应收账款、应付账款等债权债务类科目和实收资本、本年利润等权益类科目的核算。
- 出纳组，负责现金、银行存款等的核算。

设计科学的会计科目体系，有利于内部各核算组确定工作任务，科学、合理地开展工作。

3. 会计科目设计的原则

会计科目设计原则的要点为：

- 会计科目必须根据会计准则和国家统一的会计制度的规定设置和使用。
- 会计主体有条件可根据实际情况自行增设、分拆、合并会计科目。
- 会计主体可以按规定自行设置明细科目。

设计会计科目应遵循合法性、全面性、适应性、专一性和明确性五大基本原则。

> 会计主体不存在的交易或者事项，可不设置相关会计科目。

（1）合法性原则。

合法性原则是设计会计科目的首要原则，它指设计的会计科目必须符合我国会计法规体系的相关规定。

我国会计法规体系的关系为：会计法指导会计准则，会计准则驾驭会计制度，会计制度规范会计核算制度和会计监督制度。

会计制度主要是指对会计核算基本原则及会计科目和会计报表等内容做出的规定。

合法性原则要求设计出的会计科目既符合会计法规体系的规定，又适应会计主体的特点。遵循合法性原则设计会计科目应了解的会计主体的情况包括：

- 会计主体的经济性质
- 会计主体的经营方式
- 会计主体的组织形式
- 会计主体的筹资渠道
- 会计主体对会计核算的要求
- 会计主体现有及可能发生的经济业务

> 小企业从2013年开始执行2011年颁布的《小企业会计准则》。

（2）全面性原则。

全面性是设计会计科目的重要原则，它指设计的会计科目应该既便于反映会计要素的总括情况，又便于反映经济业务的全部内容。

为总括反映六大要素的内容，财政部门制定了六类总会计科目，如图 3－1 所示。

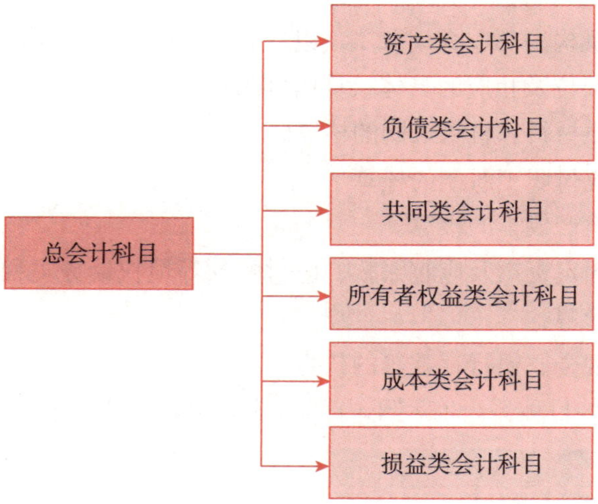

图 3－1　总会计科目的分类

为了更全面、更具体地反映经济业务的内容，会计主体还应设置明细会计科目。明细科目除会计制度规定应当设置的以外，会计主体可根据实际需要自行设置。

(3) 适应性原则。

适应性原则指设计的会计科目既要适应会计主体经济管理的需要，又要适应国民经济宏观管理的需要；会计科目要能够反映资金运动的各个方面和整个过程。

各类经济业务发生后均应设计相应的会计科目予以反映。

(4) 专一性原则。

专一性原则是指会计科目所反映的经济业务应当具有单一性。

专一性原则的要点为：

- 设计会计科目时，原则上一个会计科目只反映一种类型的经济业务。
- 债权债务结算类会计科目，业务量比较少时可合并成一个往来科目。

(5) 明确性原则。

明确性原则指设计的会计科目的名称必须与其反映的经济业务内容相一致。

明确性原则要求设计的会计科目可分门别类地反映会计主体的经济业务活动。明确性原则的要点为：

- 设计的会计科目便于记忆和记账。
- 设计的会计科目的名称简明扼要。
- 设计的会计科目的核算内容明确。
- 设计的会计科目之间的界限清楚。
- 设计的会计科目可避免混乱和误解。

3.1.2 会计科目设计的内容

会计科目设计是在全面了解本单位经济业务性质及内容的基础上，对每一会计科目的总体情况、使用说明及编号等做出明确规定的设计。

会计科目设计的内容包括：会计科目的总体情况设计、会计科目的编号设计、会计科目的使用说明设计。

1. 会计科目的总体情况设计

会计科目是对会计对象的具体内容进行分类核算的项目。

会计对象就是指反映经济业务内容的会计要素。

设计人必须对会计主体的状况心中有数，方能设计出符合实际需要的会计科目。会计科目的总体情况设计要点为：

（1）了解企业所属行业情况，包括经济性质、经营方式、组织形式、业务特点、筹资渠道和有关利益团体，以及企业当前生产经营情况和财务状况。不同行业的会计科目，有不同的设置要求。设计时应了解企业本身属于什么行业。

（2）根据企业经济业务性质、企业会计准则和有关会计规范的规定，将企业的经济业务划分为财务和生产经营业务两大类。

（3）了解企业的所有制形式，在确定企业性质的基础之上选择会计科目。企业在经营品种、方式上往往是多种多样的，在了解企业经营、兼营的业务的基础上确定会计科目，可全面反映经济业务内容。

（4）将各类经济业务划细，如将资产划分为货币资金、投资、应收账款、存货等，再具体到会计科目，如存货为核算与管理的需要可以划分为原材料、库存商品等。所选定的会计科目就是在经济业务分类的基础上产生的。

2. 会计科目的编号设计

会计科目的编号是对全部会计科目按反映的经济内容及其在会计科目体系中的地位，分别确定一个号码，作为会计科目的代号。

设计会计科目的编号必须考量会计科目编号的意义、会计科目编号的原则和会计科目编号的方法。

（1）会计科目编号的意义。

- 会计科目编号便于会计事项的归类、记录、查阅。
- 会计科目编号便于按会计科目的排列次序开设账户、归类汇总和编表。
- 会计科目编号便于开展会计核算。

（2）会计科目编号的原则。

设计会计科目编号原则的要点为：

- 会计科目编号应简明扼要。
- 会计科目编号应便于记忆。
- 会计科目编号应排列有序、层次分明。
- 会计科目编号之间应留有余地。
- 根据科目编号就可以知道会计科目的经济内容。

会计科目编号的原则包括专一性原则、规律性原则、简明性原则和伸缩性原则。

1）专一性原则要求：

- 一个编号只能代表一个会计科目。
- 一个编号不能同时代表其他科目。

遵循专一性原则设计会计科目可有效地避免会计科目在使用时发生混乱。

2）规律性原则要求：

- 会计科目的编号应当按照一定的规律进行。
- 会计科目的编号应做到排列有序、层次分明。
- 会计科目的编号应做到方便记忆和查阅。
- 根据科目号码就能判断各个会计科目所属的类别。
- 根据科目号码就能判断各个会计科目所反映的经济内容。

3）简明性原则要求：

- 会计科目号码的数字不宜过长。
- 会计科目号码的数字不宜过短。
- 科目号码要真正起到以简代繁的作用。

4）伸缩性原则要求：

- 设计科目代码应具有一定的预见性。
- 为将来可能增加的会计科目预留空号。
- 增设会计科目时不影响编号的基本顺序。

遵循伸缩性原则可保证会计科目的代码具有专一性、稳定性。

（3）会计科目编号的方法。

会计科目编号的方法的设计要点有两个：

- 一般以总账科目的编号方法为代表。
- 明细科目的编号方法借鉴总账科目的编号方法。

会计科目的编号方法一般有：数字法、文字法、文字数字混合法、字母组合法。

常用的会计科目编号方法主要有数字顺序编号法和数字定位编号法。

我国目前采用的会计科目编号方法是数字顺序编号法和数字定位编号法。

数字顺序编号法是依据科目编号原则，对按照一定顺序排列的全部总账会计科目或某一总账科目所属全部明细科目，从第一号开始，编到最后一个科目为止的编号方法。

数字顺序编号法的优点是简单、直观。缺点是由于全部总账科目并排，无法直观确认科目所属的类别及内容。

我国明细科目编号采用数字顺序编号法。

数字定位编号法是给每一个数字以特定的含义，并按一定的位置进行排列。

数字定位编号法举例：

- 例如：第 1 位数字代表大类会计科目。
- 例如：第 2 位数字代表小类会计科目。
- 例如：第 3、4 位数字代表总分类会计科目。
- 例如：第 5、6 位数字代表明细分类会计科目。

采用数字定位编号法，总分类会计科目和明细分类会计科目之间无须用点号或连字符隔开。

数字定位编号法的优点是对账户的经济内容能够明确显示，也便于实行会计电算化。缺点是编号数字较长，不便于记忆。

数字定位编号法的样例如表3-1所示。

表3-1　　会计科目表①

顺序号	编号	会计科目名称	顺序号	编号	会计科目名称
		一、资产类			四、所有者权益类
1	1001	库存现金	110	4001	实收资本
2	1002	银行存款	111	4002	资本公积
3	1003	存放中央银行款项	112	4101	盈余公积
4	1011	存放同业	……		
5	1012	其他货币资金			五、成本类
……			117	5001	生产成本
		二、负债类	118	5101	制造费用
70	2001	短期借款	119	5201	劳务成本
71	2002	存入保证金	……		
72	2003	拆入资金			六、损益类
73	2004	向中央银行借款	124	6001	主营业务收入
74	2011	吸收存款	125	6011	利息收入
75	2012	同业存放	126	6021	手续费及佣金收入
……			127	6031	保费收入
		三、共同类	128	6041	租赁收入
105	3001	清算资金往来	129	6051	其他业务收入
106	3002	货币兑换	……		
……					

2006年颁布的新会计准则采用的会计科目编号方法是数字定位编号法。

3. 会计科目的使用说明设计

为正确地使用会计科目，需要对每一会计科目设计使用说明，以对相关内容进行规定。设计会计科目的使用说明的原因有四个：

① 此处只列举了部分内容，详细内容参阅本书第1章。

- 会计科目的分类未对每一个会计科目的具体设置目的做出详细的说明。
- 会计科目的分类未对核算的内容、范围和方法做出详细的说明。
- 会计科目的分类未对应当执行的原则做出详细的说明。
- 会计科目的分类未对明细分类科目的设置做出详细的说明。

会计科目的使用说明设计主要内容有以下三点：

（1）说明会计科目的核算内容与范围。

说明会计科目的核算内容与范围主要是明确该会计科目的核算内容与范围，尤其是明确一些需要分清的易混淆内容，指出不在该科目核算的内容。

说明会计科目的核算内容与范围的目的是防止会计科目发生混淆。

（2）说明所属明细科目的设置。

设计人应按要求具体说明所属明细科目的设置情况。会计科目所属明细科目的设置要点为：

- 概括地说明设置明细科目的要求。
- 具体写明所需设置的各个明细科目及其核算内容。

说明所属明细科目的设置举例：

按第一种方法设置，“管理费用”科目的明细科目，“可按费用明细项目进行明细核算”。

按第二种方法设置，“交易性金融资产”科目的明细科目，“可按交易性金融资产的类别和品种，分别对‘成本’‘公允价值变动’等进行明细核算”。

（3）说明会计科目的主要账务处理。

账务处理主要指以科目为主要记录载体，借记本科目、贷记有关科目或借记有关科目、贷记本科目。

明确会计科目的内涵是正确进行账务处理的前提。

3.1.3 会计科目设计的方法

会计科目按提供指标的详细程度，可分为总账科目和明细科目。

会计科目设计必须对会计科目的名称予以确定。会计科目名称的确定包括总账科目的确定和明细科目的确定。

1. 总账科目的确定

总账科目也叫一级科目。新的企业会计准则明确了全行业会计科目（见第1章）。

总账科目的确定的要点为：

- 针对所属行业的性质将业务做具体分类。
- 按不同的业务类型确定会计科目。

一般来讲，经济业务的内容有多少种，就应设计多少种会计科目。

从企业经济业务内容上看，制造业通常有五种类型，即资产、负债、所有者权益、成本、损益。

影响会计科目内容的因素有三个：

- 会计主体的经济性质
- 会计主体的生产方式

- 会计主体的经济活动范围

总账科目的确定直接服务于会计主体资金运动的过程和结果。

资金运动的过程和结果无法离开的环节：

- 资金的筹集
- 资金的使用
- 资金的归还和分配
- 资金的内部转化
- 资金的退出

以制造业为例，按照资金运动的一般程序，各类经济业务的会计科目设计分为：

- 筹资业务的会计科目设计
- 采购业务的会计科目设计
- 生产业务的会计科目设计
- 销售业务的会计科目设计
- 利润形成及分配业务的会计科目设计

（1）筹资业务的会计科目设计。

企业筹集资金的渠道有三个：接受投资者以货币资金或实物等形式投入的资本，从金融机构或其他单位借入资金，发行股票或债券取得资金。

1）筹集资本金业务的会计科目设计。

根据《企业会计准则》等的规定，投资者可以用货币、实物、无形资产等形式向企业投资。

筹资业务发生后一方面形成企业所有者权益，另一方面增加企业资产。

企业筹集资本金应设置的会计科目：

- 实收资本
- 库存现金
- 银行存款
- 固定资产
- 库存商品
- 原材料
- 资本公积

在股份制企业里，应设置“股本”代替“实收资本”科目。

投资者缴付的出资额超出资本金的差额，法定财产评估增加的价值等捐赠走营业外收入由“资本公积”科目予以核算。

2）借款业务的会计科目设计。

会计主体从银行等金融机构或其他单位借款形成借款业务。

借款业务按归还期限分类可分为长期借款业务和短期借款业务。

长期借款指凡归还期在一年以上或超过一年的一个营业周期以上的借款。

短期借款指凡在一年以内或超过一年的一个营业周期以内归还的借款。

银行借款利息按会计制度的规定计入当期损益。

核算借款业务需设置的会计科目：

- 短期借款

- 长期借款
- 财务费用

因长期借款除可以用于企业的生产经营外，又可能用于企业固定资产购建，故企业还需设置“在建工程”科目。

3）发行债券业务的会计科目设计。

为便于反映各种债券及应付利息的增减变化，企业应设置“应付债券”科目。

（2）采购业务的会计科目设计。

企业材料采购业务主要包括用货币资金购买材料、支付运费、支付入库前挑选整理费并计算材料的实际采购成本，核算因购买材料而发生的债务。

核算企业购买材料和支付采购费用业务应设置的会计科目：

- 原材料
- 库存现金
- 银行存款
- 其他货币资金
- 预付账款

为核算材料采购成本，材料采用计划成本计价的制造企业，必须设置“材料采购”科目。

企业在采购业务中除购买直接构成产品实体的材料之外，还会涉及用于其他用途的各种存货。

对各种存货的不同用途应设置的会计科目：

- 原材料
- 周转材料

目前包装物、低值易耗品均为周转材料的二级明细科目。

产品的生产过程应设置相关的会计科目：

- “材料成本差异”科目，存货采用计划成本计价，计划成本与存货的实际成本存在差异。
- “委托加工物资”科目，企业有委托外单位加工物资的业务。
- “待处理财产损溢”科目，核算各种存货在存续期间发生的盈余和短缺。
- “应付账款”科目和“应付票据”科目，核算由于结算方式等原因发生的结算欠款。

企业应根据实际情况设置相关会计科目。

（3）生产业务的会计科目设计。

产品的生产过程是制造业生产经营过程的重要环节，产品的生产过程必然会发生各种耗费。

生产过程的耗费包括：

- 材料的耗费
- 固定资产的磨损
- 支付职工工资
- 其他费用

上述生产耗费最终都应归集、分配到各种产品的成本中去。

企业在一定期间内发生的费用，包括产品的直接费用和为生产几种产品发生的间接费用及不构成产品成本而作为期间费用计入当期损益的费用。

主产过程应设置的会计科目：

- 生产成本
- 制造费用

生产过程中还应设置的会计科目：

- “累计折旧”科目，反映企业计提固定资产折旧的情况。
- “固定资产减值准备”科目，考查固定资产的新旧程度。
- “应付职工薪酬”科目，反映应支付给工人的薪酬。
- “库存商品”科目，反映产品的完工、入库及出库情况。

生产过程涉及的业务多少直接与设置的会计科目数目对应。

(4) 销售业务的会计科目设计。

销售过程是制造业生产经营过程的最后阶段，是将生产的产品销售出去取得销售收入，使企业的生产耗费得到补偿，并实现企业的经营目标的过程。

销售业务主要包括：

- 出售产品取得各种收入
- 结转销售成本
- 支付各种销售费用
- 核算销售税金
- 收回因销售而发生的各种应收款项

制造业的销售收入可分为主营业务收入和其他业务收入。

主营业务收入包括：

- 销售产成品
- 销售自制半成品
- 提供工业性劳务

其他业务收入包括：

- 销售材料
- 技术转让
- 出租固定资产和包装物等发生的收入

如果企业无其他业务收入或管理上不需要掌握各种收入的信息，就可只设置一个“营业收入”科目。

企业的营业支出包括：

- 已售产品、材料等应结转的成本
- 销售过程中发生的各种费用
- 应缴纳的销售税金

制造业销售过程中应设置的会计科目：

- “主营业务成本”科目，核算企业销售产成品、自制半成品和提供工业性劳务等的成本。
- “税金及附加”科目，核算应由销售产品、提供工业性劳务负担的销售税金及附加。
- “其他业务成本”科目，核算其他业务成本及相关费用。

● “应收账款”科目和“应收票据”科目，反映由于结算方式及销售方式等原因可能暂时收不回的款项，形成结算债权。

● “坏账准备”科目，核算为了减少企业经营风险、体现谨慎性原则所计提的坏账准备。

营业利润是营业收入与营业支出相抵的结果。

(5) 利润形成及分配业务的会计科目设计。

企业利润总额包括：

● 营业利润
● 投资净收益
● 营业外收支净额
● 补贴收入
● 以前年度损益调整

核算企业利润应设置的会计科目：

● 主营业务收入
● 主营业务成本
● 税金及附加
● 其他业务收入
● 其他业务成本
● 营业外收入
● 营业外支出
● 投资收益
● 资产处置收益
● 以前年度损益调整

在计算利润时，在一定时期内实现的全部收入减去全部支出为正数时，则为实现了利润。在一定时期内实现的全部收入减去全部支出为负数时，则为亏损。

为反映各收入与支出由各相关科目转入的情况，企业应当设置“本年利润”科目。

利润分配去向有：

● 上缴企业所得税
● 提取盈余公积金
● 支付投资者利润

利润分配的会计科目设计：

● 利润分配
● 应交税费
● 盈余公积
● 应付股利

2. 明细科目的确定

明细科目包括二级明细科目和三级明细科目。

设置明细科目的原因有两点：一是总分类会计科目只能总括反映经济活动的情况，二是经营管理需要比较明细的核算资料。

明细科目在会计制度中没有做统一的规定，由企业根据需要自行设置。

总账科目反映的经济内容及用途不同决定明细科目的设计方法亦不相同。

明细科目的设计方法：

- 按财产实物种类设计明细科目。如原材料、固定资产、材料采购、发出商品、在途物资、库存商品等。
- 按债权债务单位或个人名称设计明细科目。如应收账款、应付账款、预付账款、预收账款，应收票据、应付票据，短期借款、长期借款，其他应收款、其他应付款等。
- 按成本计算对象设计明细科目。如工业企业设置“生产成本”“在建工程”等科目。
- 按业务种类设计明细科目。如主营业务收入、营业外收入、其他业务收入、主营业务成本、投资收益等。
- 按费用项目的名称设置明细科目。如“制造费用”“管理费用”“财务费用”“营业费用”等。

明细科目对总账科目反映的经济内容起详细补充作用。

会计主体选择和使用会计科目时应注意两点：

- 设计和使用的会计科目的核算内容应当符合包括会计准则在内的国家统一会计制度的规定。
- 所使用的会计科目应当满足编制统一会计报表的要求，保证会计报表各项目的数据来源合法、真实、准确、完整。

会计科目的设置虽有其自主性和灵活性，但也受到一定的限制。

3.2 会计凭证设计

本节精要

会计凭证两类分，原始记账设计斟。
自制凭证须规范，凭证内容随时温。

3.2.1 会计凭证设计概述

1. 设计会计凭证的意义

设计会计凭证的意义有四点：

- 可使会计主体的经济业务的发生和完成得到及时、准确的反映。
- 可为下一步登记账簿提供依据。
- 有利于经济责任制的加强。
- 便于开展会计监督和审计监督。

会计凭证要求经办人签名或者盖章以明确经济责任。

2. 会计凭证的分类

会计凭证的分类如图 3-2 所示。会计凭证的设计主要是对原始凭证的设计和对记账凭证的设计。

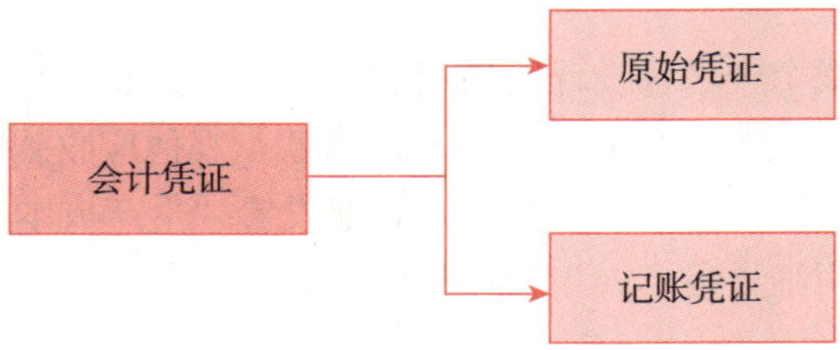

图 3-2　会计凭证的分类

3.2.2　原始凭证的设计

原始凭证按其来源不同可分为自制原始凭证和外来原始凭证。

自制原始凭证是在经济业务发生时由会计主体经办人员填制的会计凭证。

外来原始凭证是在经济业务发生时从单位外部取得的会计凭证。

原始凭证的设计主要是针对自制原始凭证，外来原始凭证无须设计。

1. 原始凭证设计的主要内容

原始凭证设计的主要内容包括原始凭证的基本要素、格式的设计和种类的设计。

（1）原始凭证的基本要素。

原始凭证的基本要素包括：

> 各种原始凭证所记载的经济业务不同，每种原始凭证的具体内容也不相同。

- 原始凭证的名称
- 填制原始凭证的单位名称
- 原始凭证填制的日期和编号
- 接受原始凭证单位的名称
- 经济业务内容（摘要、计量单位、数量、单价和金额等）
- 经办人的签名或盖章

设计原始凭证要满足会计核算的需要，满足计划、统计及业务管理工作的需要。

设计原始凭证时可根据具体情况增设一些补充性的内容，包括：

- 与该业务有关的生产计划
- 与该业务有关的工作命令
- 与该业务有关的合同
- 与该业务有关的预算

设计不同类型的原始凭证有不同的要求：对外自制原始凭证的设计，要求原始凭证的基本内容必须齐全。对内自制原始凭证的设计，要求有些内容，如单位名称、接受原始凭证的单位等，可适当省略。

（2）原始凭证格式的设计。

原始凭证的设计应便于使用与保管。设计原始凭证的格式应考量原始凭证的尺寸、原始凭证内容位置的安排和原始凭证的联数三个问题。

设计原始凭证的尺寸的要点为：

- 原始凭证的大小应考量所记录经济内容的多少。
- 原始凭证的大小应考量与记账凭证的协调。
- 原始凭证的大小应考量打印机的宽度。
- 原始凭证的大小应考量档案保管设施的宽度。

设计原始凭证内容位置安排的要点为：

- 原始凭证的各项内容应合理地安排在一张凭证上，如：内容的排列要体现传递的要求。
- 重要的项目安排在原始凭证的主要位置上。
- 固定性资料可事先印制在原始凭证上以节约填制时间和减少差错。
- 原始凭证的左边留有适当空白以备装订。

设计原始凭证联数的要点为：

- 原始凭证通常是一式几联，以便分送有关部门和人员使用、留存。
- 会计主体应根据组织机构、管理要求及与外部的关系等因素确定凭证的联数。
- 在每联注明其用途和传递程序以便于识别。
- 各联使用不同颜色或厚薄不同的纸张。

（3）原始凭证种类的设计。

自制原始凭证按照不同标准可分为不同的种类。按照填制手续和制作过程的不同分类，如图 3－3 所示。

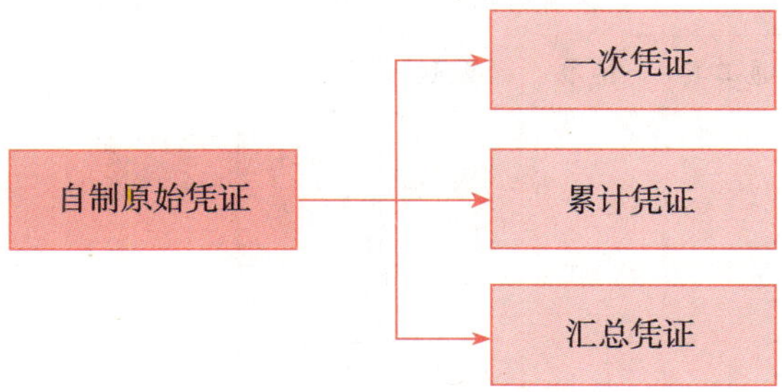

图 3－3　自制原始凭证按照填制手续和制作过程的不同分类

1）一次凭证。

一次凭证是记录一项经济业务或若干项同类性质的经济业务的凭证，其填制手续一次完成。

一次凭证适用于业务发生次数不多或业务发生次数虽多但非同时发生的业务。

典型的一次凭证包括：

- 代垫运费清单
- 普通领料单
- 差旅费报销单

对外原始凭证由于接受单位不同一般宜采用一次凭证。

一次凭证的样例见收料单（见表 3-2）和差旅费报销单（见表 3-3）。

表 3-2　　　　收料单

供货单位：　　　　年　月　日　　　　编　　号：

发票号码：　　　　　　　　　　　　　收料仓库：

<table>
<tr><th rowspan="2">材料类别</th><th rowspan="2">材料编号</th><th rowspan="2">名称及规格</th><th rowspan="2">计量单位</th><th colspan="2">数量</th><th rowspan="2">单价</th><th rowspan="2">金额</th><th rowspan="2">备注</th></tr>
<tr><th>应收</th><th>实收</th></tr>
<tr><td></td><td></td><td></td><td></td><td></td><td></td><td></td><td></td><td></td></tr>
<tr><td></td><td></td><td></td><td></td><td></td><td></td><td></td><td></td><td></td></tr>
<tr><td></td><td></td><td></td><td></td><td></td><td></td><td></td><td></td><td></td></tr>
<tr><td></td><td></td><td></td><td></td><td></td><td></td><td></td><td></td><td></td></tr>
<tr><td>合计</td><td></td><td></td><td></td><td></td><td></td><td></td><td></td><td></td></tr>
</table>

仓库负责人：　　　　记账：　　　　复核：　　　　收料：

表 3-3　　　　差旅费报销单

年　　月　　日

<table>
<tr><td colspan="2">部门</td><td></td><td>姓名</td><td colspan="2"></td><td colspan="2">出差事由</td><td colspan="3"></td></tr>
<tr><td colspan="6">20　年　月　日起至 20　年　月　日止</td><td colspan="2">共计出差　天</td><td colspan="3">附单据：　张</td></tr>
<tr><td colspan="4">途中车船费</td><td colspan="2">伙食补助费</td><td rowspan="2">住宿费</td><td rowspan="2">其他</td><td rowspan="2"></td><td rowspan="2"></td><td rowspan="2">合计</td></tr>
<tr><td>月</td><td>日</td><td>起讫地点</td><td>交通工具</td><td>标准</td><td>天数</td></tr>
<tr><td></td><td></td><td></td><td></td><td></td><td></td><td></td><td></td><td></td><td></td><td></td></tr>
<tr><td></td><td></td><td></td><td></td><td></td><td></td><td></td><td></td><td></td><td></td><td></td></tr>
<tr><td></td><td></td><td></td><td></td><td></td><td></td><td></td><td></td><td></td><td></td><td></td></tr>
<tr><td></td><td></td><td></td><td></td><td></td><td></td><td></td><td></td><td></td><td></td><td></td></tr>
<tr><td></td><td></td><td></td><td></td><td></td><td></td><td></td><td></td><td></td><td></td><td></td></tr>
<tr><td></td><td></td><td></td><td></td><td></td><td></td><td></td><td></td><td></td><td></td><td></td></tr>
<tr><td colspan="3">合计</td><td></td><td></td><td></td><td></td><td></td><td></td><td></td><td></td></tr>
</table>

负责人：　　　　　　　　　　出差人：

2）累计凭证。

累计凭证是在一定时期内连续记录若干项同类经济业务的凭证，它是随着经济业务的发生经过多次填制而完成编制过程的原始凭证。

设计累计凭证的意义有以下三点：

- 可简化原始凭证的编制手续。
- 可减少原始凭证的数量。

- 便于与定额、计划数和预算数进行比较。

制造业使用的限额领料单是典型的累计凭证。

累计凭证的要点（以限额领料单为例）为：

- 注明某种材料在规定日期内（通常为一个月）的领用限额。
- 每次领料或退料，应在凭证上逐笔登记，并随时结出限额的余额。

累计凭证的样例见限额领料单（见表 3－4）。

表 3－4　　限额领料单

领用部门：　　　　　　　　　　年　月　日　　　　　　　　　　编号：

用　　途：　　　　　　　　　　　　　　　　　　　　　　　　　仓库：

材料类别	材料编号	材料名称及规格	计量单位	领用限额	实际领用	单价	金额
供应部门负责人：				生产计划部门负责人：			

日期	数量		领料人签名	发料人签名	退料			限额结余	备注
	请领	实发			数量	退料人	领料人		
累计									

3）汇总凭证。

汇总凭证又称原始凭证汇总表，是根据许多相同的原始凭证或者会计核算资料汇总编制的原始凭证。

设计汇总凭证的意义有以下三点：

- 可集中反映某一时期内同类业务的全面情况。
- 可简化核算工作的手续。
- 可减少核算工作业务量。

汇总凭证适用于大量重复发生的业务。

典型的汇总凭证包括：

- 收料汇总表
- 发料汇总表
- 工资汇总表

汇总凭证的样例见材料发出汇总表（见表 3－5）。

表 3-5 材料发出汇总表

年 月 日

会计科目	领料部门	原材料	燃料	备品备件	……	合计
生产成本——基本生产成本	一车间					
	二车间					
	小计					
生产成本——辅助生产成本	供电车间					
	锅炉车间					
	小计					
制造费用	一车间					
	二车间					
	小计					
管理费用	行政管理部门					
合计						

仓库负责人： 复核： 制表：

2. 原始凭证设计的要求

会计主体设计原始凭证应考虑的相关因素：

- 会计主体的经营性质
- 会计主体经济业务的种类
- 会计主体经营管理的需要
- 会计主体内部控制的要求
- 会计主体会计核算的需要

原始凭证只要符合设计要求，包括了应具有的全部内容，能满足本主体的需要即可。

例如：主要从事商品生产的制造业企业为反映生产过程的经济业务，就要设计直接材料、直接人工、制造费用的发生和结转的有关原始凭证。

制造业反映生产过程经济业务的原始凭证一般有：

- 领料单
- 退料单
- 工资计算单
- 折旧计算表
- 发料汇总表等

例如：主要从事商品流通的商业企业，为了反映流通过程的经济业务，就要设计与商品购、销、存业务有关的原始凭证。

商业企业反映流通过程经济业务的原始凭证一般有：

- 商品验收单

- 商品盘点表
- 残损商品损失报告单
- 商品差价率计算单
- 商品销售汇总表

设计的原始凭证必须适合会计主体的特点。

3.2.3 记账凭证的设计

记账凭证是会计人员根据审核无误的原始凭证或原始凭证汇总表编制的会计凭证。记账凭证设计的主要内容包括记账凭证内容的设计和记账凭证种类与格式的设计。

1. 记账凭证内容的设计

编制记账凭证的基本目的有两个：一是根据经济业务的性质、数量和记账的要求，确定所应编制的会计分录；二是在各个不同的账户中进行登记。

确定所应编制的会计分录即确定借贷方向、会计科目（包括明细科目）及其金额。

记账凭证应包括的基本内容如下：

- 记账凭证的名称
- 记账凭证的填制日期和编号
- 经济业务的摘要
- 应借、应贷会计科目（包括明细科目）的名称及金额
- 记账的符号
- 所附原始凭证的张数
- 会计主管、复核人员、记账人员、编制人员的签章

> 企业使用的记账凭证可直接购买，也可自行设计。

记账凭证作为登记账簿的直接依据是按照经济内容加以归类。

2. 记账凭证种类与格式的设计

记账凭证按照不同的标准可以分为不同的种类，如图 3-4 所示。

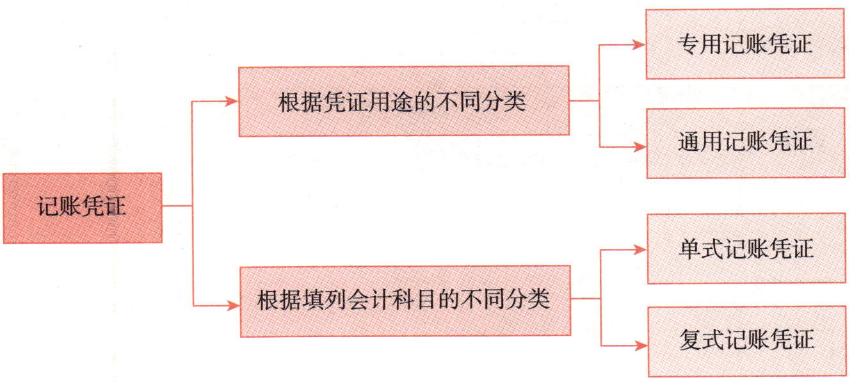

图 3-4 记账凭证的分类

记账凭证格式的设计应根据会计主体的规模和业务确定。

(1) 专用记账凭证。专用记账凭证根据其记录内容与货币资金关系的不同分为收款凭

证、付款凭证和转账凭证。

1）收款凭证。

● 收款凭证的编制依据。收款凭证是根据有关现金和银行存款收入业务的原始凭证编制的。

● 收款凭证的用途。收款凭证专门用于记录现金、银行存款等货币资金收入业务。

● 收款凭证的要求。收款凭证的贷方内容应详细列出。

收款凭证又可以分为现金收款凭证和银行存款收款凭证两种。

收款凭证的样例如表 3-6 所示。

表 3-6 收款凭证

总号	
分号	银收×

借方科目：银行存款　　20　年　月　日

摘　要	应贷科目		过账	金额
	一级科目	二级及明细科目		
合计（大写）				

附件　张

会计主管：　记账：　出纳：　复核：　制单：

2）付款凭证。

● 付款凭证的编制依据。付款凭证根据有关现金和银行存款付出业务的原始凭证填制。

● 付款凭证的用途。付款凭证用来记录现金、银行存款等货币资金付出业务。

● 付款凭证的要求。付款凭证的借方内容应详细列出。

付款凭证的样例如表 3-7 所示。

表 3-7 付款凭证

总号	
分号	银付×

贷方科目：银行存款　　20　年　月　日

摘要	应借科目		过账	金额
	一级科目	二级及明细科目		
合计（大写）				

附件　张

会计主管：　记账：　出纳：　复核：　制单：

3）转账凭证。

● 转账凭证的编制依据。转账凭证根据不涉及现金、银行存款收付业务的有关原始凭证填制。

- 转账凭证的用途。转账凭证记录与货币资金业务无关的其他转账业务。
- 转账凭证的要求。转账凭证的应借、应贷的科目均应详细列出。

转账凭证的样例如表 3－8 所示。

表 3－8　转账凭证

20　年　月　日

总号	
分号	转××

摘要	一级科目	二级及明细科目	过账	借方金额	贷方金额
合计（大写）					

附件　张

会计主管：　记账：　复核：　制单：

（2）通用记账凭证。通用记账凭证可以记录会计主体各种经济业务。采用通用记账凭证记账时每一张记账凭证需要逐笔过账，登记总账工作量比较大。

通用记账凭证的使用范围为：

- 业务反映比较明确，对应关系比较清楚的经济业务。
- 业务少、简单，采用记账凭证核算组织程序的会计主体。
- 业务多、会计核算已实行电算化的会计主体。

通用记账凭证的格式与转账凭证相同。

（3）单式记账凭证。单式记账凭证是将每项经济业务所涉及的全部会计科目分别编制记账凭证予以登记，每张记账凭证仅登记一个总分类科目。

单式记账凭证分为借项凭证和贷项凭证两类（其格式略）。

采用单式记账凭证存在的问题有：

- 编制凭证的工作量大。
- 对应关系不清楚。
- 出现差错后不易查找。

采用单式记账凭证便于汇总、分工和机器操作。

（4）复式记账凭证。复式记账凭证是将每一经济业务所涉及的全部会计科目集中登记在一张记账凭证上。

专用记账凭证与通用记账凭证均是复式记账凭证。

复式记账凭证的优点为：

- 可了解经济业务的全貌。
- 便于查账。
- 减少记账凭证的数量。

● 减轻工作量。

采用复式记账凭证不便于分工和汇总。

会计主体选择和使用记账凭证应考量所采用的会计核算组织程序、账簿的格式与经济业务的繁杂程度等因素。

对小型企业来说，经济业务较为简单、量少，适于采用通用记账凭证或复式记账凭证。

对大中型企业来说，经济业务较为复杂、量多，适于采用专用记账凭证。

对不同种类的经济业务应分别编制复式凭证，或采用单式记账凭证。

3.3 会计账簿设计

本节精要

账簿设计目标清，内容明确格式明。
序时分类备查行，三栏汇总按需定。

3.3.1 会计账簿设计的目标

会计账簿是根据会计凭证序时、分类地记录各项经济业务的簿籍，其由若干具有专门格式并相互联系的账页组成。

会计账簿在会计核算中的作用为：

● 可对会计凭证所载数据进行归类、汇总、加工，使之条理化、系统化。

● 可系统、全面地反映六大会计要素的增减变动情况。

设计会计账簿的要求为：

● 符合企业资金运动的特点和规模，与所设置的会计科目保持一致，满足经济管理的需要。

● 与企业选用的记账方法和会计核算组织程序相适应。

● 具有科学性，即账簿体系组织严密，各种账簿之间既有明确分工，又有密切联系，既有统驭关系，又有制约关系。

● 具有实用性，即账簿格式按照所记录经济业务的内容和提供核算指标的要求设置，保证经济业务登记清楚。

会计账簿的设计应简便适用，便于记账、算账、报账、查账。

会计账簿按照不同分类标准可以分为不同的种类，如图 3－5 所示。

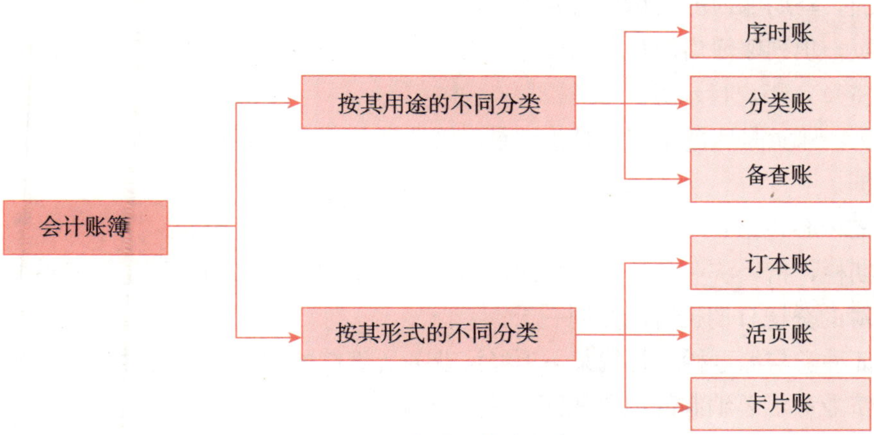

图 3-5　会计账簿的分类

会计主体要求的不同，设计使用的会计账簿亦不相同。

3.5.2　会计账簿内容及格式的设计

会计账簿的主要部分是账页。会计账簿的作用决定了账页需要提供的基本信息。

账页提供的基本信息包括：

> 账页内容如何设计，关键在于需在账页中提供哪些信息。

- 记账日期
- 凭证号
- 经济业务摘要
- 借方各项发生额与发生额合计数
- 贷方各项发生额与发生额合计数
- 借方或贷方的余额

经济业务的多样性和管理的要求决定：

- 某些账页提供的信息较为概括
- 某些账页提供的信息较为详细与具体

设计会计账簿时应考量的因素：

> 会计账簿之间的关系，如日记账与分类账、总账与明细账之间的关系。

- 适应企业规模和特点
- 适应会计报表编制的要求
- 适应简明、实用的原则
- 考量会计账簿之间的关系

会计账簿内容及格式设计的主要内容包括序时账、分类账和备查账的设计。

1. 序时账的设计

（1）序时账内容的设计。

> 我国企业通常只对现金和银行存款的收付采用序时账登记。

序时账又被称为日记账，是按照全部经济业务发生时间的先后顺序逐日登记的会计账簿。

序时账的基本内容包括：

- 封面，写明账簿的名称和所属单位的名称。
- 扉页，填列账簿启用日期和截止日期、页数、册数，经营人员一览表和签章，会计主管人员签章，账户目录等。
- 账页，账页是账簿中用来具体记录经济业务的部分，其格式因反映经济业务的不同而有所不同。

账页的内容包括：

- 日期栏，指经济业务的发生日期，而不是账簿的登记日期，但是，经济业务的发生日期与账簿的登记日期也可能是同一天。
- 凭证种类与编号栏，是就某一项经济业务所编制的记账凭证的种类与编号，而不是就若干经济业务汇总编制的记账凭证的种类与编号。
- 摘要栏，一般是对某一项经济业务的简要说明，而不是对若干经济业务的概括说明。
- 金额栏，无论是借方发生额还是贷方发生额，一般均是各项经济业务的发生额，而不是若干项经济业务发生额的合计数；定期结出借方、贷方发生额合计数。
- 账户名称，即所涉及的有关账户的名称。
- 记账符号及账页，即登记总分类账的符号和账页页次。

(2) 序时账格式的设计。

这些是常用的日记账。

序时日记账的分类如图3-6所示。

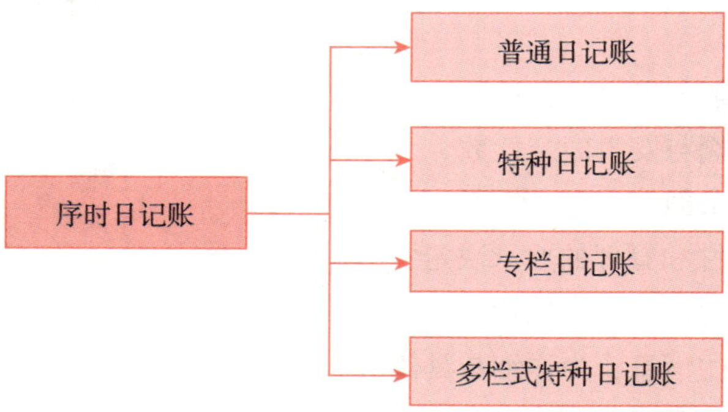

图3-6　序时日记账的分类

1) 普通日记账的设计。

普通日记账是用来序时登记企业全部经济业务的会计账簿。普通日记账由原始的日记账簿和分录簿相结合而成。

普通日记账的优点是能够全面反映企业的经济业务，对原始凭证起保护作用。普通日记账的缺点是业务繁多、过账量大，不便于分工。

普通日记账的样例如表3-9所示。

只适用于业务较少的小型企业。

表 3-9　　普通日记账

年		凭证		摘　　要	账户名称	借方金额	贷方金额	过账
月	日	字	号					

（2）特种日记账的设计。

特种日记账是专门用于序时记录某一种类经济业务的会计账簿。

特种日记账的设置与要求：

- 会计主体需要重点了解和掌握某一类型业务（如现金的收支、银行存款的收付、购货、销货）的情况时，可以设置特种日记账。
- 在设置特种日记账的情况下，企业还需设置一本普通日记账，用来登记特种日记账以外的经济业务。

特种日记账便于分工协作。

特种日记账的样例见现金日记账、现金收入日记账、现金付出日记账（见表 3-10 至表 3-12）。

表 3-10　　现金日记账

年		凭证		对方科目	摘　要	收　入	付出	结余
月	日	字	号					

对于现金收付业务频繁的单位，为简化记账可将现金日记账进一步分为“现金收入日记账”和“现金付出日记账”。

表 3-11　　现金收入日记账

年		凭证		摘　　要	贷方科目	收入合计
月	日	字	号			

表 3-12　　现金付出日记账

年		凭证		摘　　要	借方科目	支出合计
月	日	字	号			

会计主体记录银行存款的收入业务和支出业务可设计：

- 银行存款日记账
- 银行存款收入日记账
- 银行存款支出日记账

银行存款日记账应按开户银行和存款种类分别设置

银行存款日记账使用方法与现金日记账大致相同，可设置三栏式，也可设置多栏式。

3）专栏日记账的设计。

专栏日记账亦称多栏式日记账，是在普通日记账中设置一些专栏的会计账簿。

专栏日记账用于登记大量重复发生的经济业务涉及的有关账户的名称，对于业务量发生不多的账户则不设置专栏登记其账户名称。

专栏日记账的作用是通过设置专栏减少登记总账的工作量。

专栏日记账还便于分类统计。

专栏日记账的样例如表3-13所示。

表3-13 专栏日记账

年		凭证号数	摘要	银行存款		材料采购借方	生产成本借方	制造费用借方	其他账户			
月	日			借方	贷方				账户名称	借方	贷方	过账

专栏日记账只能由一人登记，不便于分工协作。

4）多栏式特种日记账在此不做详细介绍。

2. 分类账的设计

分类账是对全部经济业务按照总分类科目和明细分类科目进行分类登记的会计账簿

分类账设计的多少，取决于会计主体的规模、业务特点和管理的需要。

会计主体的业务越多、越复杂，涉及的账户就越多，同时根据管理的要求，管理越细，要求设计的账户越多。

会计主体的业务越少、越简单，涉及的账户就越少，同时根据管理的要求，管理越粗，要求设计的账户越少。

分类账分为总分类账和明细分类账。

（1）总分类账的内容设计。

总分类账户是要按照总分类科目开设账页的。

总分类账的登记依据：

- 记账凭证
- 汇总记账凭证
- 序时账簿

- 科目汇总表

总分类账登记的方式：

- 逐笔登记
- 采取一定的汇总方式登记

总分类账的基本内容包括：

- 日期，可以是经济业务的发生日期，也可以是账簿的登记日期，经济业务的发生日期与账簿的登记日期可能是同一天。
- 凭证种类与编号，可以是就某一项经济业务所编制的记账凭证的种类与编号，也可以是就若干经济业务汇总编制的记账凭证的种类与编号。
- 发生额及余额，每项借方发生额或贷方发生额，可以是各项经济业务的发生额，也可以是若干项经济业务发生额的合计数，定期结出借方发生额合计数和贷方发生额合计数；余额一般是定期结出，如每月结出余额。
- 账户名称、账页，即所涉及的有关账户的名称、账页的页次。

总分类账户对企业全部经济业务进行总分类登记与总分类核算。

(2) 总分类账的格式设计。

为全面反映经济活动情况，为编制会计报表提供资料，一切会计主体都要设置总分类账。

总分类账在手工记账体系下一般采用订本式账簿，会计电算化下均为打印装订。

总分类账的格式一般有三栏式总分类账、汇总式总分类账、日记总账和以表代账格式。

1) 三栏式总分类账。三栏式总分类账是最基本的、最常用的总分类账。

三栏式总分类账的适用范围、特点和优点为：

- 适用范围。适用于“日记总账核算形式”以外的所有形式。
- 特点。在账页上设置借、贷、余三栏。
- 优点。简单明了，适用性强，便于记账、查账。

每个总账科目设立一个账户，单独占用一张（或记账）账页，定期或不定期地进行登记。

三栏式是分类账簿标准格式。

三栏式总分类账的样例如表 3-14 所示。

表 3-14　　总分类账

会计科目：　　　　第　　页

年		凭证		摘要	借方	贷方	借或贷	余额
月	日	字	号					

2) 汇总式总分类账。

汇总式总分类账的适用范围、特点和优点为：

● 适用范围。适用于经营规模小，业务少而又使用汇总记账凭证登记总账的会计主体。

● 特点。将全部总账科目设在一张账页上，或按会计科目性质分设两张账页，每月根据汇总凭证登记一次，结出余额。

● 优点。简化登记总账的工作量，在一张（或两张）账页上就可看出全部资产、负债、所有者权益当月的增减变动和结存情况，便于报表编制，节省账页。

汇总式总分类账的样例如表 3－15 所示。

表 3－15　　总分类账　　第　　页

年		凭证		会计科目	借或贷	上月余额	借方	贷方	借或贷	余额
月	日	字	号							

3）日记总账。日记总账是“日记总账核算形式”下采用的一种多栏式总分类账。

日记总账是兼有记录和分类双重作用的联合账。日记总账的特点：

● 将全部会计科目集中设置在一张账页中。

● 每一总账科目设置一栏。

● 在总账科目下再分设借、贷两小栏，按照经济业务发生的时间顺序逐笔登记。

日记总账的样例如表 3－16 所示。

表 3－16　　日记总账　　第　　页

年		凭证		摘　要	发生额（合计）	原材料		银行存款		库存现金	
月	日	字	号			借	贷	借	贷	借	贷

4）以表代账格式。

以表代账格式即以改进的科目汇总表代替总账，以简化总账的登记工作。

若采用逐日汇总，则只需将月份改为日期即可。增设“本年累计发生额”一栏，可便于编制季报、半年报或年报。

以表代账格式的样例如表 3－17 所示。

表 3－17　　科目汇总表

会计科目	凭证		月初余额		本期发生额		本年累计发生额		余额	
	字	号	借	贷	借	贷	借	贷	借	贷

（3）明细分类账的内容设计。

明细分类账要根据总分类科目，按所属明细科目开设账页。

明细分类账户的主要内容包括：

- 账户名称及账页。总分类账户名称与明细分类账户名称和页次。
- 日期。可以是经济业务的发生日期，也可以是账簿的登记日期，经济业务的发生日期与账簿的登记日期可能是同一天。
- 凭证种类与编号。可以是就某一项经济业务所编制的记账凭证的种类与编号，也可以是就若干经济业务汇总编制的记账凭证的种类与编号。
- 经济业务摘要。可以是对某一项经济业务的简要说明，也可以是对若干经济业务的概括说明。
- 发生额及余额。每项借方发生额或贷方发生额，可以是各项经济业务的发生额，也可以是若干项经济业务发生额的合计数。定期结出借方、贷方发生额合计数。余额可能是随时结出，也可能是定期结出。

按明细科目开设账页是对某一类经济业务进行分类登记，提供明细核算资料。

（4）明细分类账的格式设计。

会计主体的经营特点和管理要求不同，必然会导致其各类经济业务的核算和管理方式不同。因而，其对明细账的格式设计亦有不同的要求。

一般明细账使用活页式或卡片式（多用于固定资产）账簿。

明细账常用的格式主要有三栏式明细分类账、数量金额式明细分类账和多栏式明细分类账。

1）三栏式明细分类账。

三栏式明细分类账的格式、主要特征与适用范围为：

- 格式。同“三栏式总分类账”。
- 主要特征。在账页上分设金额栏，分别记录经济业务引起的资金增减变化和结存情况。
- 适用范围。一般适用于登记金额类的明细账，如债权债务性质的账户。

典型的三栏式明细分类账有：

- 应收账款
- 应付账款
- 其他应收款
- 其他应付款

三栏式明细分类账的样例如表 3－18 所示。

表 3－18　　应收账款明细账

会计科目：　　　　　　　　　　　　　　　　第　　页

年		凭证		摘　要	借方	贷方	借或贷	余额
月	日	字	号					

2）数量金额式明细分类账。

数量金额式明细分类账是在三栏式明细分类账的基础上增加数量和单价栏。

数量金额式明细分类账的适用范围和要点为：

- 适用范围。适用于既能够进行金额核算，又能够进行实物数量核算的原材料、库存商品、固定资产等实物资产。
- 要点。一般按规格分别设置，分别记录各种原材料等的入库、出库和结存的情况。

数量金额式明细分类账的样例如表 3－19 所示。

表 3－19　原材料明细分类账

材料类别　　编号　　储存地点　　最高储存量　　最低储存量

材料名称　　规格　　计量单位　　第　　页

年		凭证		摘　要	收入			发出			结存		
月	日	字	号		数量	单价	金额	数量	单价	金额	数量	单价	金额

3）多栏式明细分类账。

多栏式明细分类账的特点为：

- 与三栏式和数量金额式明细账比较，此种账簿的格式不固定，栏目变化较多。
- 一般在明细科目的借方或贷方栏下设置若干金额栏。
- 栏次的多少取决于明细科目的数量及所包含的具体经济内容。

多栏式明细分类账包括借贷式明细分类账和合计式明细分类账。

借贷式明细分类账主要用于资产、负债和所有者权益账户，其格式是在借贷项再设专栏，起到分析和控制的作用。合计式明细分类账主要用于成本类和损益类明细账，可以对经济事项进一步分类，简化记账手续。

栏次的多少还取决于经营管理者对这些内容的理解和掌握的程度。

借贷式明细分类账的样例见应交税费明细分类账（见表 3－20）。

表 3－20　应交税费明细分类账

年		凭证		摘　要	借方			贷方			余额
月	日	字	号		进项税额	已交税金	……	销项税额	出口退税	进项税额转出	

合计式明细分类账的样例见管理费用明细分类账（见表 3－21）。

表 3-21　　管理费用明细分类账

年		凭证		摘　　要	材料费	职工薪酬	办公费	……	合计
月	日	字	号						

以上列举的几种多栏式明细账说明，多栏式明细账一般没有统一的账页格式，设计时需要根据经济业务的具体内容确定。

多栏式明细分类账栏目的用途为：

- 每一栏为经营管理者提供一个具体的经济指标，如成本的组成项目。
- 金额汇总栏可为经营者提供一个总括的价值指标，如某个部门发生的总制造费用。

栏目设计的多少，取决于管理需要、经济指标的详细程度。

3. 备查账的设计

备查账主要用于记录序时账簿和分类账簿未能或无法反映的特殊经济事项。在管理上需要加以控制或掌握的情况，通常也用备查账来记录，以弥补日记账和分类账的不足。

备查账主要根据企业实际情况来设计。

常用的备查账有以下四类：

(1) 代管财产物资登记簿。对保管的不属于本单位的资产设置的账簿，如租入固定资产登记簿、受托加工材料登记簿等。

(2) 分类账或统计资料整理登记备查账。例如，按销售地域设置的产品销售分类登记簿。

(3) 委托加工材料登记簿。会计主体委托其他单位加工材料的登记簿。

(4) 其他登记簿。不能用货币表现，但必须进行业务登记的账簿。例如，合同执行情况登记簿、固定资产使用情况登记簿、重要空白凭证领用簿等。

备查账设计的主要特点是强调业务和管理的需要。

代管财产物资登记簿的样例见租入固定资产登记簿（见表 3-22）。

表 3-22　　租入固定资产登记簿

出租单位　　　资产名称　　　规格型号　　　计量单位　　　　　　第　　页

租入凭证		租入数量	原始价值	净值	租期	月租金		使用部门	负责人签字	修理费		归还期限	经手人签字
日期	编号					单位租金	总租金			各次	累计		

委托加工材料登记簿的样例如表 3-23 所示。

表 3-23　　委托加工材料登记簿

来料单位　　第　页

收料凭证		材料名称及规格	计量单位	数量	送料人	办公费			合计	退料		领料人
日期	编号					名称及规格	单位	数量		日期	标号	

3.4 财务报告设计

本节精要

会计财报天大事，对外披露须一致。
对内按需自冲刺，管理要求不同日。

会计主体财务报告设计取决于财务会计的目标。

会计主体财务报告设计要求以最简明扼要的形式呈现，全面、系统、连续地提供反映其经营成果、财务状况及现金流量的信息。

财务报告必须符合企业会计准则的要求。设计会计主体财务报告必须明确：

- 财务报告的使用者
- 需要哪些会计信息
- 财务报告的内容
- 财务报告的构成与形式
- 会计信息的最终载体

3.4.1　对外财务报告的设计

我国现行的企业会计准则和制度对于对外财务报告的名称、格式、内容、编制时间、编报方法、计量单位、编号、补充资料等都做了明确的规定。

财务报告根据编报的期间不同可以分为中期财务报告和年度财务报告。

企业没有对外财务报告的自主设计权。

中期财务报告是以短于一个完整会计年度的报告期间为基准编制的财务报告。包括半年报、季报和月报。

一套完整的财务报告至少包括四份主表和一份主表附注，如图 3-7 所示。

为提高会计信息的可比性，年度、半年度会计报表至少应当反映两个年度或者两个相关期间的比较数据。

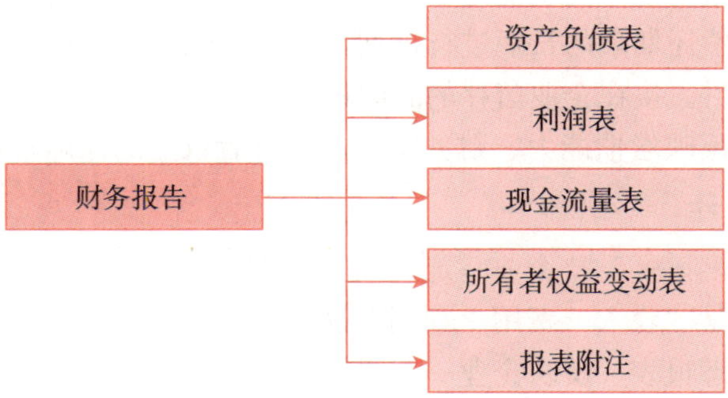

图 3-7　财务报告的构成

编制财务报告的要求：

- 编制基础应当一致
- 编制依据应当一致
- 编制原则应当一致
- 编制方法应当一致

对外财务报告设计的主要内容包括：资产负债表的设计、利润表的设计、现金流量表的设计、所有者权益变动表的设计和会计报表附注的设计。

1. 资产负债表的设计

资产负债表是反映企业某一特定日期（月末、季末、年末）的财务状况的会计报表。

> 资产负债表的设计，企业没有变动的权力。

资产负债表设计原理是“资产＝负债＋所有者权益”这一会计恒等式。

会计报表一般由表头、表体和补充资料三大部分组成。

（1）表头的设计。表头包括报表名称、编报单位名称、日期、金额等内容，这些是任何报表必备的。

- 报表名称。资产负债表。
- 编报单位名称。即会计主体名称。
- 日期。结账的日期，按规定应该是月末、季末和年末。
- 金额。表中的金额应该为结账当日的资产、负债和所有者权益额。金额单位为“元”。

资产负债表的编号为会企 01 表。

> 账户式又称平衡式，这种格式是根据会计恒等式设计的。

（2）表体的设计。资产负债表表体的格式主要有账户式和报告式两种。

- 账户式。把报表分为左右两部分，左方为资产，右方为权益，左右两方数字必然相等。
- 报告式。报告式资产负债表将资产、负债和所有者权益项目按此顺序排在一列。

我国现行的会计准则规定资产负债表采用账户式。

（3）资产负债表中项目排序要求：

- 资产项目。按流动性（变现能力）进行排序，流动性强的资产排在前面。
- 负债项目。按偿还期限的长短进行排列，偿还期限短的放在前面。
- 所有者权益项目。按在企业留存的时间进行排列，留存时间长的排在前。

此法可较清楚地反映偿债能力、财务实力、所有者权益的保障程度及清算能力。

2. 利润表的设计

利润表又称损益表，是反映企业一定时期经营成果的会计报表。

利润表设计原理是“收入－费用＝利润”这一会计公式。

利润表是一张动态报表，反映企业一定时期的盈亏。

利润表表头的设计同资产负债表一样，应该有报表名称、编制单位名称、会计期间、报表编号和货币单位等。利润表表内的项目按排列的方式有“单步式”和“多步式”两种。单步式利润表是将所有收益类项目列在前面，再列示全部的费用支出类项目，两者相减一次性算出净利润。多步式利润表是在利润表中，通过多个连续的步骤逐步计算出企业的净利润。我国企业会计准则规定企业利润表采用多步式。

> 利润表中须提供本期及上期的数据。

单步式利润表的优点是简单直观，易于编制和理解。缺点是不能反映净利润的形成过程及结构，不利于对企业经营成果进行分析和对未来盈利能力进行预测。

> 多步式利润表反映企业在净利润形成过程中每一类业务所取得的业绩。

单步式利润表目前应用较少。

多步式利润表的编制步骤：

（1）从营业收入中减去营业成本和税金及附加，再减三项期间费用（销售费用、管理费用、财务费用），再减资产减值损失，加公允价值变动损益和投资收益后得出营业利润。

（2）以营业利润加营业外收入减营业外支出得到利润总额。

（3）从利润总额中减去所得税计算出净利润。

多步式利润表有利于企业对不同业务采用不同的利润计算方法。

3. 现金流量表的设计

（1）现金流量表的编制基础。

现金流量表是反映企业一定期间内现金等价物流入和流出的报表，通过编制现金流量表可以为财务报表使用者提供企业一定会计期间内现金及现金等价物流入与流出的信息，并据以预测企业未来现金流量。

现金流量表的设计原理是“现金流入量－现金流出量＝现金净流量”。

现金流量表的设计意义在于正确评价企业的支付能力，分析企业的现金流量影响因素。

> 我国企业会计准则采用了此种分类方法。

现金流量的分类如图3－8所示。

现金流量表的这种分类能够反映企业各种经济活动获取现金流量的能力。

我国企业会计准则规定现金流量表至少每年编制一次，表中各项目只需提供本年数据。

(2) 现金流量表编制方法的设计。

现金流量表的编制方法有直接法和间接法两种。

直接法是通过现金收入和支出的主要类别反映企业产生的现金流量的编制方法。

直接法列示了各项现金流入的来源和各项现金流出的用途及金额。

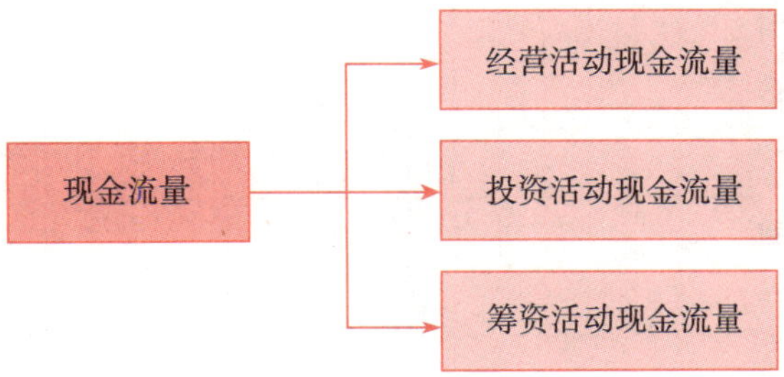

图 3-8　现金流量的分类

直接法的作用为:

- 有助于预测企业未来的经营活动的现金流量。
- 可揭示企业用经营活动产生的现金来偿还期债务的能力。
- 可反映企业进行再投资和支付股利的能力。

> 我国的企业会计准则规定企业应当采用直接法编报现金流量表，同时要求提供在净利润基础上调节为经营活动产生的现金流量的信息。

直接法的步骤为:

- 一般以利润表中的营业收入为起点。
- 调整与经济活动有关的项目的增减变动。
- 计算出经营活动的现金流量。

间接法是以本期净利润为起点，调整不涉及现金的收入、费用、营业外收支等项目的增减变动，据此计算出经营活动的现金流量的编制方法。

间接法有助于分析影响现金流量的原因及从现金流量的角度分析企业净利润的质量。

4. 所有者权益变动表的设计

所有者权益（或者股东权益）变动表是第四大主表，反映一定会计期间股东权益的增减变动情况和结果。

> 所有者权益变动表属于年报。

所有者权益变动表反映直接计入所有者权益的利得和损失。

所有者权益变动表的表头与前述报表基本相同，一般应列出报表的名称、编制单位名称、会计期间、报表编号、货币单位等内容。

所有者权益变动表的具体列报格式有两种：一是按照所有者权益各组成部分反映所有者权益变动情况；二是以矩阵的形式列报。

2014 年修订的企业会计准则体系规定所有者权益变动表采用以矩阵的形式列报的方法。

所有者权益变动表的样例如表 3-24 所示。

> 企业需要提供比较所有者权益变动表，所有者权益变动表中各项目分为“本年金额”和“上年金额”两栏分别填列。

表 3-24

所有者权益（或股东权益）变动表

编制单位：　　　　　　　　＿＿＿＿年度　　　　　　　　单位：元

项目	本年金额												上年金额											
	实收资本（或股本）	其他权益工具			资本公积	减：库存股	其他综合收益	专项储备	盈余公积	未分配利润	所有者权益合计	实收资本（或股本）	其他权益工具			资本公积	减：库存股	其他综合收益	专项储备	盈余公积	未分配利润	所有者权益合计
		优先股	永续债	其他									优先股	永续债	其他							
一、上年年末余额																								
加：会计政策变更																								
前期差错更正																								
其他																								
二、本年年初余额																								
三、本年增减变动金额（减少以“-”号填列）																								
（一）综合收益总额																								
（二）所有者投入和减少资本																								
1. 所有者投入的普通股																								
2. 其他权益工具持有者投入资本																								
3. 股份支付计入所有者权益的金额																								
4. 其他																								
（三）利润分配																								
1. 提取盈余公积																								
2. 对所有者（或股东）的分配																								
3. 其他																								
（四）所有者权益内部结转																								
1. 资本公积转增资本（或股本）																								
2. 盈余公积转增资本（或股本）																								
3. 盈余公积弥补亏损																								
4. 设定受益计划变动额结转留存收益																								
5. 其他综合收益结转留存收益																								
6. 其他																								
四、本年年末余额																								

5. 会计报表附注的设计

(1) 设计会计报表附注的原因有：

- 会计报表的主表和附表均受限于其格式的固定性、规定性，并且受到篇幅的限制。
- 列入会计报表的各项信息都必须符合会计要素的定义和确认标准。
- 会计报表本身只能提供有限的数量化信息。
- 有限信息满足不了会计报表使用者的需求，会计报表附注可以起到补充作用。

(2) 会计报表附注内容的设计。

会计报表附注的基本内容包括：

- 企业的基本情况，包括：企业的注册地、组织形式和总部地址；企业的业务性质和主要经营活动，所处的行业、生产的产品、客户的性质、销售策略、监管环境的性质，母公司及最终母公司的名称；财务报告的批准报出者和财务报告批准报出日。
- 财务报表的编制基础。
- 遵循企业会计准则的声明。
- 重要会计政策和会计估计。

会计报表附注需以文字的形式对会计报表中的有关问题做出进一步的解释和说明。

1) 会计政策与会计政策的变更：

会计政策是指企业编报会计报表时所采用的特定原则、基础、惯例、规则和做法。

企业一般均会选择最能恰当反映其经营成果和财务状况的会计政策。

会计政策设计的要点为：

- 会计政策的说明一般应列在一处。
- 会计政策应当前后一致，不应随意改变，以保持会计政策的连续性。

会计政策变更的要点为：

- 企业根据法令或准则要求，可以改变会计政策。
- 会计政策的变更若对本期或列报的以前任何一个期间，或者可能会对以后期间产生重大影响，则应披露有关变更的原因、本期和所列报各期的调整金额、已在本期净损益中确认的金额等内容。
- 企业应当按照《企业会计准则第 28 号——会计政策、会计估计变更和差错更正》及其应用指南的规定，披露会计政策变更的有关情况。

说明会计政策时必须说明财务报表项目的计量基础和会计政策的确定依据。

2) 会计估计与会计估计的变更：

- 由于生产经营中各种不确定因素的影响，企业会计报表中有关项目的金额不能精确地计量，只能按一定的方法加以估计。
- 当估计基础发生变化，企业可以对会计估计进行修订或变更。
- 会计估计变更对本期收益产生重大影响，或预计对以后各期会产生重大影响时，应对会计估计变更的性质和金额加以披露。
- 会计政策的变更与会计估计的变更很难区分时，变更通常作为会计估计变更处理。
- 企业应当按照《企业会计准则第 28 号——会计政策、会计估计变更和差错更正》及其应用指南的规定，披露会计估计变更以及差错更正的有关情况。

3）报表重要项目的说明：

● 应当将文字和数字描述相结合，尽可能以列表形式披露报表重要项目的构成或当期增减变动情况。

● 报表重要项目的明细金额合计应当与报表项目金额相衔接。

● 在披露顺序上，一般应当按照资产负债表、利润表、现金流量表、所有者权益变动表及其项目的顺序列示。

4）其他需要说明的重要事项主要包括：

● 或有和承诺事项

● 资产负债表日后非调整事项

● 关联方关系及其交易

其他需要说明的重要事项的披露须遵循相关准则的规定。

3.4.2 对内财务报告的设计

1. 对内会计报表概述

（1）对内会计报表的设计权与对内会计报表设计的要点：

● 企业拥有对内会计报表的设计权。

● 企业为内部管理需要，可以编制内部报表。

● 内部报表的种类、内容、格式及编报时间，各企业均可自行决定。

● 内部报表设计要有针对性，报表的指标可以多样化，期限也可较为自由。

（2）对内会计报表的种类如图 3－9 所示。

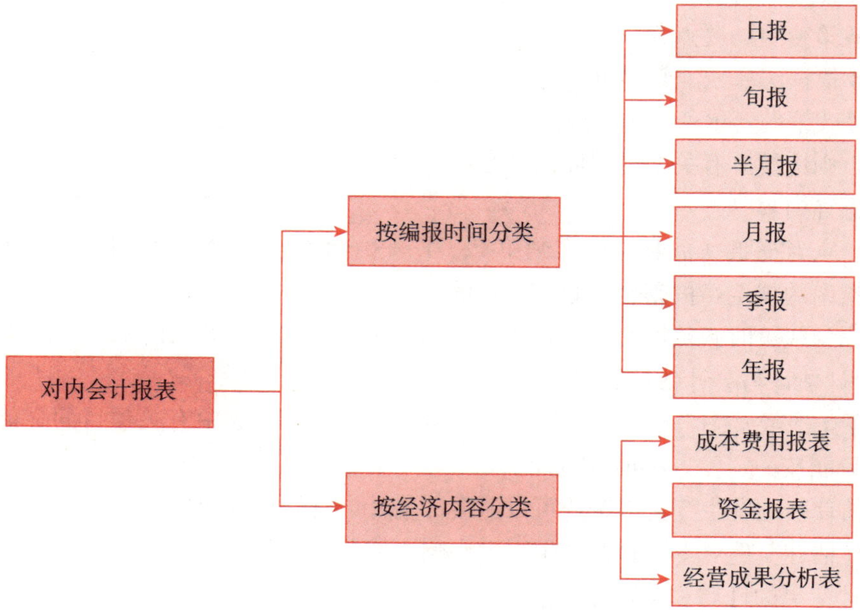

图 3－9　对内会计报表的种类

(3) 成本费用报表。

成本费用报表的说明：

- 反映企业成本费用的报表均属于内部管理用会计报表。
- 成本费用报表一般均由企业自行设计。
- 企业的成本费用属于商业秘密，不能对外泄露。

成本费用报表是比较重要的内部报表之一。成本报表的种类如图 3-10 所示。

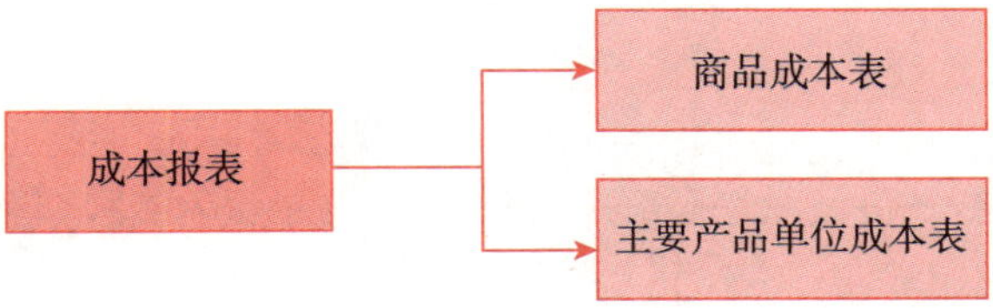

图 3-10　成本报表的种类

费用报表的种类如图 3-11 所示。

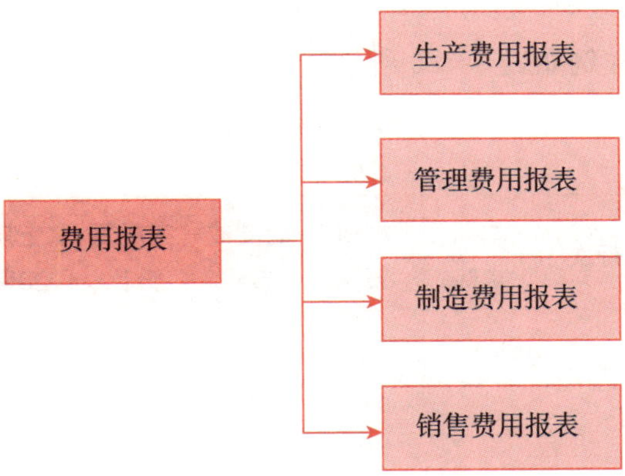

图 3-11　费用报表的种类

2. 主要的对内会计报表

(1) 主要产品成本表。

主要产品成本表是对企业的各种主要产品，按成本项目反映其实际成本构成情况（总成本、单位成本），并与本年计划或标准成本进行比较，兼有成本计划执行监督效果的会计报表。

主要产品单位成本表的样例如表 3-25 所示。

表 3-25 主要产品单位成本表

编制单位： 年 月 产品名称：

成本项目	历史先进水平	上年实际平均	本年计划	本月实际	本年实际平均
直接材料					
直接人工					
其他直接支出					
制造费用					
合计					
主要技术经济指标					
1. 主要材料					
2. ……					
3. ……					

（2）管理费用明细表。

管理费用明细表的样例如表 3-26 所示。

表 3-26 管理费用明细表

年 月 单位：元

项目	行次	本期实际	本期预算	超支或节约	完成百分比	上期实际	增减额	增减百分比
1. 工资								
2. 职工福利费								
3. 修理费								
4. 折旧费								
5. 办公费								
6. 水电费								
7. 物料消耗								
8. 低值易耗品								
9. 差旅费								
10. 工会经费								

(3) 经营成果分析表。

经营成果分析表的种类如图 3-12 所示。

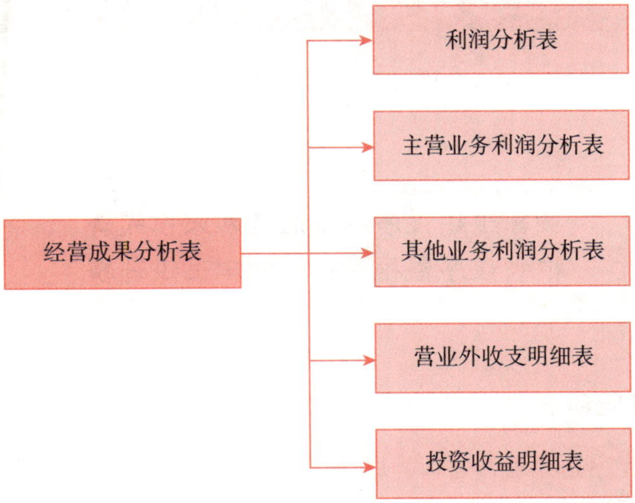

图 3-12　经营成果分析表

其中，利润分析表的样例如表 3-27 所示。

表 3-27　利润分析表

年　月　　单位：元

项目	本期数	本年累计数
一、主营业务利润		
加：其他业务利润		
减：管理费用		
销售费用		
财务费用		
二、营业利润		
加：补贴收入		
营业外收入		
减：营业外支出		
三、利润总额		
减：所得税费用		
四、净利润		

3.5 会计核算组织程序设计

本节精要

核算组织程序明，汇总两大模式清。
模式程序皆相异，步骤牢记设计精。

3.5.1 会计核算组织程序

会计核算组织程序亦称账务处理程序或称会计核算形式，即在会计核算中，会计凭证、会计账簿、记账程序和记账方法相互结合的方式。

> 会计核算组织程序的设计是将不同的会计凭证、会计账簿和记账方法按照不同的记账程序有机地结合在一起，构成不同的会计核算组织程序。

其中：

- 会计凭证指会计凭证的种类、格式和各种凭证之间的相互关系以及会计凭证与会计账簿之间的关系。
- 会计账簿指会计账簿的种类、账页的格式和各种账簿之间的相互关系以及账簿与会计凭证之间的关系。
- 记账程序指从填制和审核会计凭证开始，到登记账簿以及根据账簿记录编制会计报表的顺序和过程。
- 记账方法指账簿的登记是逐笔进行还是汇总进行，是手工操作还是机器操作等各种技术方法。

会计核算组织程序的设计不是会计凭证、会计账簿、记账程序、记账方法的简单相加，它应该做到以下四点：

- 确定原始凭证和记账凭证的种类和格式，它们与账簿记录如何联系。
- 确定账簿之间如何联系，这些账簿如何构成记录企业全部经济业务的体系。
- 确定如何整理、传递会计凭证。
- 确定如何登记各种账簿，如何根据账簿记录编制出会计报表和提供所需要的各种会计信息。

会计报表的编制依据是会计账簿，会计账簿的登记依据是会计凭证。

会计核算组织程序的关系为：

- 编制会计报表的要求制约着会计账簿的种类、格式和记录的内容。
- 登记会计账簿的要求制约着会计凭证的种类、格式和内容。
- 记账方法对会计凭证和会计账簿有影响。
- 会计凭证和会计账簿又影响着记账程序。

会计主体应根据其经营性质、规模、业务量及管理的要求选择会计核算组织程序。会计核算组织程序均应满足的要求为：

- 保证会计凭证按照规定的环节和时间传递，及时登记各种账簿和编制会计报表，提高会计核算工作效率，提高会计核算工作质量。
- 简化或减少会计凭证、会计账簿和会计报表的种类、格式和数量，简化会计核算手续，节约费用支出。
- 及时、准确地提供会计信息，有利于会计工作的分工协作和明确责任，满足会计信息使用者的要求。

在我国各单位会计核算工作中常用的会计核算组织程序主要有两种，即非汇总型和凭证汇总型。

3.5.2 非汇总型核算组织程序设计

非汇总型核算组织程序是指记账凭证不需要经过汇总直接据以登记总账的核算组织程序。

非汇总型核算组织程序可以分为记账凭证核算组织程序和日记总账核算组织程序。

非汇总型核算组织程序设计的主要内容包括记账凭证核算组织程序设计和日记总账核算组织程序设计。

1. 记账凭证核算组织程序设计

以记账凭证（收款凭证、付款凭证和转账凭证）为例，记账凭证核算组织程序的流程为：

（1）根据收款凭证或者原始凭证汇总表，按经济业务的不同性质，分别编制收款凭证、付款凭证、转账凭证。

（2）根据收款凭证、付款凭证逐日逐笔登记现金日记账和银行存款日记账。

（3）根据各种记账凭证及所附的原始凭证或原始凭证汇总表，登记各种明细分类账。

（4）根据各种记账凭证逐笔登记总分类账。

（5）月末，现金日记账、银行存款日记账、各明细分类账的余额，分别与总分类账中有关账户的余额核对相符。

（6）月末，根据总分类账、明细分类账的记录编制会计报表。

图 3－13 基本能够反映记账凭证核算组织程序。

2. 日记总账核算组织程序设计

以记账凭证的三种（收款凭证、付款凭证和转账凭证）为例说明日记总账核算组织程序的流程。

日记总账核算组织程序的流程基本同记账凭证核算组织程序的流程，只是在第四步由各种记账凭证逐笔登记总分类账改为逐笔登记日记总账即可，如图 3－14 所示。

记账凭证核算组织程序和日记总账核算组织程序的相同之处在于：记账凭证都不需要汇总，直接据以登记总账；记账凭证的设置相同；账务处理程序都是六步骤，即填制记账凭证、登记日记账、登记明细账、登记总账、对账、编表。不同之处在于：总账的设置与登记方法不同，日记总账核算组织程序的总账设置有特殊要求，需设置一本既序时又分类的联合账簿——日记总账。

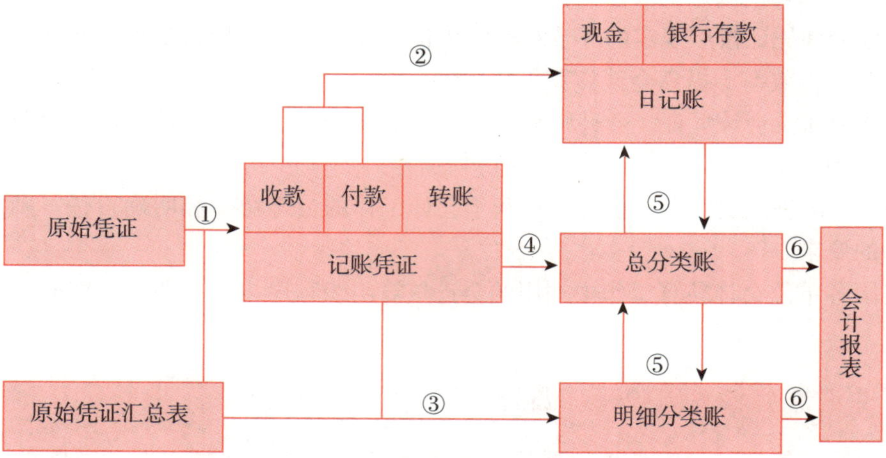

图 3-13 记账凭证核算组织程序

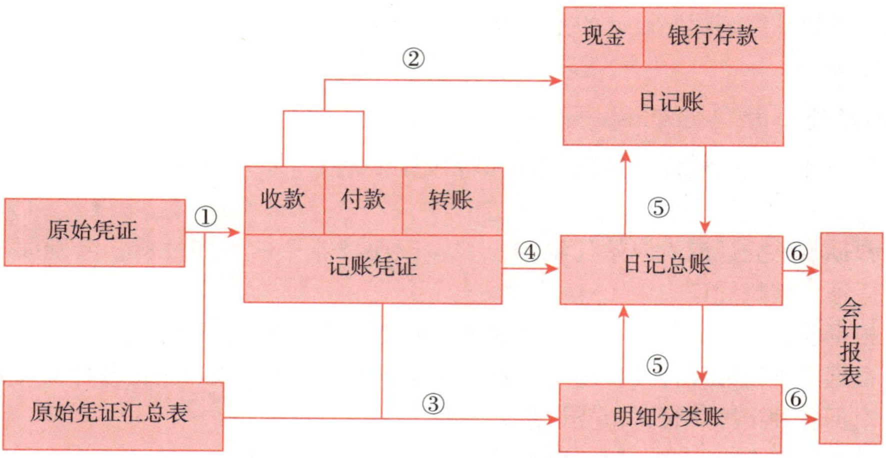

图 3-14 日记总账核算组织程序

非汇总型核算组织程序这种模式程序简明，凭证不汇总可以减少汇总工作量，但是如果业务较多，就会增加登记总账的工作量。

非汇总型核算组织程序一般适用于经营规模不大、业务较少的小型企业。

3.5.3 凭证汇总型核算组织程序设计

凭证汇总型核算组织程序是指记账凭证需要经过汇总编制汇总凭证，然后根据汇总凭证登记总账的核算组织程序。

凭证汇总型核算组织程序包括：

(1) 科目汇总表核算组织程序（见图 3-15）。

(2) 汇总记账凭证核算组织程序（见图 3-16）。

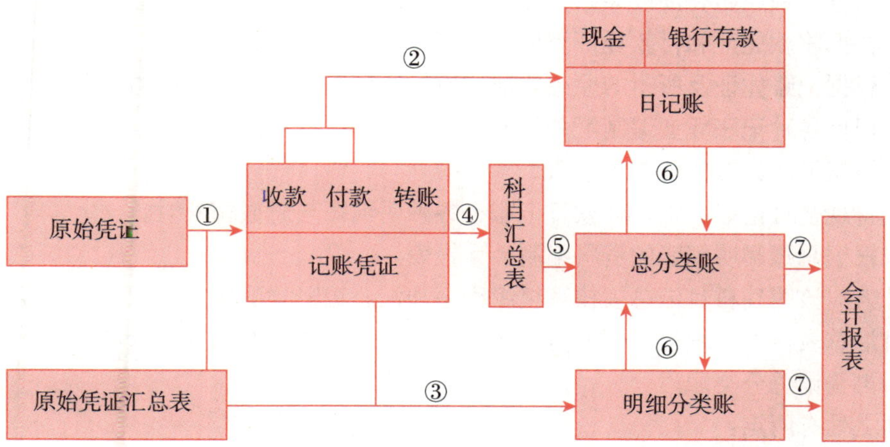

图 3－15 科目汇总表核算组织程序

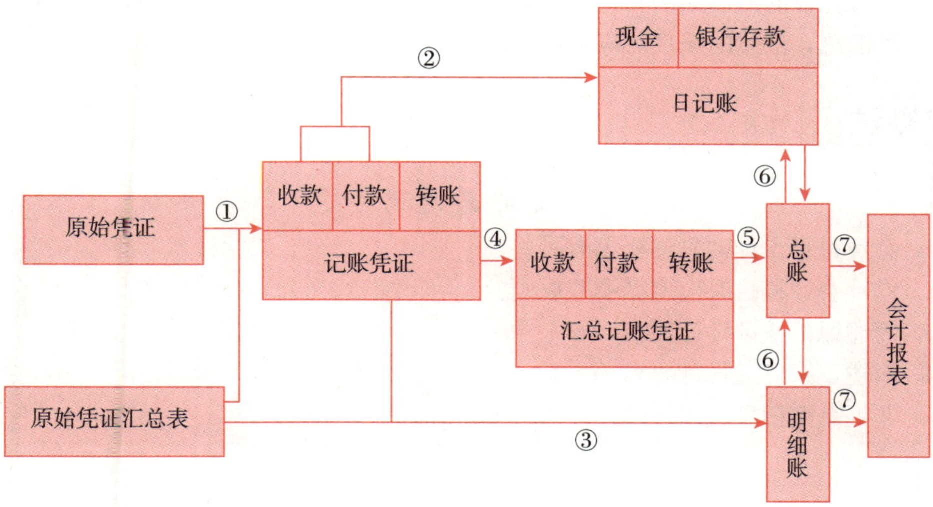

图 3－16 汇总记账凭证核算组织程序

1. 科目汇总表核算组织程序的设计

一般分为以下几步：

(1) 根据各种原始凭证或原始凭证汇总表编制记账凭证。

(2) 根据收款凭证和付款凭证登记现金日记账和银行存款日记账。

(3) 根据记账凭证及所附的原始凭证或原始凭证汇总表登记各种明细分类账。

(4) 根据各种记账凭证编制科目汇总表。

(5) 根据科目汇总表登记总账。

(6) 将现金日记账、银行存款日记账、各种明细账与总账相核对。

月末根据总账和明细账的资料编制会计报表。

2. 汇总记账凭证核算组织程序的设计

一般分为以下几步：

(1) 根据各种原始凭证或原始凭证汇总表编制记账凭证。

(2) 根据收款凭证和付款凭证登记现金日记账和银行存款日记账。

(3) 根据记账凭证及所附的原始凭证或原始凭证汇总表登记各种明细账。

(4) 根据各种记账凭证编制汇总记账凭证。

(5) 根据汇总记账凭证登记总账。

(6) 将现金日记账、银行存款日记账、各种明细账与总账相核对。

月末根据总账和明细账的资料编制会计报表。

设计人应该明确科目汇总表核算组织程序和汇总记账凭证核算组织程序的异同。

科目汇总表核算组织程序和汇总记账凭证核算组织程序的相同之处在于记账凭证都是汇总之后再登记总分类账。

不同之处有两点:

(1) 前者记账凭证既可统一设计一种,也可分别设计收款凭证、付款凭证和转账凭证,后者必须分别设计收款凭证、付款凭证和转账凭证。

(2) 汇总凭证的汇总方法不同,前者是大汇总,汇总后不反映账户自己的对应关系,后者是分类汇总,汇总的账户对应关系清楚。

自我测试

复习与思考

1. 会计科目设计的总体要求有哪些?
2. 设计会计科目时应遵循哪些原则?
3. 简述原始凭证设计要求。
4. 简述记账凭证设计要求。
5. 非汇总型核算组织程序设计的主要内容有哪些?

设计与分析

2019 年 2 月 1 日申军开了一家花店,取名小军花卉店,在本月申军完成了以下业务:

(1) 2 月 1 日,将现金 20 000 元存入小军花卉店的银行账户;

(2) 2 月 1 日,以现金支付了 2 月份的房屋租金 1 500 元;

(3) 2 月 2 日,购买办公用品 1 000 元,采用赊购方式;

(4) 2 月 4 日,以现金购买了花架等设备;

(5) 2 月 6 日,支付本年度的财产险保费 100 元;

(6) 2 月 8 日,销售花篮一批,价值 500 元,现金收讫;

(7) 2 月 10 日,支付 2 月 2 日所购办公用品款 1 000 元;

(8) 2 月 13 日,去苗圃购买一批花,花费 600 元,交通运输费 45 元;

(9) 2 月 18 日,追加投资 10 000 元;

(10) 2 月 20 日,为附近 A 公司提供花卉服务,服务款 300 元未收;

(11) 2 月 25 日,支付员工工资 2 000 元;

（12）2 月 28 日，开出支票支付水电费 600 元；
（13）2 月 28 日，收到 A 公司花卉服务款 300 元；
（14）2 月 28 日，从银行提取现金 1 000 元备用。

要求：

（1）根据上述业务编制一个适合该花卉店的会计科目表。
（2）设计记账凭证及有关账簿并予以登记。

第 4 章

会计业务处理制度设计

引 言

本章主要研究会计业务处理的一般原则以及会计业务中比较重要的一些环节，如货币资金、工资业务、固定资产、采购、存货、生产、销售、投资和融资以及其他会计业务处理制度的设计。

学习目标

完成本章学习后，你应能够：

1. 解释会计业务的处理原则。
2. 掌握货币资金的业务处理制度设计要点，包括现金、银行存款等。
3. 掌握职工薪酬的处理方法。
4. 掌握采购、生产、销售、存货业务的处理要点。
5. 解释投融资业务的处理方式。

4.1 会计业务处理原则

本节精要

业务处理原则多，层次理清思路活。
资产负债权益计，处理准则手中托。

4.1.1 会计业务处理原则

会计业务的处理原则应遵循《中华人民共和国会计法》和《企业会计准则》的要求，应遵循的基本原则有以下三个。

1. 对会计信息确认、计量和报告要求的原则

对会计信息确认、计量和报告要求的原则有以下五个：

（1）历史成本原则。指一个会计主体的各种资产应当按其取得并使之适合预定的用途发生的实际支出计价入账。

（2）权责发生制原则。指收入和费用应按实际发生的期间进行认定和归属并与有关资产或债务一起记录为该期间的经济业务，而不论与该项收入和费用有关的现金是在什么时候收到或支付。

（3）收入实现原则。指会计主体应在商品销售或劳务提供取得货款或债权时确认收入。

（4）配比原则。指将某一会计期间、某些对象的费用，与该期间、该对象的收入相配合和比较，以确定其获得的净收益或发生的净损失。

（5）划分资本性支出和收益性支出原则。指会计主体将在经营活动中所发生的支出，按照支出的性质正确划分为资本性支出或收益性支出，并分别采用不同的会计业务处理程序和方法。

2. 对会计信息质量要求的原则

对会计信息质量要求的原则有以下六个：

（1）客观性原则。指会计核算应以实际发生的经济业务为依据，所提供的会计信息能切实反映会计主体的财务状况、经营成果和现金流量。

（2）相关性原则。指企业的会计信息应当符合国家宏观经济管理的需要，满足有关各方了解企业财务状况和经营成果的需要，满足企业加强内部经济管理的需要。

（3）及时性原则。指会计核算应当及时进行，不得提前或者延后。

（4）可比性原则。指会计核算应当按照规定的会计处理方法进行，会计指标应当口径一致。

（5）一致性原则。指会计主体的会计核算前后各期应当保持一致，不得随意变更。

（6）明晰性原则。指会计所提供的信息必须明了、清晰地反映出会计业务事项。

3. 起修正作用的原则

起修正作用的原则有以下五个：

（1）谨慎性原则。指对经济业务的处理应保持稳健态度，合理核算可能发生的损失和费用，不高估资产、不少计负债。

（2）实质重于形式原则。指应按照交易事项的经济实质进行会计核算，而不应仅仅按照其法律形式作为会计核算的依据。

（3）成本效益原则。指会计信息使用者利用特定的会计信息进行分析、评价、预测和决策所取得的收益应大于所花费的成本。

（4）重要性原则。指会计主体所提供的信息的繁简程度取决于信息的重要程度。

（5）充分披露原则。指一个会计主体财务状况和经营成果的所有重要和相关会计信息，应全部披露给信息使用者。

4.1.2 资产业务处理准则

资产指企业过去的交易或事项形成的，由企业拥有的或控制的，预期会给企业带来经济利益的资源。

资产包括各种财产、债权和其他权利。

资产业务处理准则的主要内容包括流动资产业务处理准则、投资业务处理准则、固定资产业务处理准则和无形资产业务处理准则。

1. 流动资产业务处理准则

满足下列条件之一的资产应当归类为流动资产：

- 预计在一个正常营业周期中变现、出售或耗用。
- 主要为交易目的而持有。
- 预计在资产负债表日起1年内（含1年，下同）变现。
- 在资产负债表日起1年内，交换其他资产或清偿负债的能力不受限制的现金或现金等价物。

流动资产业务处理准则包括以下四个。

（1）货币资金业务处理准则。

库存现金、银行存款和其他货币资金应按照实际收入和支出数记账。

（2）短期投资业务处理准则（详见本章“4.9”中的以公允价值计量且变动计入当期损益金融资产的核算）。

（3）应收及预付款项业务处理准则。

应收及预付款项包括：

- 应收票据
- 应收账款
- 其他应收款
- 预付账款

应收及预付款项业务处理准则的设计要点为：

- 应收账款可以计提坏账准备，坏账准备在会计报表中作为应收账款的备抵项目列示。
- 各种应收及预付款应当及时清算、催收，定期与对方对账核实，经确认无法收回，应当冲销坏账准备。
- 未计提准备，可作坏账损失，计入当期损益。

应收及预付款项应当按实际发生额记账。

（4）存货业务处理准则。

存货指企业在日常活动中持有以备出售的产成品或商品，处在生产过程中的在产品，在生产过程或提供劳务过程中耗用的材料、物资等。

存货业务处理准则的设计要点为：

- 企业取得存货应按成本计量。

- 发出存货应采用先进先出法、加权平均法或者个别计价法确定其成本。
- 期末存货应按成本与可变现净值孰低法计量，存货成本低于其可变现净值的，应按成本计量。
- 存货成本高于其可变现净值的，应按可变现净值计量，成本与可变现净值的差额应作为存货跌价准备进行计提。
- 日常核算中采用计划成本法或售价金额核算法的存货成本，期末通过“材料成本差异”或“商品进销差价”科目调整为实际成本。
- 各种存货在会计报表中应当以实际成本列示。

存货包括原材料、在产品、半成品、产成品、商品和周转材料。

2. 投资业务处理准则

投资指企业未通过分配来增加财富，或未谋求其他利益，而将资产让渡给其他单位所获得的另一项资产。

按照投资目的和企业风险管理的要求，投资包括交易性金融资产、持有至到期投资、可供出售金融资产和长期股权投资。

（1）交易性金融资产。

企业取得交易性金融资产，应按公允价值计量。交易性金融资产不包括已到付息期但尚未领取的利息或已宣告但未发放的现金股利。取得交易性金融资产过程中发生的交易费用应计入当期损益。

（2）持有至到期投资。

持有至到期投资指到期日固定、回收金额固定或可确定，且企业有明确意图和能力持有至到期的非衍生金融资产。

（3）可供出售金融资产。

可供出售金融资产指初始确认时即被指定为可供出售的非衍生金融资产，以及除持有至到期投资、贷款和应收款项、以公允价值计量且其变动计入当期损益的金融资产之外的金融资产。

（4）长期股权投资。

长期股权投资指能够取得并意图长期持有被投资单位股份的投资。长期股权投资包括股票投资和其他股权投资。

投资单位按所持有的股份比例享有被投资单位的权益并承担相应的责任。

3. 固定资产业务处理准则

固定资产指为生产商品、提供劳务、出租或经营管理而持有的，使用寿命超过一个会计年度的有形资产。

固定资产业务处理准则的设计要点为：

（1）应当按取得的实际成本记账。在固定资产达到预定可使用状态之前发生的借款利息和有关费用，以及外币借款的汇兑差额，应当计入固定资产价值；在此之后发生的上述费用，应当计入当期损益。

（2）接受捐赠的固定资产应按照同类资产市场价格或有关凭证确定固定资产价值。接受捐赠时所发生的各项费用，应当计入固定资产价值。

（3）投资者投入的固定资产，按投资合同或协议约定的价值确定，但合同或协议约定价值不公允的除外；改建、扩建的固定资产，按原固定资产的价值，加上改建、扩建的支出，减改建、扩建中的变价收入记账；盘盈固定资产，按市场价格减去损耗后的余额记账。

（4）其他方式取得的固定资产，包括通过非货币性资产交换、债务重组、企业合并和融资租入等方式取得的固定资产，其成本应当分别按《企业会计准则》第 7 号、第 12 号、第 20 号和第 21 号的规定确定。

（5）固定资产折旧应当根据固定资产原值、预计净残值、预计使用年限或预计工作量，采用年限平均法或工作量法计算。如符合有关规定也可采用加速折旧法。

（6）会计报表中应列示固定资产原值、累计折旧和净值。为购建固定资产或进行更新改造而发生的实际支出，应当在会计报表中单独列示。

（7）固定资产应当定期进行清查盘点，对于盘盈、盘亏的净值及报废清理损失，应计入当期损益。

属于投资性房地产或作为固定资产核算的土地使用权，应当按投资性房地产或固定资产的相关规定进行会计处理。

4. 无形资产业务处理准则

无形资产指企业拥有或控制的没有实物形态的可辨认非货币性资产，包括专利权、非专利技术、商标权、著作权和土地使用权等。

（1）无形资产的种类及其设计要点。

- 外购的无形资产。应当按实际成本记账，包括购买价款、进口关税和其他税费以及直接归属于使该项资产达到预定用途所发生的其他支出。
- 接受投资的无形资产。应当按照投资各方签订的合同或协议中约定的价值作为成本，但合同约定价值不公允的除外。
- 自行开发的无形资产。成本由直接归属于该资产的创造、生产并使该资产能够以管理层预定的方式运作的所有必要支出组成。
- 使用寿命有限的无形资产。应当在其预计的使用寿命内采用系统、合理的方法对应摊销金额进行摊销。使用寿命不确定的无形资产不予摊销。

（2）无形资产的相关披露。企业应当按照无形资产的类别在附注中披露与无形资产有关的下列信息：

- 无形资产的期初和期末账面余额、累计摊销额及减值准备累计金额。
- 使用寿命有限的无形资产，其使用寿命的估计情况；使用寿命不确定的无形资产，其使用寿命不确定的判断依据。
- 无形资产的摊销办法。

4.1.3 负债业务处理准则

负债指企业过去的交易或事项形成的、预期会导致经济利益流出企业的现实义务。

负债包括流动性负债和非流动性负债。

1. 流动负债业务处理准则

流动负债指将在 1 年（含 1 年）或超过 1 年的一个营业周期内偿还的债务。

（1）流动负债包括：

- 短期借款
- 应付票据
- 应付账款
- 预收账款
- 应付职工薪酬
- 应付股利
- 应交税费

（2）流动负债业务处理准则的设计要点为：

● 各项流动负债应当按实际发生额记账。负债已经发生，而数额需要预计确定的，应当合理预计，待实际数额确定后再进行调整。

● 流动负债的余额应当在会计报表中分项列示。

2. 非流动负债业务处理准则

非流动负债是相对于流动负债而言的。

（1）非流动负债包括：

- 长期负债（长期借款、应付债券、长期应付款）
- 其他非流动负债（专项应付款、预计负债、递延所得税负债）

（2）非流动负债业务处理准则的设计要点为：

● 长期借款利息费用等应当按照权责发生制的要求，按期预提计入所购建资产的成本（即予以资本化）或直接计入当期财务费用。

● 发行债券时，应当按债券的面值记账。债券溢价或折价发行时，实收价款与面值的差额应当单独核算，在债券到期前冲减或增加各期的利息支出。

● 长期应付款包括应付引进设备款、融资租入固定资产租赁费等。长期应付款项应当按实际发生额记账。

● 长期负债应当按长期借款、应付债券、长期应付款等在会计报表中分项列示。将于1年内到期偿还的长期负债，应当在流动负债下单列项目反映。

4.1.4 所有者权益业务处理准则

所有者权益指企业所有者在企业资产中享有的经济利益。一般可以将所有者权益分为投入资本和留存收益。

（1）企业投资人对企业的投入资本包括实收资本（股本）和资本公积。

留存收益是企业通过经营活动增加的所有者权益。留存收益包括盈余公积和未分配利润。

（2）所有者权益业务处理准则的设计要点为：

● 实收资本一般按投入股本入账。若超额投入（即股票溢价发行）则超额部分应当计入资本公积。国家拨给企业的专项拨款，除另有规定者外，应当作为国家的投资入账。

● 盈余公积应当按实际提取数记账；资本公积应按股本溢价、其他资本公积等核算。

● 实收资本、资本公积、盈余公积和未分配利润的各个项目，应当在会计报表中分项列示。如有未弥补亏损，应作为所有者权益的减项反映。

4.1.5 收入业务处理准则

收入指企业在日常活动中形成的、会导致所有者权益增加的、与所有者投入资本无关的经济利益的总流入。

（1）收入包括：

- 商品销售收入
- 提供劳务收入
- 让渡资产使用权收入

收入不包括为第三方或客户代收的款项。

（2）确认商品销售收入的要点为：

- 企业已将商品所有权上的主要风险和报酬转移给购货方。
- 企业既没有保留通常与所有权相联系的继续管理权，也没有对已出售商品实施控制。
- 收入的金额能够可靠地计量。
- 相关的经济利益很可能流入企业。
- 相关的已发生的或将发生的成本能够可靠地计量。

（3）收入业务处理准则的设计要点为：

- 企业销售商品满足收入确认条件时，应当按照已收或应收合同或协议价款的公允价值确定销售商品收入金额。已收或应收的合同或协议价款显失公允的除外。
- 符合收入确认条件确认本期实现的营业收入时，应按实际收到或应收的价款，借记“银行存款”“应收账款”“应收票据”等科目，按实现的营业收入，贷记“主营业务收入”科目，按专用发票上注明的增值税税额，贷记“应交税费——应交增值税（销项税额）”科目。
- 企业销售商品收入的金额通常按照从购货方已收或应收的合同或协议价款确定。在确定销售商品收入的金额时，应注意区分现金折扣、商业折扣和销售折让。
- 提供劳务取得的总收入一般按照企业与接受劳务方签订的合同或协议的金额确定如有现金折扣的，应在实际发生时计入财务费用。若提供劳务的开始和完成分属不同的会计期间，并且在提供劳务交易的结果能够可靠估计的情况下，企业应当在资产负债表日按完工百分比确认提供的劳务收入。若劳务的开始和完成分属不同的会计期间，且在资产负债表日对提供劳务交易的结果不能可靠估计，则不能采用完工百分比法确认劳务收入。
- 让渡资产使用权的收入须同时满足下列条件，才能予以确认：相关的经济利益很可能流入企业；收入的金额能够可靠地计量。让渡资产使用权收入主要有利息收入、使用费收入。

4.1.6 费用业务处理准则

费用是指企业在日常活动中发生的，会导致所有者权益减少的、与所有者分配利润无关的经济利益的总流出。

费用业务处理准则的设计要点为：

- 销售产品的生产成本，即本期销货成本。它包括直接材料、直接人工和制造费用。

直接费用应当根据实际发生数进行核算，并按成本计算对象进行归集，直接计入产品成本。制造费用在期末按照一定的方法合理分摊计入产品成本。

- 销售环节发生的支出、企业行政管理部门为组织和管理生产经营所发生的一切必要支出以及经营过程中为取得、使用资金而发生的全部必要支出，应当作为期间费用，直接计入当期损益。
- 费用的确认必须依据权责发生制及划分资本性支出和收益性支出原则。
- 企业应当正确、及时地将已销售商品和提供劳务的成本作为营业成本，连同期间费用，结转当期损益。

4.1.7 损益业务处理准则

损益指企业在一定期间的经营成果，包括收入减去费用后的净额、直接计入当期利润的利得和损失。

直接计入当期利润的利得和损失指应计入当期损益、会导致所有者权益发生增减变动、与所有者投入资本或向所有者分配利润无关的利得和损失。

直接计入当期利润的利得和损失包括：

- 资产减值损失
- 投资收益（或损失）
- 公允价值变动损益
- 营业外收入
- 营业外支出

利润包括营业利润、利润总额和净利润。

营业利润指营业收入减营业成本、减税金及附加、减期间费用（销售费用、管理费用、财务费用）、减资产减值损失，加公允价值变动收益（减公允价值变动损失）、加投资收益（减投资损失）。

利润的构成和利润分配的各个项目应当在会计报表中分项列示。

4.1.8 财务报告业务处理准则

财务报告指企业对外提供的反映企业某一特定日期财务状况和某一会计期间经营成果、现金流量的文件。

财务报告包括会计报表和会计报表附注两部分。

（1）会计报表包括：

- 资产负债表
- 利润表
- 所有者权益变动表
- 现金流量表

（2）会计报表附注的主要内容包括：

- 财务报告的编制基础。
- 遵循财务会计准则的声明。
- 重要会计政策的说明。

● 重要会计估计的说明。

● 会计政策和会计估计变更以及差错更正的说明。

● 对已在资产负债表、利润表、所有者权益变动表和现金流量表中列示的重要项目的进一步说明。

● 或有和承诺事项、资产负债表日后非调整事项、关联方关系及其交易等需要说明的事项。

（3）财务报告的设计要点为：

● 资产负债表。应当按照资产、负债和所有者权益三大要素分类分项列示。

● 利润表。应当按照各项收入、费用以及构成利润的各个项目分类分项列示。

● 所有者权益变动表。对于当期损益、直接计入所有者权益的利得和损失以及与所有者的资本交易导致的所有者权益的变动，应当分别列示。

● 现金流量表。现金流量表的编制方法有两种：直接法和间接法。《企业会计准则》要求在现金流量表主体部分采用直接法填列经营活动现金流量。

● 会计报表附注。应当披露财务报表的编制基础，相关信息应当与资产负债表、利润表、所有者权益变动表和现金流量表等报表中列示的项目相互参照。

4.2 货币资金业务处理制度的设计

本节精要

货币资金内控严，业务不同分工繁。
现金存款收支清，程序严谨项目传。

货币资金是企业资产的重要组成部分，是企业资产中流动性最强的一种资产。货币资金的种类如图4-1所示。

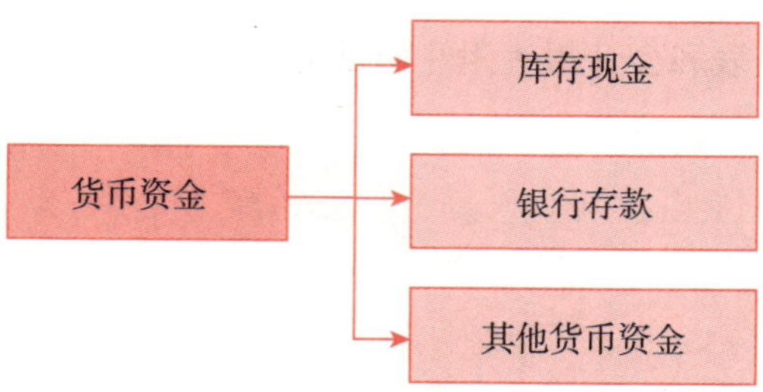

图4-1 货币资金的种类

货币资金业务处理制度设计的主要内容包括货币资金内部控制要求、货币资金核算方法的设计和货币资金业务核算程序的设计。

4.2.1 货币资金内部控制要求

货币资金的内部控制要求主要包括以下七点：

（1）出纳、记账工作应分别由不同的经办人员负责，销售、采购的记账工作也应由不同人员担任。

（2）任何一项收付款业务必须填写或取得原始凭证，并由经办人签字、盖章。

（3）根据原始凭证，编制记账凭证，签章后才能办理现金收支。

（4）支票的签发、付款须由不同的经办人负责；签发现金收款收据与收款应由不同的人员经办。现金收、支业务要分开处理，现金收入须当天入账，禁止坐支行为。

（5）建立定期现金盘点制度，定期核对银行收支账项。

（6）控制收款收据和销售发票的数量和编号。付讫的凭证，要加盖“付讫”章。收支凭证应与原始凭证相符。

（7）建立内部稽核制度，定期检查货币资金管理中存在的问题，及时改进对货币资金的管理控制。

4.2.2 货币资金核算方法的设计

1. 库存现金核算方法的设计

企业的现金是通过“库存现金”账户进行核算的。

> 通过“库存现金”账户可以反映企业库存现金的收入、支出和结存情况。

（1）库存现金核算方法设计的要点为：

- 为了详细了解库存现金的具体情况，除了对现金总分类核算外，还需设置“库存现金日记账”进行序时核算。
- 库存现金日记账应采用订本式账簿。
- 出纳根据现金收款凭证、付款凭证和银行存款付款凭证，按照业务发生的先后次序，逐笔登记。
- 每日终了，应计算当日的现金收入合计数、现金支出合计数、账面余额，并与实际库存数核对。
- 如果库存现金盘点后账款不符，对于现金清查的结果，应编制现金盘点报告表，注明现金溢缺的金额，并由出纳和盘点人员签字、盖章。
- 有待查明原因的应通过“待处理财产损溢”科目核算。

（2）库存现金溢缺查明原因后的处理应注意：

- 查明原因后，应分情况处理：属于记账差错的应及时予以更正。
- 如为现金短缺，属于应由责任人赔偿或保险公司赔偿的部分，记入“其他应收款”或“库存现金”科目。属于无法查明的其他原因，根据管理权限批准后记入“管理费用”科目。
- 如为现金溢余，属于应支付给有关人员或单位的，应记入“其他应付款”科目。属于无法查明原因的现金盈余，经批准后记入“营业外收入”科目。

2. 银行存款核算方法的设计

银行存款的入账时间的确认应注意：

● 根据不同的转账方式按收到的不同的原始凭证来分别确认银行存款的入账时间

● 票据、信用卡、汇兑、托收承付、委托收款方式，一般需根据银行的收账（付款）通知来编制收款（付款）凭证。

为了及时发现银行存款收支业务中存在的问题和可能出现的差错，企业在设置银行存款总分类账核算之外，还必须按各开户银行开设不同的银行账号进行明细核算，分别设置银行存款日记账。

银行存款日记账的设计要点为：

● 银行存款日记账应采用订本式账簿。

● 出纳根据银行存款收款凭证、付款凭证及所附的有关原始凭证，按照业务发生的先后顺序逐笔登记。

● 每日终了应计算银行存款收入合计、银行存款支出合计及结余额。

● 银行存款日记账必须定期与银行转来的对账单核对。

● 未达账项应通过编制“银行存款余额调节表”进行检查核对。如没有记账错误，调节后的双方余额应相等。

外币银行存款的核算应注意：

● 企业外币收付业务必须单独编制银行存款日记账。

● 按发生时的汇率或发生当期期初的汇率折合成人民币记账。

● 期末各种外币账户的期末余额，应按期末汇率折合成人民币。

● 发生的差额则作为汇兑损益处理。

3. 其他货币资金核算方法的设计

（1）“其他货币资金”科目核算的主要内容为：

● 外埠存款

● 银行汇票存款

● 银行本票存款

● 信用卡存款

● 信用证保证金存款

● 存出投资款

（2）其他货币资金核算的设计要点为：

● 应设置“外埠存款”“银行汇票”“银行本票”“信用卡”“信用证保证金”“存出投资款”等明细科目。

● 按外埠存款的开户银行、银行汇票或本票、信用证的收款人或经手人等设置明细账。

4.2.3 货币资金业务核算程序的设计

货币资金业务根据其业务特点不同，业务流程会有所不同。

货币资金业务的种类如图 4-2 所示。

1. 现金收支业务程序设计

现金收支业务程序设计的要点为：

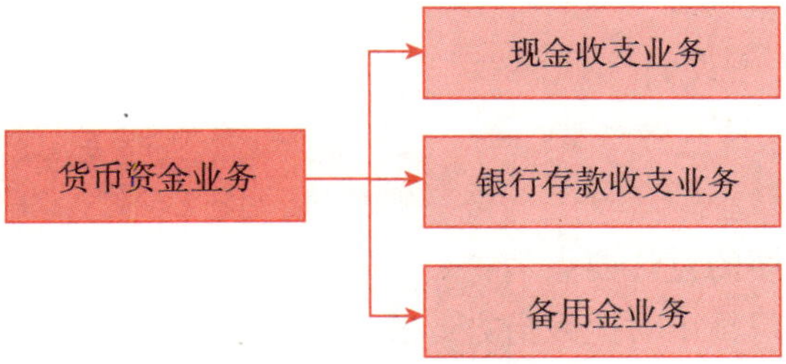

图 4-2　货币资金业务的种类

(1) 签发现金收款收据与收款应由不同的人员经办。如门市部门的营业员负责填制销售发票和收款收据，而会计部门出纳据以收款、入账。

(2) 一切现金收入都应开具收据，不得遗漏。收据存根由收据保管人负责回收、保管，定期查对已领用但尚未使用的空白收据。严格控制收款收据和销售发票的数量和编号。

(3) 已开收据的存根应与已入账的收据联按编号逐张核对金额。

(4) 收到邮政汇款时，应由两人会同拆封，并专门登记有关来源、金额和收据情况。

(5) 所有收入款项除留存作营业周转使用外，均应于当日解存银行。当日不能解存银行的，应于次日送存银行，以防“坐支”。

(6) 现金支付时必须检查凭证是否齐全，付款时一定要有原始凭证，核准范围是否符合权限。会计据以编制传票并转交出纳，再依审核权限呈请主管签章。

(7) 采购、出纳、记账工作应分别由不同的经办人员负责，不能一人兼管。

(8) 任何一项付出的凭证，要加盖“银行付讫”或“现金付讫”图章，予以注销，定期装订成册并由专人保管。

(9) 每日结账后，出纳应根据当天现金收支编制“现金及银行存款日报表”，并清点库存现金余额是否与日报表相符。

2. 银行存款收支业务程序设计

(1) 银行存款收支业务程序设计的要点为：

- 出纳设置“银行往来登记簿”，依不同银行账户及营业日分设收入及支出部分。其中收入部分的主要内容包括：应交换完毕入账的代收票据，存入的现金，其他账户的转存。支出部分的主要内容包括：当日开出票据，领取现金，转存其他账户。
- 出纳于每日结账后将当日收支金额及当日余额填入“现金及银行存款日报表”。
- 银行之间发生转存业务的，应办理转存手续。
- 银行存款业务中支票业务居多，支票付款按规定的业务程序处理。

(2) 支票付款业务程序的设计要点为：

- 业务部门将外单位收款通知或自制付款凭证审核后，送交会计部门。
- 会计部门审核后交出纳部门。
- 出纳部门核对后签发支票，并在支票簿上进行登记。
- 出纳部门和会计部门根据支票回执分别登记银行存款日记账和其他相关账簿。

支票签发业务程序的关键是使用、审核、签发、记账相分离，以防舞弊和支票签发不当。

3. 备用金业务程序设计

备用金设置的目的是进行零星采购或紧急小额支付。备用金通过“其他应收款——××部门备用金”账户，或单独设置“备用金”账户进行核算。

备用金业务处理程序的设计要点为：

（1）备用金使用部门领用时记入借方，收回时记入贷方。尚未收回时，本账户的余额表示核定的备用金定额。

（2）备用金使用部门必须对支付现金的所有原始凭证顺序编号，与库存现金一起妥善保管，并设立库存现金日记账，按原始凭证号码顺序、逐笔反映备用金的收支情况。

（3）备用金的每张请领单金额不得超过固定限额。当经管人员备用金支用达到一定数额时，由备用金经管人员连同“备用金报销清单”及有关凭证送会计部门报销，会计部门审核无误后编制传票，转送出纳付款拨还备用金。

各项费用的报销，应由单位提出申请，经批准后，转会计审核，审核无误后转由出纳付款。

各项费用处理程序的设计要点为：

（1）报销人员根据原始凭证填制报销凭证，经本部门负责人审核后，送交会计部门。

（2）经报账会计复核后交出纳付款。

（3）出纳付款后将报销单送交会计部门登账。

（4）定期进行相关账、证核对。零星费用报销付现业务程序的关键是申请、批准、复核、付现相分离，以防止报销差错和舞弊。

4. 调节核对程序设计

调节核对程序设计的要点为：

（1）未到期应收票据，会计以相关资料填入登记簿，与票据保管人核对无误后，由出纳存银行托收。

（2）如有逾期未兑票据，应了解原因。退票也应记明。

（3）每月底应依据银行对账单与账载银行存款余额，编制四栏式银行存款余额调节表。

（4）调节表上的调整项目应附凭证，并制作传票。逾一年未兑现的支票，应专门保管。

4.3 工资业务处理制度的设计

本节精要

> 薪酬处理数据清，原始依据界定明。
> 工资对象皆正确，记账登表不同人。

工资即职工薪酬，指企业在职工在职期间和离职后提供的全部货币性薪酬和非货币性福利。

工资包括提供给职工本人的薪酬及提供给职工配偶、子女或其他被赡养人的福利。

工资业务处理制度设计的主要内容包括职工薪酬业务处理的内部控制要求、职工薪酬业务核算方法的设计和职工薪酬业务处理程序设计。

4.3.1 职工薪酬业务处理的内部控制要求

职工薪酬业务处理涉及许多的原始凭证和结算凭证，而这些凭证中的数据都需要在实务中采集并严格控制和把握。

职工薪酬业务处理制度设计的要点为：

(1) 必须建立完善的考勤制度和考勤记录，为薪酬计算提供正确、完整的原始依据。

(2) 必须建立健全的工时记录和产量记录，制定合理的定额工时，正确计算完工产品、半成品的数量，把握产品成本的正确数据。

(3) 按照相关规定正确计算职工薪酬定额，办理职工定级、晋升、降级等薪酬变动，确定职工薪酬应发数。

(4) 按规定正确办理各种代扣、代缴款。

(5) 对各部门编制的工资单必须认真复核，应与工资汇总表核对，以防止错误及做假。

(6) 出纳提现，凭证必须由会计部门主管审核批准，所提现金在工资发放前应妥善保管，确保安全。现在更多企业通过银行转账直接发放进入工资卡。

(7) 工资发放时必须由收款人签收，签收后副本应交回财务部门，对于未领工资须单独保管或存入银行，不得挪用。若以银行存入方式支付工资也必须告知本人，并与银行核对。

4.3.2 职工薪酬业务核算方法的设计

(1) 职工薪酬的核算科目与明细核算项目：

企业应设立“应付职工薪酬”科目进行职工薪酬的核算。

职工薪酬的明细核算项目包括：

- “工资”
- “社会保险费”
- “住房公积金”
- “工会经费”
- “职工教育经费”
- “解除职工劳动关系补偿”

(2) 职工薪酬业务核算方法设计的要点为：

- 生产部门人员的职工薪酬，借记“生产成本”“制造费用”“劳务成本”科目，贷记“应付职工薪酬”科目。
- 管理部门人员的职工薪酬，借记“管理费用”，贷记“应付职工薪酬”；销售人员的职工薪酬，借记“销售费用”，贷记“应付职工薪酬”。

● 应由在建工程、研发支出负担的职工薪酬，借记“在建工程”“研发支出”科目，贷记“应付职工薪酬”。

● 因解除与职工的劳动关系给予的补偿，借记“管理费用”科目，贷记“应付职工薪酬”科目。

● 职工社会保险费、住房公积金、工会经费、职工教育经费等，按国家规定的计提基础和计提比例计提，借记相关成本费用科目，贷记“应付职工薪酬——社会保险费、住房公积金、工会经费、职工教育经费”等明细科目。

● 企业向职工支付的职工福利费，借记“应付职工薪酬”科目，贷记“银行存款”“库存现金”科目。

(3) 职工薪酬核算中明细科目的数据采集所涉及的原始记录和结算凭证包括：

● 考勤表
● 工作通知单
● 产量通知单
● 产量明细表
● 代扣款通知单
● 工资单
● 工资卡
● 工资汇总表
● 待领工资明细表
● 奖金津贴发放单

职工薪酬核算数据采集所涉及的原始记录和结算凭证是设计的主要内容之一。

4.3.3 职工薪酬业务处理程序设计

职工薪酬业务处理程序设计的要点为：

(1) 每月由科室（或车间）的考勤人员将考勤表（簿）送交劳动人事部门。

(2) 劳动人事部门据此编制出汇总表并计算职工的应发职工薪酬，编制工资单和工资汇总表。工资单和工资汇总表经审核后送财务部门。

(3) 财务部门根据有关部门扣款通知单，在工资单和工资汇总表上计算实发工资，经审核后签发现金支票并登记支票登记簿，或者通知银行直接存入职工在银行开立的账户中。

(4) 工资单一份交职工，另两份工资单经职工签名后分别返回劳动人事部门和财务部门留存。也有企业工资单不需要返还劳动人事部门，只需留存财务部门即可。

(5) 工资汇总表一份记入有关账户，另一份交劳动人事部门。

职工薪酬业务处理的关键是各个步骤的执行人应由不同的人员担任。

4.4 固定资产业务处理制度的设计

本节精要

> 固定资产内控重，核算四法记心中。
> 处理程序君莫越，用管部门互监控。

固定资产业务处理制度设计的主要内容包括固定资产业务内部控制的要求、固定资产业务核算方法的设计和固定资产业务处理程序的设计。

《企业会计准则第 4 号——固定资产》规范了固定资产的确认、计量和相关信息的披露。

固定资产业务的种类，如图 4－3 所示。

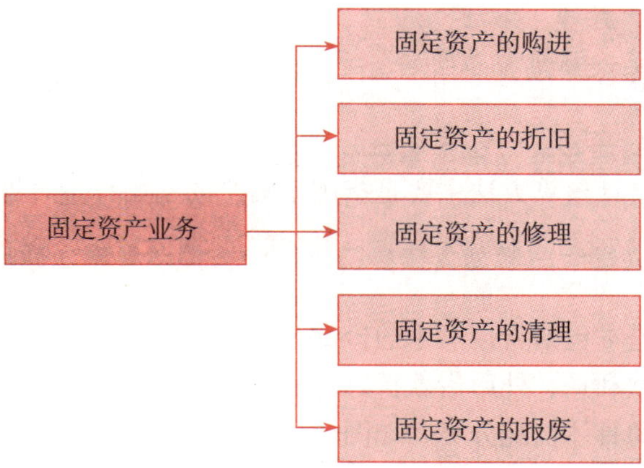

图 4－3　固定资产业务的种类

设计固定资产业务处理程序时要能够正确反映固定资产的增减变化和保管及使用等。

4.4.1　固定资产业务内部控制的要求

固定资产业务内部控制的要求为：

（1）建立、健全固定资产的预算制度，由物资采购部门依据长远规划和固定资产所需部门提出的购置要求，编制固定资产预算。

（2）固定资产的购入，须由需要固定资产的部门申请，部门负责人审核，经主管领导批准方可购入。固定资产采购、保管、记账、使用应由不同的部门或人员分管。

（3）对购入的固定资产要建立固定资产账簿体系，应设置“固定资产明细账”“固定资产登记簿”和“固定资产卡片”等，进行固定资产核算，使账、簿、卡、实相符。

(4) 对未使用、不需用的固定资产及时办理封存和申报手续，对多余、闲置或使用不当的固定资产应及时反映、汇报并处理。

(5) 建立固定资产的定期盘点制度，发现账实不符的应认真查明盘盈、盘亏原因，追究相关责任人的责任，经上级批准后方可进行账务处理。

(6) 对需要报废的固定资产要进行鉴定后方能进行报废处理，对于固定资产残值收入要及时入账，残余实物要妥善保管，并及时注销固定资产，保证固定资产账实一致。

(7) 经审核确定固定资产折旧率（额），正确计算固定资产折旧额，中途不得变更折旧方法，并应按规定使用折旧资金。

固定资产业务内部控制主要是在购入、使用、报废过程中的控制。

4.4.2 固定资产业务核算方法的设计

固定资产业务的核算应设置的账户包括：

- 固定资产
- 在建工程
- 工程物资
- 累计折旧
- 固定资产清理
- 固定资产减值准备
- 待处理财产损溢

1. 固定资产取得的核算方法

固定资产取得的会计核算方法主要是指固定资产的初始计量，即初始成本的确定

固定资产的初始成本指企业购建某项固定资产达到预定可使用状态前所发生的一切合理、必要的支出。

固定资产的初始成本包括直接发生的价款、运杂费、包装费和安装成本等，也包括间接发生的如承担的借款利息、外币借款折算差额以及应分摊的其他间接费用。

固定资产按取得的具体情况分类，如图 4-4 所示。

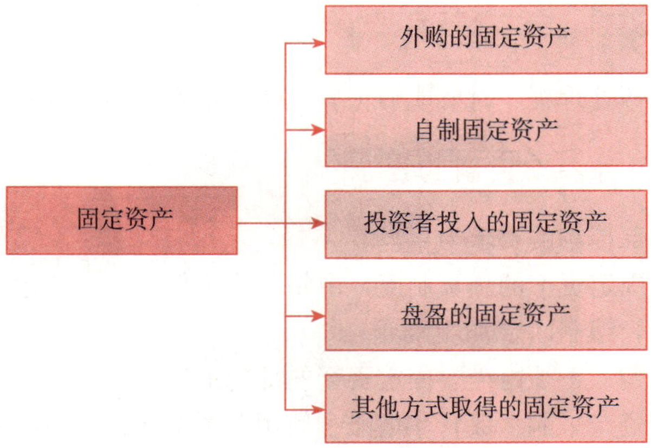

图 4-4　固定资产按取得的具体情况分类

（1）外购的固定资产。外购的固定资产成本包括固定资产购买价款、相关的税费，以及使固定资产达到预定可使用状态前所发生的可归属于该项资产的运输费、装卸费、安装费和专业人员服务费等。

外商投资企业因采购国产设备而收到的税务机构退还的增值税款等冲减固定资产的入账价值。

（2）自制固定资产。自制固定资产按建造该资产达到预定可使用状态前所发生的全部支出作为入账价值。

（3）投资者投入的固定资产。投资者投入的固定资产的成本应按照投资合同或协议约定的价值确定，但合同或协议约定价值不公允的除外。

（4）盘盈的固定资产。盘盈的固定资产的成本按同类或类似资产的市场价格，减去按该项资产的新旧程度估计的价值损耗的余额来确定，当同类或类似固定资产不存在活跃市场时，按该固定资产预计未来现金流量现值来确定其成本。

（5）其他方式取得的固定资产。其他方式取得的固定资产包括：

- 非货币性资产交换取得的固定资产
- 债务重组取得的固定资产
- 企业合并取得的固定资产
- 融资租赁取得的固定资产

其他方式取得的固定资产的成本应当分别按照《企业会计准则第 7 号——非货币性资产交换》《企业会计准则第 12 号——债务重组》《企业会计准则第 20 号——企业合并》和《企业会计准则第 21 号——租赁》确定。

2. 固定资产折旧的核算方法

（1）固定资产折旧范围。

固定资产折旧范围与固定资产折旧设计的要点为：

- 对于企业已达到预定可使用状态的固定资产，无论是否交付使用，尚未办理竣工决算的，都应当按照估计价值确认为固定资产，并计提折旧；待办理了竣工决算手续后，再按实际成本调整原来的暂估价值，但不需要调整原已计提的折旧额。
- 融资租入的固定资产，应当采用与自有应计提折旧资产一致的折旧政策。
- 处于更新改造过程而停止使用的固定资产，应当将其账面价值转入在建工程，不再计提折旧。更新改造项目达到预定可使用状态转为固定资产后，再按照重新确定的折旧方法和该项固定资产尚可使用寿命计提折旧。
- 因进行大修理而停用的固定资产，应当照提折旧，计提的折旧额应计入相关资产成本或当期损益。

无须计提折旧的固定资产包括：

- 提前报废的固定资产。
- 已提足折旧仍继续使用的固定资产。
- 按规定单独估价作为固定资产入账的土地。

（2）固定资产折旧的计算方法。企业应当根据固定资产所含经济利益预期实现方式选择折旧方法。

固定资产折旧的计算方法主要有：年限平均法、工作量法、双倍余额递减法和年数总和法。

折旧方法一经确定，不得随意变更。

固定资产折旧计算方法的变更应注意：

● 如果与固定资产有关的经济利益预期实现方式有重大改变的，应当相应改变固定资产的折旧方法。

● 固定资产使用寿命、预计净残值和折旧方法的改变应当作为会计估计变更，根据《企业会计准则第28号——会计政策、会计估计变更和差错更正》的规定进行处理，并在会计报表附注中予以说明。

企业应当于每年年度终了对固定资产的折旧方式进行复核。

固定资产折旧计算方法设计的要点为：

● 企业按月计提折旧时，应根据“固定资产折旧计算分配表”列示的当月折旧额计提。

● 按固定资产的服务对象，分别借记“制造费用”“销售费用”“管理费用”“其他业务成本”等账户，贷记“累计折旧”账户。

3. 固定资产日常维护的核算方法

企业的固定资产投入使用后，为了适应发展的需要或为维护、提高固定资产的使用效用，往往需要对现有的固定资产进行维护、改建、扩建或改良。

固定资产日常维护核算设计的要点为：

(1) 固定资产修理费用，应当直接计入当期费用。

(2) 固定资产改良支出，应当计入固定资产账面价值。

(3) 如果不能区分是固定资产修理还是固定资产改良，或固定资产修理和固定资产改良结合在一起，则企业应当进行判断，与固定资产有关的后续支出是否满足固定资产的确认条件。如果该后续支出满足了固定资产的确认条件，后续支出应当计入固定资产账面价值；否则，后续支出应当确认为当期费用。

(4) 固定资产装修费用，如果满足固定资产的确认条件，装修费用应当计入固定资产的账面价值，并在“固定资产”科目下单设“固定资产装修”明细科目核算，在两次装修期间与固定资产尚可使用年限两者中较短的期间内，采用合理的方法单独计提折旧。如果下次装修时，该项固定资产相关的“固定资产装修”明细科目仍有账面价值，应将该账面价值一次全部计入当期营业外支出。

(5) 融资租赁方式租入的固定资产发生的固定资产后续支出，比照上述原则处理。发生的固定资产装修费用等，满足固定资产确认条件的，应在两次装修间隔期间、剩余租赁期与固定资产尚可使用年限三者中较短的期间内，采用合理的方法单独计提折旧。

(6) 经营租赁方式租入的固定资产发生的改良支出，应通过“长期待摊费用”科目核算并在剩余租赁期与租赁资产尚可使用年限两者中较短的期间内，采用合理的方法进行摊销。

4. 固定资产出售、报废和毁损的核算方法

对于那些不适用或不再使用的固定资产，可以出售转让。

对于由于使用磨损而到期报废，或由于技术进步等原因提前报废，或由于自然灾害等

非常损失发生毁损的固定资产要进行清理。

企业出售、转让、报废固定资产或发生固定资产毁损，应当将处置收入扣除账面价值和相关税费后的金额计入当期损益。固定资产账面价值是固定资产成本扣减累计折旧和累计减值准备后的金额。固定资产的处置一般通过“固定资产清理”科目进行核算。

固定资产出售、报废和毁损的会计核算的步骤为：

(1) 将固定资产净值转入清理。按固定资产净值借记“固定资产清理”科目，按已提折旧借记“累计折旧”账户，按已提的减值准备，借记“固定资产减值准备”科目；按固定资产原价贷记“固定资产”科目。

(2) 记录发生的清理费用。按实际发生的清理费用，借记“固定资产清理”科目，贷记“银行存款”科目，同时根据有关税法规定缴纳增值税，贷记“应交税费”科目。

(3) 记录出售及残料收入。按实际收到的出售价款及残料变价收入等，借记“银行存款”“原材料”等科目，贷记“固定资产清理”科目。

(4) 赔偿费用的处理。企业应由保险公司或过失人赔偿的损失，借记“银行存款”或“其他应收款”科目，贷记“固定资产清理”。

(5) 清理净损益的处理。结转固定资产清理后发生的净收益，应区别不同情况处理。

固定资产清理发生的净收益的处理：

- 属于企业筹建期间的，借记“固定资产清理”科目，贷记“长期待摊费用”科目。
- 属于生产经营期间的，借记“固定资产清理”科目，贷记“营业外收入”科目。

固定资产清理发生的净损失的处理：

- 属于企业筹建期间的，借记“长期待摊费用”科目，贷记“固定资产清理”科目。
- 属于生产经营期间的，借记“资产处理损益”科目，贷记“固定资产清理”科目。

清查盘点中发现盘亏的固定资产通过“待处理财产损溢”科目核算。

4.4.3 固定资产业务处理程序的设计

固定资产业务处理程序包括：

- 固定资产设备更新申请程序
- 固定资产设备采购程序
- 固定资产验收程序
- 固定资产付款程序
- 固定资产报废清理程序

固定资产业务处理程序设计前应设计的有关基础工作及业务凭证包括：

- 对固定资产的计价方法、折旧方法、维修费用处理方法等进行设计。
- 对固定资产业务处理中所使用的明细卡片、账簿、盘点明细表、盘盈盘亏表、报废单等进行设计。

1. 设备更新申请程序设计

设备更新申请程序如图 4-5 所示。

设备更新申请程序设计的要点为：

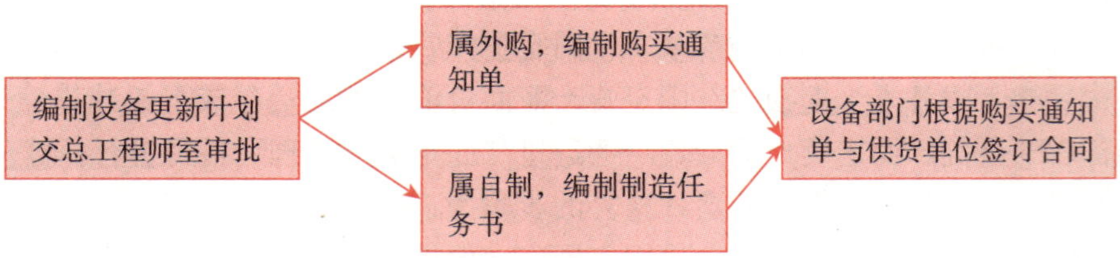

图 4-5　设备更新申请程序

> 设备更新业务处理工作应分别交由不同部门或个人去处理。

（1）由设备部门编制设备更新计划交由总工程师室审批。

（2）审批后，如属于外购设备，总工程师室编制购买通知单一式三份；如属于自制设备，则编制制造任务书交由相关部门安排生产制造。

（3）设备部门根据购买通知单与供货单位签订合同，并将合同副本、设备购买通知单或将自制设备制造任务书交财务部门留存，作为外购设备或自制设备核算的依据。

设备更新申请业务处理的关键控制点是计划须经过批准才能进行采购、自建和结算工作。

2. 设备采购、验收、付款程序设计

设备采购、验收、付款程序如图 4-6 所示。

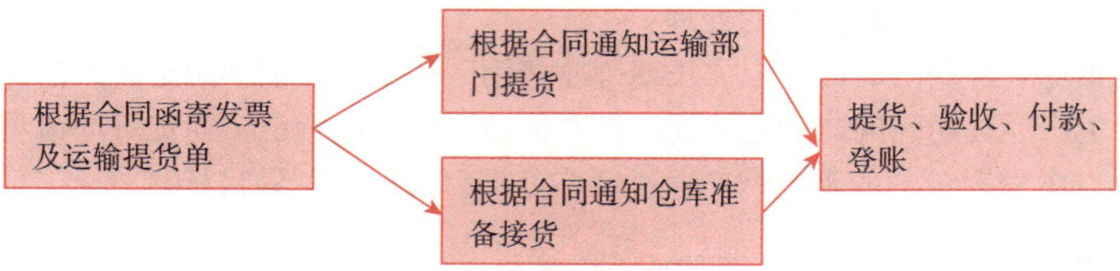

图 4-6　设备采购、验收、付款程序

设备采购、验收、付款程序设计的要点为：

（1）供货单位根据设备购货合同将设备购买发票和运输提货单函寄设备管理部门。

（2）设备管理部门根据原购买通知单和合同，编制设备入库单一式三联，并分别通知运输部门提货和设备仓库接货。

（3）运输部门提货后交由设备管理部门进行数量和质量验收，并通知财会部门付款。

（4）财会部门核对合同副本、购买通知单和入库单，经确认无误后办理货款结算，并登记相关总账和明细账。

设备采购、验收、付款程序的关键控制点是提货、验收、结算应分别由不同部门办理。

3. 设备报废清理程序设计

设备报废清理程序如图 4-7 所示。

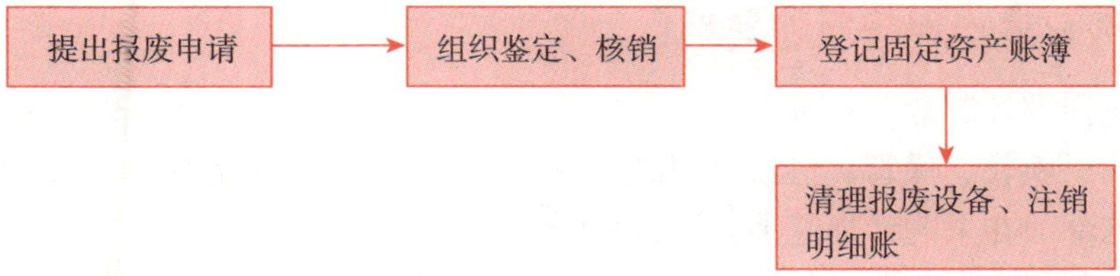

图 4-7　设备报废清理程序

设备报废清理程序设计的要点为：

(1) 设备使用部门向设备管理部门提出设备报废申请。

(2) 设备管理部门组织该设备的技术鉴定，经审核批准后，注销该部门的固定资产卡片，并登记固定资产登记簿。

(3) 设备使用部门注销固定资产卡片，清理部门清理报废的设备，财会部门登记有关账户并注销有关明细账，进行固定资产报废清理核算。

该流程的关键控制点是设备使用部门、设备管理部门、设备清理部门和财会部门分别进行相关程序的工作，以实现互相监督。

4.5　采购业务处理制度的设计

本节精要

采购环节控制严，采购材料能省钱。
采购程序定理顺，采购核算莫等闲。

采购业务处理制度设计的主要内容包括：

- 采购业务内部控制的要求
- 采购业务核算方法的设计
- 采购业务核算程序的设计

采购业务包括：

- 商品、材料以及事务用品等物的请购
- 商品、材料以及事务用品等物采购计划的编制
- 商品、材料以及事务用品等物的订货或采购
- 商品、材料以及事务用品等物的验收
- 商品、材料以及事务用品等物的货款结算

采购业务处理制度设计应反映采购过程、采购成本、采购数量及采购结算等情况。

4.5.1 采购业务内部控制的要求

采购业务内部控制的要求有：

（1）采购、验收、保管、付款、记账应由不同的部门与人员完成。

（2）采购部门在采购计划范围内进行采购。

（3）财会部门应参与购货的合同签订，收货部门应严格按照合同所规定的品种、数量、质量进行验收，填制入库单。

（4）凭证齐全、核对无误才能办理结算及支付货款。

（5）货款或应收账款的记录所涉及的所有原始凭证、记账凭证，应经过稽核人员或会计主管的审核。

4.5.2 采购业务核算方法的设计

采购环节涉及的业务中以材料的采购居多。

制造业所需材料大部分通过与供货单位签订合同购进，少数可直接向市场采购。

1. 采购业务的要点

采购业务的要点为：

（1）采购的材料应严格按照经济合同和约定的结算办法，按供应单位开列的发票价格，即材料的买价支付货款。

（2）采购环节还会发生材料成本以外的采购费用，如运输费、装卸费、包装费、保管费等。

2. 采购业务核算账户

采购业务核算账户为“材料采购”或“在途物资”。

“材料采购”或“在途物资”账户设计的要点为：

（1）账户的贷方为验收入库材料结转的实际成本。

（2）若月末有余额则表示已购买但未入库的材料或在途材料。

“材料采购”或“在途物资”账户核算的实际成本应该包括买价和运杂费等。

3. 库存材料核算账户

库存材料核算账户为“原材料”。

库存材料的核算可以采用实际成本计价，也可以采用计划成本计价。

（1）以实际成本计价的“原材料”账户设计要点为：

- “原材料”账户反映的是企业各种库存材料的实际成本。
- “原材料”借方登记已验收入库材料的实际成本。
- “原材料”贷方登记领用、发出材料的实际成本。
- 期末余额在借方表示期末库存材料的实际成本。

（2）以计划成本计价的“原材料”账户设计要点为：

- “原材料”账户借方、贷方、余额反映的是各种库存材料的计划成本。
- 要反映材料的实际成本还需要设置“材料成本差异”账户。

（3）“材料成本差异”账户设计的要点为：

- “材料成本差异”是反映和考核采购业务成果的账户。
- “材料成本差异”借方反映超支数，贷方反映节约数。
- “材料成本差异”是“原材料”账户的调整账户。

“原材料”账户的计划成本加减“材料成本差异”账户的差异数就是材料的实际成本。

（4）材料采购应按规定计算应缴纳的增值税。

“应交税费——应交增值税”账户设计的要点为：

- “应交税费——应交增值税”账户用来核算企业应交的增值税。
- “应交税费——应交增值税（进项税额）”账户借方反映企业采购材料物资时，向供货单位支付的增值税进项税。
- “应交税费——应交增值税（销项税额）”账户贷方反映企业销售商品时向购买单位收取的增值税。
- “应交税费——应交增值税”账户贷方大于借方的差额为企业应交的增值税。

（5）材料采购业务核算的要点为：

- 财会部门收到供货单位发票，办理购货付款手续，登记“材料采购”账户的借方。
- 仓库验收材料，财会部门根据仓库的收料单结转材料的实际采购成本，将其成本从“材料采购”账户的贷方结转至“原材料”账户的借方。
- 办妥付款和收料手续后，表示材料采购过程结束。

如果只办妥了付款手续，尚未办理收料手续，说明采购的材料尚在途中。

4.5.3 采购业务核算程序的设计

采购业务核算程序设计主要包括以下五个方面。

1. 日常采购计划编制设计

日常采购计划的程序及其编制设计的要点为：

（1）编制采购计划。供应部门根据计划部门的各种生产计划及存货情况编制采购计划。

（2）签订采购合同。采购计划经审核后由采购部门与供货单位签订采购合同。

（3）编制收支计划。会计部门根据采购计划和合同编制收支计划。

2. 临时采购申请程序设计

临时采购申请的程序及其编制设计的要点为：

（1）使用部门请购。使用部门需要临时进行采购时，由请购单位编制请购单交供应部门。

（2）供应部门编制临时采购计划。

（3）审核、采购、备款。经审核同意后通知采购部门采购，同时财会部门准备货款以备结算。

3. 采购验货付款程序设计

采购验货付款程序如图 4－8 所示。

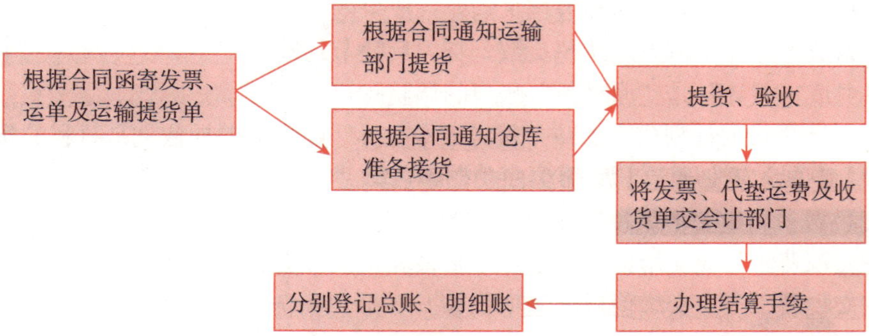

图 4-8　采购验货付款程序

采购验货付款程序设计的要点为：

（1）供货单位在发货后，将发票、运单和提货单寄往会计部门。

（2）购货单位财会部门收到寄来的单据，交给供应部门，供应部门审核合同后据此编制收货单，通知仓库准备收货，另将运货单交企业运输部门提货。

（3）仓库验收、登记、保管，并将签收的收货单送交供应部门。

（4）供应部门将收货单与合同再次审核无误后，将供货单位的发票、代垫运费以及收货单一联一并送会计部门。

（5）会计部门对照合同副本进行审核无误后，授权出纳办理结算。

（6）供应部门与会计部门分别进行总账、相关明细账的核算、核对。

4. 退货程序设计

采购的货物若有不符合要求或订购条件的，应协商退货、更换等事宜。

退货程序设计要点为：

（1）运输部门根据供应部门提供的单据提货，仓库接货并验收。若出现数量、规格、质量等问题时，由检验部门出具检验报告。

（2）仓库保管部门填制退货申请单，通知供应部门，暂时代管相关货品并在备查簿中予以记录。

（3）供应部门通知会计部门，同时联系供货单位办理退货或更换事宜。

（4）会计部门根据具体情况按规定办理部分拒付或全部拒付手续，已预付货款的根据退货情况，要求供货单位办理退款手续。

5. 采购业务记账程序

采购业务的核算方式与结算方式有关联，即采用见单付款还是验货付款。

在记账程序中必须考虑货与单据可能不同时到达的情况。

采购业务记账方法主要有全部登记法和横行登记法。

应付账款明细账全部登记法设计的要点为：

（1）全部采购业务在发生时均作为应付账款处理，并通过购货日记账进行登记。

（2）月末将购货日记账的金额加总记入“材料采购”总分类账的借方和“应付账款”总分类账的贷方，并把每年的购货业务按供货单位记入明细账。

材料采购明细账横行登记法设计的要点为：

(1) 材料采购明细账分别材料类别如原材料、辅助材料、燃料、包装物等分设账页。

(2) 根据收料单、付款凭证、发票账单等按横行登记法逐笔登记，以计算每一批购货的实际成本和材料成本差异。

(3) 根据每一横行付款记录和收料记录的对比，还能了解应付账款与在途材料的差异。

4.6 存货业务处理制度的设计

本节精要

> 存货控制账实清，盘盈盘亏处理明。
> 原始凭证记录准，收发存货环节精。

存货指企业在日常活动中持有以备出售的产成品或商品、处在生产过程中的在产品、在生产过程或提供劳务过程中耗用的材料和物资等。

存货包括各类材料、在产品、半成品、商品、周转材料和委托加工物资。

存货的基本特征有：

(1) 企业持有存货的目的是用于日常经营活动。

(2) 企业持有存货的目的是直接出售或进一步加工后出售。

(3) 企业持有存货的目的不是自用或消耗。

存货的基本特征使其明显区别于固定资产等长期资产。

4.6.1 存货业务内部控制的要求

存货业务的内部控制要点就是要保证提供存货的信息有效，完善自制凭证的设计。存货业务内部控制的要求有：

(1) 存货的入库、发货均以有效的经审核的凭证为准，货物的收发同时登记账册。

(2) 存货的采购、验收、记账、保管、审批和发放必须由不同的人员负责。

(3) 存货必须定期盘点。日常收付实行永续盘存制。

(4) 对存货进行分类管理、精确计量；若有质量问题应及时上报并尽量查明原因；库存数量接近控制下限时应及时通知采购部门。

(5) 对废料、残料实施专人负责，核实情况分别处理，如报废、利用、收回等，并登记入账。

4.6.2 存货业务核算方法的设计

> 设计人必须就盘点的会计核算进行重点设计。

存货核算的关键是盘点。

盘点的不可或缺性在于：

(1) 无论会计主体的性质有何差异，只要有存货就必须按期组织盘点。

(2) 通过盘点可能发现账实不符的情况。

(3) 盘点是避免存货非正常损失的有效方法。

盘点中发现账实不符的情况说明存货会出现盘盈或盘亏。

会计核算主要通过“待处理财产损溢——待处理流动资产损溢”账户来反映存货账实不符的差额。

保证账实相符设计的要点为：

(1) 企业对存货进行定期或不定期盘点，并编制存货盘存报告单。

(2) 以存货盘存报告单作为存货盘点的原始记录进行账务处理。

1. 存货盘盈

存货盘盈的处理要点为：

(1) 发生盘盈的存货，若经查明是由于计量上或核算上的误差等原因造成的，应及时办理存货入账的手续，调整存货的实存数。

(2) 按盘盈存货的计划成本或估计成本记入“待处理财产损溢——待处理流动资产损溢”账户的贷方。

(3) 经批准后转销“待处理财产损溢”，并冲减管理费用。

2. 存货盘亏和毁损

存货盘亏和毁损的处理要点为：

(1) 发生盘亏和毁损的存货，应按其成本（计划成本或实际成本）记入“待处理财产损溢——待处理流动资产损溢”账户的借方。

(2) 若涉及增值税或成本差异的，应进行相关会计处理。

(3) 报经批准后，再根据造成盘亏和毁损的原因，进行处理。

根据造成盘亏和毁损的原因进行处理的要点为：

(1) 属于自然损耗产生的定额内损耗，经批准后转作管理费用。

(2) 属于计量收发差错和管理不善造成的存货短缺或毁损，应先扣除残料收入、可以收回的保险赔偿和过失人的赔偿，然后将净损失计入管理费用。

(3) 属于自然灾害或意外事故造成的存货毁损，应先扣除残料收入和可以收回的保险赔偿，然后将净损失转作营业外支出。

3. 发出存货计价方法

- 个别计价法
- 先进先出法
- 加权平均法

4.6.3 存货业务处理程序的设计

存货业务处理中涉及较多的会计凭证，应设计的会计凭证包括：

> 存货业务处理所涉及的会计凭证一般为自制凭证。

- 领料单
- 限额领料单

- 收料单
- 收料汇总表
- 发料汇总表
- 存货收发结存表
- 盘盈盘亏报告单
- 存货报废审批单

存货业务处理所涉及的自制凭证应事先设计。

1. 存货领料业务处理程序的设计

领料业务程序如图 4-9 所示。

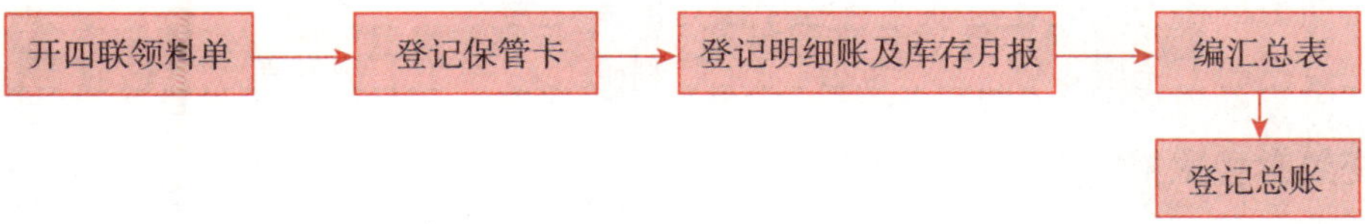

图 4-9　领料业务程序

存货领料业务处理程序设计的要点为：

(1) 领用部门开出一式四联领料单，经审核批准领料。

(2) 仓库根据审核后的单据发料并登记材料保管卡，同时将领料单相应联交领用部门和供应部门。

(3) 供应部门根据领料单登记材料明细账，并据此登记材料库存月报。

(4) 会计部门根据领料单，月末核对领用部门转来的领料单后，编制发料汇总表，并登记费用账，登记材料总账。

2. 委托加工材料发料程序设计

工作人员登账应签名。

委托加工材料发料程序如图 4-10 所示。

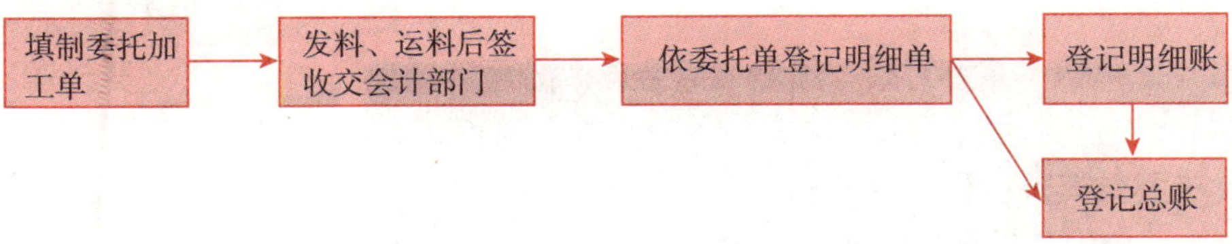

图 4-10　委托加工材料发料程序

委托加工材料发料程序设计的要点为：

(1) 企业生产计划部门根据需要与外单位签订加工合同，编制委托加工领料单，同时报供应部门审批。

(2) 供应部门审批后，仓库发料，运输部门运料，交加工单位签收后交回会计部门。

(3) 供应部门根据委托加工领料单登记材料明细账。

(4) 月末会计部门分别将生产计划部门、运输部门和供应部门委托加工的领料单核对，登记材料发出汇总表，并据以登记明细账和总账。

委托加工材料业务中，领用、运输、发放和记账工作要分离。

3. 委托加工材料完工验收付款业务程序设计

委托加工材料完工验收付款业务程序如图 4－11 所示。

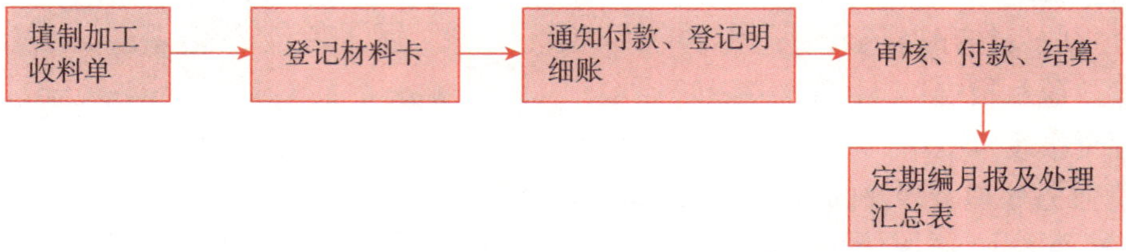

图 4－11　委托加工材料完工验收付款业务程序

委托加工材料完工验收付款业务程序设计的要点为：

（1）委托加工完毕，供应部门收到完工收料通知单和加工费发票，经核对无误编制委托加工收料单。

（2）材料仓库收料后，登记材料卡，并将收料单一联留存，一联交供应部门，一联交会计部门。

（3）供应部门核对无误后，通知会计部门付款，登记材料明细账。

（4）会计部门审核付款凭证无误后，通知出纳办理付款结算。

（5）供应部门定期分别编制库存月报和收料汇总表送交会计部门。

该流程的关键是要核对委托加工过程的各种单据，定期进行账实、账账核对。

4. 产品完工入库业务处理程序设计

产品完工入库业务处理程序如图 4－12 所示。

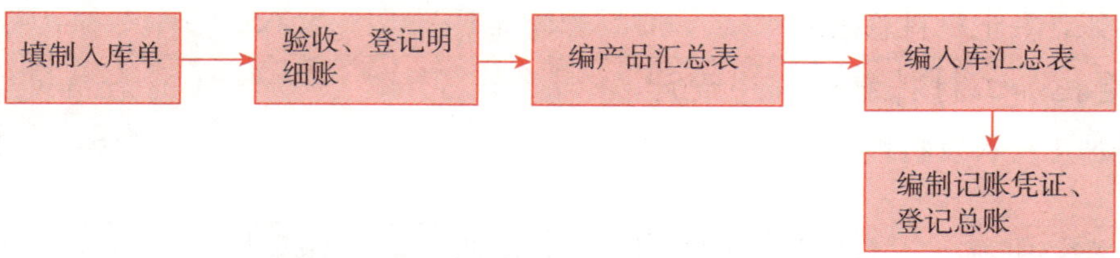

图 4－12　产品完工入库业务处理程序

产品完工入库业务处理程序设计的要点为：

（1）生产部门对检验合格完工品编制产品入库单，随货入库。

（2）仓库部门验收产品，签字确认，其中一联留存登记存货明细账，一联交会计部门，一联交回生产部门。

（3）生产部门依据入库单于月末汇总编制生产产品汇总表，送会计部门。

（4）会计部门于月末编制产品入库汇总表并与生产产品汇总表核对，编制记账凭证，登记总账。

4.7 生产业务处理制度的设计

本节精要

生产计划预先做，成本控制尽把握。
程序设计需周全，保证质量不会错。

生产业务要正确地反映产品数量、质量、成本等企业核心的内容。

生产业务处理制度必须对生产数量、生产方式、成本管理、产成品存货质量等项目做出明确规定。

生产业务使用的原始凭证有领料单、退料单、考勤表、产量表和工时定额计划。

对于生产过程可能出现的各种问题及解决办法，需要进行生产控制。实施生产控制使生产过程的各个环节都能够协调一致，以便完成生产计划和生产作业计划。

生产计划指在产品开始生产之前，对生产目标及资源投入进行规划和对制造过程、日程进行安排。

制订生产计划的主要根据有：

- 企业预期利润
- 市场需要
- 企业生产能力
- 人员负荷
- 设备状况

企业的生产过程包括：

- 开始制订生产计划
- 进入产品生产过程
- 产品生产完工后验收入库

要保证企业良好的财务状况和实现最佳的经营成果，必须强化生产制造业务的内部控制制度。

4.7.1 生产计划控制的内容

生产计划控制是整个生产业务内部控制的起点。

生产计划控制包括估算生产数量和编制生产计划。

估算生产数量指根据销售计划、期初库存量及生产能力来估算本期生产量。

> 销售计划的确定取决于企业的经营目标，即利润要求和市场环境。

企业的生产计划必须是能够随销售计划变动而变动的生产计划。生产计划是否可靠、完善直接影响企业经营计划的实现。

编制生产计划的要点为：

(1) 生产计划必须根据预期的利润、市场需要、生产能力、

> 生产计划的实质是将经营计划的目标变为生产数量。

人员负荷、占用设备、消耗材料、工时等制定。

(2) 明确生产开始日期、完工日期、产品数量、质量标准等内容。

(3) 尽可能地准确估算产品生产成本，以保证所生产的合格产品具有生产成本的可竞争性。

4.7.2 生产控制的方法

完善的生产计划还必须有生产计划的落实，即生产控制的方法。

生产控制的对象是生产作业。随着生产计划的实施，原材料、人工以及机器运作等各种耗费就随之开始。生产控制就是对原材料、人工以及机器运作的控制。

> 生产作业由生产对象、生产人员、生产资料构成。

生产控制的方法有进度控制、数量控制和资料控制。

1. 进度控制

进度控制指对原材料、半成品、产成品的交货期和日程实施的控制。

进度控制的设计要点为：

(1) 将每天完成的生产数据与计划进行比较。

(2) 根据生产成本、数量及仓储数据，掌握生产时间进度与材料消耗数量进度。

进度控制通过检查实际进度与计划进度的差异及时地进行修正。

2. 数量控制

数量控制主要指对半成品及产成品的数量实施的控制。

数量控制比照生产计划阶段确定产量的方法来研究和控制。

数量控制方式适应单件生产和小批量生产方式的从零件生产到装配的全过程。

3. 资料控制

资料控制指人工资料控制、物料资料控制、机器资料控制以及其他资料控制。

(1) 人工资料控制。主要指数据，如工资与总费用的比率、直接人工与间接人工的比率、加班工资与正常工资的差额、意外伤害的开支等的控制。

(2) 物料资料控制。主要指产成品的存量、原材料的存量、报废品与合格品的比率、接受检验妥善率等的控制。

(3) 机器资料控制。主要指所有机器使用率、保养维护费用、产品价值与固定费用比率以及单位时间产量等的控制。

(4) 其他资料控制。指与上述三者有关的生产数据控制，如在产品所占资金额度的分析、人工效率分析、存货周转率分析等。

4.7.3 产品成本核算控制制度

产品的生产过程开始后，在对原材料、工时和机器设备实施控制的同时，为生产产品而耗用的各种生产成本也随之发生。

为对产品成本进行有效的控制，必须设计健全的成本核算控制制度。健全的成本核算控制制度的作用有：

(1) 可将各种生产耗费正确归集到生产的产品中。

（2）可提供产品成本核算资料。

（3）可监督生产费用和产品成本发生的合法与合理性。

（4）可对生产耗费进行有效控制。

1. 定额管理

制定人在总结定额执行的基础上，制定产量消耗定额、费用限额以及劳动工时定额。

定额是指企业在生产过程中对料、工、费消耗制定的标准。定额管理是企业制订成本计划和进行成本核算的基础，也是成本控制的依据。

定额的制定人包括：技术部门、会计部门、劳动人事部门和其他有关部门。

2. 原始记录

原始记录是指利用具有不同格式的原始凭证及日记账，对企业生产经营活动中发生的原材料、燃料、动力和工时消耗，费用开支，在产品与半成品在企业内部的转移以及产品的质量检验等所进行的最初记录。

原始记录的作用有：

（1）可以反映生产经营过程中料、工、费的实际消耗与定额消耗。

（2）可以检查、分析各种定额和成本计划、成本标准的执行情况。

3. 审批、审核

审批、审核设计的要点为：

（1）各车间和职能部门需要开支的各项费用，在由专人填制有关凭证后，经车间或部门负责人进行审查后批准。

（2）车间或部门负责人主要审查费用开支是否为生产经营活动所必需，是否超过限额或预算等内容。

（3）生产费用应根据实际发生数，经过部门负责人的批准才能入账。

4. 清查

清查设计的要点为：

（1）对在产品定期盘点清查。

（2）对盘盈、盘亏及报废在产品应及时处理，以明确当事人的经济责任。

（3）编制在产品盘存表。

编制在产品盘存表的作用有：

（1）可以为核算完工产品提供依据。

（2）可以保证产品成本计算的正确性和真实性。

（3）可以保证在产品台账与实际数量相一致。

（4）可以确保在产品的实物安全。

5. 内部计划价格控制

内部计划价格控制是制定成本计划、费用预算和成本核算的基础。

内部计划价格控制的要点为：

（1）对原材料、半成品和内部相互提供的劳务等制定内部价格。

（2）进行内部结算与考核。

内部计划价格控制是开展全面经济核算、控制产品成本的有效方法。

6. 标准成本控制

有条件的企业可以采用标准成本法进行成本核算，并定期对成本标准进行调整。

7. 归集与分配

归集与分配设计的要点为：

(1) 根据审核后的领料凭证、工资结算单、各项生产费用汇总表和分配表、在产品盘存表以及其他有关费用的原始凭证，按照费用的用途归类。

(2) 划分应计入产品成本的费用以及不应计入产品成本的费用。

(3) 按成本项目编制各项费用汇总表、分配表并计算出完工产品的总成本和单位成本。

(4) 编制产品成本计算单。

4.7.4 产品质量控制

现代企业中质量同成本一样也是企业获得并保持竞争优势的法宝。产品质量在一定程度上决定企业能否确保并扩展市场份额。

产品质量与用户的关系为：

(1) 产品质量是对用户的适用性。

(2) 产品质量在确保安全的基础上以用户的需求为基准。

质量控制指设立质量标准并监控生产过程以确保生产出来的产品都能合乎所建立的标准，即为了提供合乎固定质量的产品所从事的一切程序、方法、检查和测试。

1. 产品质量控制的意义和要求

(1) 产品质量控制事实上就是全面质量管理。

(2) 企业必须建立全面质量管理体系。

(3) 企业必须建立质量保证组织体系。

(4) 企业必须建立保证测试手段和检验控制的产品质量保障制度。

2. 产品质量控制的特点与关系

(1) 质量标准的设定不仅因时、因地而异，而且不断改进。与其等待最终对有缺陷的产品返工，不如在产品设计时就消除质量隐患，或者在生产过程中，及时将产品的缺陷消灭在萌芽状态，而不是等到产品完工之后再检验甚至返工。

(2) 产品质量控制为全员、全过程、零缺陷的质量保证体系。

(3) 产品设计、生产与售后服务必须并重。

(4) 没有设计、生产作为前提，产品就难以打开销路，开拓市场；没有售后服务，就难以实现产品价值，企业也难以生存。

3. 产品质量控制中的质量检验

质量检验的要求有：

> 质量检验属于事后的检验控制。质量检验是质量控制的有效方法之一。

(1) 检验要贯穿生产的全过程。

(2) 要检验原材料的质量，对影响质量的可能性进行把关。

（3）要检验半成品，分析生产工艺对产品质量影响的可能性。

（4）要对产成品进行检验，分析产品等级、计算合格率，找出影响产品质量的因素。坚持质量检验就可将生产的全过程置于质量监控状态下。

4.8 销售业务处理制度的设计

本节精要

销售五控要求严，收入确定五关难。
业务程序差异记，记账方法须分谈。

销售业务是企业生产经营过程的最后一个环节，是企业出售自己的商品取得货币收入或收款权利的过程。

销售业务流程包括产品销售和货款收回。

销售业务活动包括：

- 销售产成品
- 销售自制半成品
- 提供工业性劳务
- 提供非工业性劳务
- 技术转让

4.8.1 销售业务内部控制的要求

销售业务内部控制的主要内容包括以下五个方面。

1. 销售合同签订、开票、发货、收款、记账等职务分离

销售合同签订、开票、发货、收款、记账等职务分离设计的要点为：

（1）接收订单人员不能同时从事核准付款条件和客户信用调查工作。

（2）填制销货通知的人员不能同时负责商品发出工作。

（3）开具发票的人员不能同时负责发票的审核工作。

（4）记录应收账款的人员不能同时负责货款的收取和退款工作。

（5）会计人员不能同时负责销售业务各环节的工作。

2. 销售价格的确定必须经过有关负责人的审批

销售价格的确定必须经过有关负责人的审批设计的要点为：

（1）制定统一的产品销售价格目录。

（2）分层授权建立商业折扣和现金折扣的标准。

企业必须有效控制销售价格的变化。

3. 严格控制发票

严格控制发票设计的要点为：

（1）由专人负责发票的保管和使用。

（2）销售发票、发货票要连续编号。

（3）签单、签票均要由负责人签章。

（4）提倡合同销售方式，明确规定销售发票中的商品名、单价、数量、金额、日期、客户名称、付款方式等记载内容，并要与发货通知单等凭证相一致。

（5）对非合同销售和门市部直销应建立严密的审查制度。

4. 赊销业务控制

赊销业务的特点有：

（1）赊销业务涉及的部门比较多。

（2）销售活动与货款结算时间不一致时，发生差错的可能性比较大。

赊销业务控制设计的要点为：

（1）必须规定部门之间的联系、制约关系，明确债权管理的有关规定。

（2）要建立严格的赊销业务批准制度，如明确信用条件，由专人负责赊销的批准。

（3）调查部门要进行信用调查，对信用好的客户才能开展赊销业务。

5. 收款业务控制

企业的销售方式包括现销和赊销。

现销收款业务控制设计的要点为：

（1）客户购货时销售部门开具一式数联标明购货单位、货物名称、单价、数量、金额等的销货单。

（2）客户持销货单至会计部门付款。会计部门审核后收取货款，加盖签章，留一联作编制记账凭证用，其余退还客户。

（3）客户持加盖财务专用章的销货单至仓库提货。仓库保管员对销货单进行复核，确认无误予以发货，提货联留档登记仓库台账。

现销强调钱货两清，主要控制手段是销货单的传递程序。

> 对应收账款的控制必须先要了解客户的信用。

赊销收款业务控制设计的要点为：

（1）对已执行的应收账款要定期进行账龄分析，编制账龄分析表。

（2）会计部门要建立定期或不定期与客户进行对账的制度，及时将对账结果和对客户的财务状况分析提供给销售及信用部门，以便掌握主动权，尽量减少坏账出现的可能性。

赊销业务的关键是应收账款业务。

4.8.2 销售业务核算方法的设计

1. 销售商品收入的确认

销售商品收入的核算方法中首先要明确收入的确认和计量。

根据 2017 年新修订的《企业会计准则第 14 号——收入》，当企业与客户之间的合同同时满足下列条件时，企业应当在客户取得相关商品控制权时确认收入：

（1）合同各方已批准该合同并承诺将履行各自义务。

（2）该合同明确了合同各方与所转让商品或提供劳务（以下简称“转让商品”）相关的权利和义务。

（3）该合同有明确的与所转让商品相关的支付条款。

（4）该合同具有商业实质，即履行该合同将改变企业未来现金流量的风险、时间分布或金额。

（5）企业因向客户转让商品而有权取得的对价很可能收回。

在合同开始日即满足前款条件的合同，企业在后续期间无需对其进行重新评估，除非有迹象表明相关事实和情况发生重大变化。合同开始日通常是指合同生效日。

2. 销售收入的计量及会计处理

企业销售商品满足收入确认条件时，应当按照已收或应收合同或协议价款的公允价值确定销售商品收入金额，已收或应收的合同或协议价款显失公允的除外。

公允价值指从购货方已收或应收的合同或协议价款。

公允价值的确定与差额摊销应注意：

（1）合同或协议明确规定，销售商品需要延期收取价款，实质上具有融资性质的，如分期收款销售商品，应当按照应收的合同或协议价款的现值确定其公允价值。

（2）应收的合同或协议价款与其公允价值之间的差额，应当在合同或协议期间内，按照应收款项的摊余成本和实际利率计算确定的金额进行摊销，冲减财务费用。

销售商品收入的会计处理主要包括：

- 一般销售商品业务
- 已经发出商品但不符合收入确认条件的销售业务
- 现金折扣
- 商业折扣
- 销售折让
- 销售退回
- 特殊销售商品业务

下面对前两点进行阐述。

（1）一般销售商品业务。

处理的要点为：

- 考量销售商品收入是否符合确认条件。
- 符合收入准则所规定的各项条件，企业应及时确认收入，并结转相关销售成本。
- 销售商品采用托收承付方式的，在办妥托收手续时确认收入。
- 交款提货方式销售商品的，在开出发票账单、收到货款时确认收入。
- 符合收入确认条件确认本期实现的营业收入时，应按实际收到或应收的价款，借记“银行存款”“应收账款”“应收票据”等科目。按实现的营业收入，贷记“主营业务收入”科目，按专用发票上注明的增值税税额，贷记“应交税费——应交增值税（销项税额）”科目。

（2）已经发出商品但不符合收入确认条件的销售业务。

企业处理这类业务可设置"发出商品"科目。"发出商品"科目反映已经发出但尚未确认销售收入的商品成本。

已经发出商品但不符合收入确认条件的销售业务的设计要点为：

- 企业应按发出商品的成本，借记"发出商品"科目，贷记"库存商品"等科目。
- 实现营业收入时，按已收或应收的款项，借记"银行存款""应收账款"等科目。
- 按实现的营业收入，贷记"主营业务收入"科目，按应交的增值税销项税额，贷记"应交税费——应交增值税（销项税额）"科目。
- 结转销售成本时，借记"主营业务成本"科目，贷记"发出商品"科目。

企业售出商品不符合销售商品收入确认条件则不应确认收入。

4.8.3 销售业务处理程序的设计

设计销售业务程序应注意：销售业务不同的企业，业务的处理方式也可能不同。

1. 根据合同发货处理销售业务的程序

根据合同发货处理销售业务的程序设计要点为：

（1）销售部门依据销售合同编制发货通知单分别通知仓库准备货物、运输部门准备发货。

（2）运输部门到仓库提货。货物发出后，销售部门根据仓库签收的发货通知单开具销售发票，登记产成品明细账。

（3）运输部门在办理托运手续后，将提货单和运输单送交销售部门，销售部门将其与销售发票一并送交会计部门。

（4）会计部门审核无误开具代垫运费清单，并通知出纳办理货款结算，同时进行销售处理。

2. 根据订单处理销售业务的程序

根据订单处理销售业务的程序设计要点为：

> 一般情况下收款后发（提）货，并定期进行账账核对、账实核对。

（1）销售部门接到订单后，按订单要求的内容编制订货发票。

（2）生产部门按订单要求安排生产，生产完工后及时通知销售部门。

（3）销售部门通知客户，会计部门根据结算完毕的销售发票，进行销售业务账务处理。

销售业务流程中的销售开票、发货、收款、记账等业务必须由专人执行。

3. 销售业务记账程序设计

销售业务记账程序设计包括销售明细账记账方式程序设计和应收账款明细账记账方式程序设计。

销售业务记账程序如图 4-13 所示。

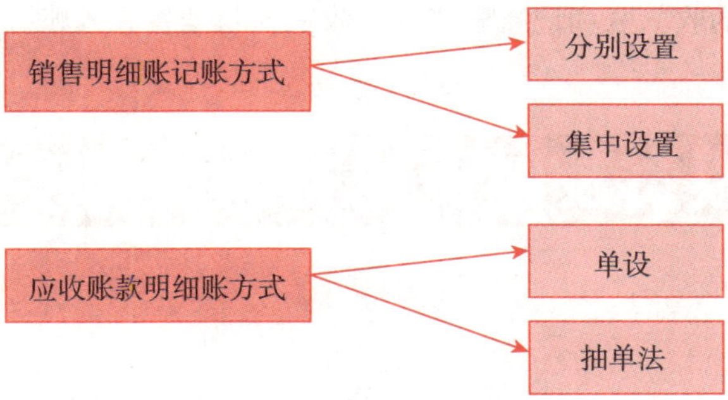

图 4-13　销售业务记账程序

（1）销售明细账记账方式程序设计。

分设销售明细账记账方式的设计要点为：

- 分别设置有关收入、成本费用明细账，平时发生的销售收入、销售成本、销售费用和销售税金均在有关收入、成本费用账户中登记。
- 期末，分别结转到“本年利润”账户。同时，为了全面反映销售成果，期末应根据各销售明细账编制销售汇总表。

分设销售明细账记账方式的优点为：由于各项收入、成本费用均设有明细账进行反映，核算记录清楚。缺点为：销售业务较多的情况下，按品种或劳务种类设置的明细账账页数量较多，容易出现差错。

分设销售明细账记账方式需要通过销售汇总表来全面反映产品或劳务的销售成果。

集中设置销售明细账记账方式的设计要点为：

- 按产品或劳务类别，将销售收入、销售成本、销售费用、税金及附加等在同一张账页上记录。
- 销售收入、销售成本、销售费用和销售税金及附加等发生额在同一行中以正负数反映。
- 必须认真记录，避免出现差错。

该明细账既能集中反映某产品或劳务的销售成果，又能减少销售明细账的设置。

（2）应收账款明细账记账方式程序设计。

单设应收账款明细账的设计要点：在应收账款明细账中按客户设置账页，进行应收账款的明细分类核算。

单设应收账款明细账的优点为：能够对应收账款进行严格的控制，从而全面反映每一客户的货款结算情况，分析客户的信用状况，便于企业进行销售决策。缺点为：核算工作量较大，如销售与收款相差时间不多，特别是在同一会计期间完成时，那么这种记账方式的效果不是很明显。

抽单法是指企业大部分应收账款能在规定的期间内收回，则在应收账款发生时不进行明细记录，期末根据有关凭证登记应收账款明细账。

抽单法记账程序的设计要点为：

- 销售成立时将销售发票中的记账联和收款联分别存放。
- 收到客户交来的货款时，即抽取相应的记账联和收款联，直接登记有关销售收入和银行存款或库存现金账。

- 根据尚未抽取的收款联和记账联登记应收账款与销售收入账。

4.9 投资及融资业务处理制度的设计

本节精要

> 投资业务内控严，融资得法可生钱。
> 购入出售精核算，借款发行程序严。

投资和融资是企业重要的经济活动。

投资是指企业为了通过分配来增加财富，或为谋求其他利益而将资产让渡给其他单位所获得的另一项资产。本节所谓投资主要指对外投资，如股票、债券等投资。企业取得的为使其增值而持有的资产如存货、固定资产等不属于本节所指的投资。融资即筹措资金，企业的日常活动就是从筹措资金开始的。

4.9.1 投资及融资业务内部控制的要求

1. 投资业务内部控制的要求

（1）职务分离要求。证券的投资计划编制人员、授权买卖人员、投资业务的操作人员、会计记账人员的职责应分离，各工作岗位应由不同人员分别担任。

（2）有价证券保管要求。有价证券可以自行保管，也可以委托证券公司保管，保管人员与会计记账人员不得是同一人。证券保管人员必须设置证券登记簿，根据经复核和批准的原始凭单，设置账簿详细登记存取证券的名称、号码、数量、面值、券商名单、已收利息或股息、存放和取出日期及经手人等内容，并定期由专人与会计部门的投资明细账核对。

（3）定期审核要求。无论是投资前还是投资后的证券投资都应有详细的投资计划，对于被投资品种，各部门应定期或不定期进行财务状况、市场行情、投资理由、期限、投资组合等分析，并编制投资分析书面报告。对保管在外的有价证券应定期核对、检查，以防遗失、被调换等。

2. 融资业务内部控制的要求

（1）职务分离要求。筹资业务包括发行股票、债券，向金融机构借款等。因此，筹资计划制订人员、审批人员、会计记账人员、证券保管人员职务应分离。

（2）严格审批要求。发行股票、债券等事项在企业发生的次数不会多，发行债券、股票应符合国家规定，因此应详细编制筹资计划并聘请专业人士逐项审核，同时应经过企业最高管理层及董事会的批准。

（3）发行业务的控制。债券和股票一般都是委托证券交易商代理发行的，或者尽量委托外部代理公司发行，这样可以保证筹资活动由两个不同的经济主体共同完成，在一定程度上减少了虚假会计行为发生的可能性。

（4）保持完整的筹资记录。无论是债券、股票还是借款都必须有正常的会计记录，并进行准确的会计核算。同时编制还款计划，正确处理举债的利息费用。

4.9.2 投资及融资业务核算方法的设计

1. 投资业务核算方法的设计

投资业务的核算包括以公允价值计量且变动计入当期损益金额资产的核算、持有至到期投资的核算、可供出售金融资产的核算和长期股权投资的核算。

不同投资业务的计量要准确。

（1）以公允价值计量且变动计入当期损益金融资产的核算。本节以交易性金融资产为例展开设计体验。交易性金融资产主要是企业为了近期内出售而持有的金融资产，如企业以赚取差价为目的从二级市场购入的股票、债券、基金等。

衍生工具不作为有效套期工具的，也应当划分为交易性金融资产。

衍生工具包括远期合同、期货合同、互换和期权，或者具有远期合同、期货合同、互换和期权中一种或一种以上特征的工具。

交易性金融资产初始计量的设计要点为：

- 企业取得交易性金融资产，应按公允价值计量，不包括已到付息期但尚未领取的利息或已宣告但尚未发放的现金股利。取得交易性金融资产过程中发生的交易费用，应计入当期损益。
- 企业取得交易性金融资产，按其公允价值借记“交易性金融资产——成本”科目，按发生的交易费用，借记“投资收益”科目，按已到付息期但尚未领取的利息或已宣告尚未发放的现金股利，借记“应收利息”或“应收股利”科目；按实际支付的金额，贷记“银行存款”等科目。

交易性金融资产的后续计量包括持有期间的股利或利息和期末计价。

持有期间的股利或利息的设计要点为：

交易性金融资产持有期间被投资单位宣告发放的现金股利，或在资产负债表日，按分期付息、一次还本债券投资的票面利率计算的利息，应确认为当期投资收益，借记“应收股利”或“应收利息”科目，贷记“投资收益”。

期末计价的设计要点为：

- 在资产负债表日，交易性金融资产应以其公允价值列示。
- 公允价值与账面价值的差额，计入当期损益。
- 资产负债表日，交易性金融资产的公允价值高于其账面价值的差额，借记“交易性金融资产——公允价值变动”科目，贷记“公允价值变动损益”科目。
- 公允价值低于其账面价值的差额做相反的会计分录。

交易性金融资产的处置的设计要点为：

- 出售交易性金融资产应按实际收到的金额，借记“银行存款”等科目。
- 按该金融资产的账面余额，贷记“交易性金融资产——成本”科目，按其差额，贷记或借记“投资收益”科目。

● 将原计入该金融资产的公允价值变动转出，借记或贷记“公允价值变动损益”，贷记或借记“投资收益”科目。

（2）持有至到期投资的核算。持有至到期投资指到期日固定、回收金额固定或确定，且企业有明确意图和能力持有至到期的非衍生金融资产。

持有至到期投资包括：企业持有的在活跃市场上有公开报价的国债、企业债券、金融债券等。

不能划分为持有至到期投资的非衍生金融资产包括：

● 初始确认时即被指定为以公允价值计量且其变动计入当期损益的非衍生金融资产。

● 初始确认时被指定为可供出售的非衍生金融资产。

● 符合贷款和应收款项的定义的非衍生金融资产。

持有至到期投资业务的设计要点为：

● 持有至到期投资的会计处理，着重于该金融资产的持有者打算“持有至到期”，未到期前通常不会出售或重分类。

● 持有至到期投资在持有期间应当按照实际利率法确认利息收入，计入投资收益。

● 可按持有至到期投资的类别和品种，分别设置“成本”“利息调整”“应收利息”等明细科目核算。

持有至到期投资初始计量的设计要点为：

● 企业取得持有至到期投资，应按投资的面值，借记“持有至到期投资——成本”科目，按支付的价款中包含的已到付息期但尚未领取的利息借记“应收利息”科目，按实际支付的金额，贷记“银行存款”等科目。

● 按其差额，借记或贷记“持有至到期投资——利息调整”科目。

● 收到支付的价款中包含的已到付息期但尚未领取的利息，借记“银行存款”科目，贷记“应收利息”科目。

持有至到期投资的后续计量的设计要点为：

● 资产负债表日，持有至到期投资为分期付息、一次还本债券投资的，应按票面利率计算确定的应收未收利息，借记“应收利息”科目，按持有至到期投资摊余成本和实际利率计算确定的利息收入，贷记“投资收益”科目。按其差额，借记或贷记“持有至到期投资——利息调整”科目。

● 持有至到期投资为一次还本付息债券投资的，应于资产负债表日按票面利率计算确定的应收未收利息，借记“持有至到期投资——应计利息”科目，按持有至到期投资摊余成本和实际利率计算确定的利息收入，贷记“投资收益”科目，按其差额，借记或贷记“持有至到期投资——利息调整”科目。

持有至到期投资处置的设计要点为：

● 出售持有至到期投资应按实际收到的金额，借记“银行存款”等科目，按其账面余额，贷记“持有至到期投资——成本、利息调整、应计利息”科目，按其差额，贷记或借记“投资收益”科目，已计提减值准备的，还应同时结转减值准备。

● 持有至到期投资重分类为可供出售金融资产的，应在重分类日按其公允价值，借记“可供出售金融资产”科目，按其账面余额，贷记“持有至到期投资——成本、利息调整、应计利息”科目，按其差额，贷记或借记“资本公积——其他资本公积”科目。已计提减值准备的，还应同时结转减值准备。

“持有至到期投资”科目期末有借方余额，反映企业持有至到期投资的摊余成本。

(3) 可供出售金融资产的核算。可供出售金融资产是指初始确认时即被指定为可供出售的非衍生性金融资产，以及没有划分为持有至到期投资、贷款和应收款项、以公允价值计量且变动计入当期损益的金融资产。

可供出售金融资产应当在活跃的市场上有报价。

可供出售金融资产包括企业从二级市场上购入的有报价的债券投资、股票投资、基金投资等。

1) 可供出售金融资产的初始计量的设计要点。

其一，股票投资的设计要点为：

企业取得可供出售金融资产，应按实际取得成本入账，包括发生的交易费用，但不包括支付的价款中包含的已宣告但尚未发放的现金股利或已到付息期但尚未领取的利息。

其二，债券投资的设计要点为：

- 企业取得可供出售的金融资产，应按其公允价值与交易费用之和，借记“可供出售金融资产——成本”科目，按支付的价款中包含的已宣告但尚未发放的现金股利，借记“应收股利”，按实际支付的金额，贷记“银行存款”科目。
- 企业取得可供出售金融资产为债券投资的，应按债券的面值，借记“可供出售金融资产——成本”科目，按支付的价款中已到付息期但未领取的利息，借记“应收利息”科目，按实际支付的金额，贷记“银行存款”等科目，按差额，借记“可供出售金额资产——利息调整”科目。

2) 可供出售金融资产的后续计量的设计要点。

资产负债表日计算利息的设计要点为：

- 可供出售债券为分期付息、一次还本债券投资的，应按票面利率计算确定的应收未收利息，借记“应收利息”科目，按可供出售债券的摊余成本和实际利率计算确定的利息收入，贷记“投资收益”科目，按其差额，借记或贷记“可供出售金融资产——利息调整”科目。
- 可供出售金融资产为一次还本付息债券投资的，应于资产负债表日按票面利率计算确定的应收未收利息，借记“可供出售金融资产——应计利息”科目，按可供出售债券的摊余成本和实际利率计算确定的利息收入，贷记“投资收益”科目，按其差额，借记或贷记“可供出售金融资产——利息调整”科目。

资产负债表日计量的设计要点为：

- 资产负债表日，可供出售金融资产应以公允价值计量，其公允价值与账面余额的差额，计入所有者权益。待出售该项金融资产时，表明该公允价值已经实现，应从所有者权益转入当期损益。
- 可供出售金融资产的公允价值高于其账面余额的差额，借记“可供出售金融资产——公允价值变动”科目，贷记“资本公积——其他资本公积”科目；公允价值低于其账面余额的差额做相反的会计分录。

3) 可供出售金融资产处置的设计要点。

出售可供出售的金融资产，应按实际收到的金融，借记“银行存款”等科目，按其账面余额，贷记“可供出售金融资产——成本、公允价值变动、利息调整、应计利息”科目，按应从所有者权益中转出的公允价值累计变动额，借记或贷记“资本公积——其他资本公积”科目，按其差额，贷记或借记“投资收益”科目。

（4）长期股权投资的核算。长期股权投资指能够取得并意图长期持有被投资单位股份的投资，包括股票投资和其他股权投资。

长期股权投资按投资企业与被投资企业的关系，其取得方式包括企业合并所形成的长期股权投资和合并之外的其他方式所形成的长期股权投资。

企业合并所形成的长期股权投资有同一控制下的企业合并形成的长期股权投资与非同一控制下的企业合并形成的长期股权投资之分。

1）同一控制下的企业合并。同一控制下的企业合并指参与合并的企业在合并前后均受同一方或相同多方最终控制且该控制并非暂时性的企业合并。

2）非同一控制下的企业合并。非同一控制下的企业合并指参与合并的各方在合并前后不受同一方或相同的多方最终控制的企业合并。

长期股权投资在取得时应按初始投资成本入账。

同一控制下的企业合并形成的长期股权投资初始计量的设计要点为：

- 同一控制下的企业合并，合并方在企业合并中取得的资产和负债，应当按照合并日其在被合并方的账面价值计量。
- 合并方取得的净资产账面价值与支付的合并对价账面价值（或发行股份面值总额）的差额，应当调整资本公积（仅指资本溢价或股本溢价）。资本公积不足冲减的，调整留存收益。

同一控制下的企业合并形成的长期股权投资处置的设计要点为：

- 应在合并日按取得被合并方所有者权益账面价值的份额，借记“长期股权投资——××公司（成本）”科目。
- 按应自被投资单位收取的已宣告但尚未发放的现金股利或利润，借记“应收股利”，按支付的合并对价的账面价值，贷记或借记有关资产、负债科目。
- 按其差额，贷记“资本公积（或股本溢价）”科目；如为借方差额，借记“资本公积——资本溢价（或股本溢价）”科目。
- “资本公积——资本溢价（或股本溢价）”不足冲减的，应依次借记“盈余公积”“利润分配——未分配利润”科目。

非同一控制下的企业合并形成的长期股权投资初始计量的设计要点为：

- 应在合并日按企业合并成本，借记“长期股权投资——××公司（成本）”科目。
- 按支付合并对价的账面价值，贷记或借记有关资产、负债科目；按发生的直接相关费用，贷记“银行存款”等科目。
- 按其差额，贷记“营业外收入”或借记“营业外支出”等科目。

以企业合并以外的方式取得的长期股权投资初始计量的设计要点为：

- 以支付现金取得的长期股权投资，应当按照实际支付的购买价款作为初始投资成本。初始投资成本包括与取得长期股权投资直接相关的费用、税金及其他必要支出。
- 以发行权益性证券取得的长期股权投资，应当按照发行权益性证券的公允价值作为初始投资成本。

投资者投入的长期股权投资和通过非货币性资产交换、债务重组等取得的长期股权投资等这里不详述。

长期股权投资应当根据不同情况按成本法和权益法确定期末账面余额。

成本法指投资按投资成本计价的方法。

权益法指以初始投资成本计量后，在投资持有期间根据企业享有被投资单位所有者权益份额的变动对投资的账面价值进行调整的方法。

长期股权投资后续计量的设计要点为：

- 成本法。长期股权投资以取得股权时的成本计价，其后，除了投资企业追加投资、收回投资等情形外，长期股权投资的账面价值保持不变。
- 权益法。长期股权投资的账面价值随着被投资单位所有者权益的变动而变动，包括被投资单位实现的净利润或发生的净亏损以及其他所有者权益项目的变动。

在“长期股权投资”科目下，应当设置“成本”“损益调整”“其他权益变动”明细科目，以反映长期股权投资的初始投资成本以及因被投资单位所有者权益发生增减变动而对长期股权投资面值进行调整的金额。

长期股权投资期末计价的设计要点为：

- 长期股权投资的期末计价采用成本与可收回金额孰低法。
- 当长期股权投资的可收回金额低于其账面价值时，应当将长期股权投资的账面价值减记至可收回金额，减记的金额确认为长期股权投资减值损失，计入当期损益，同时计提相应的长期股权投资减值准备。
- 长期股权投资减值损失一经确认，在以后的会计期间不得转回。

长期股权投资处置的设计要点为：

- 长期股权投资账面价值与实际取得价款的差额，应当计入当期损益（投资收益）。
- 采用权益法核算长期股权投资，因被投资单位除净损益以外所有者权益的其他变动而计入所有者权益的，处置该项投资时应当将原计入所有者权益的部分按相应比例转入当期损益（投资收益）。

长期股权投资出售的设计要点为：

- 出售长期股权投资时，应按实际收到的金额，借记“银行存款”等科目，原已计提减值准备的，借记“长期股权投资减值准备”科目。按其账面余额，贷记“长期股权投资”科目，按尚未领取的现金股利或利润，贷记“应收股利”科目，按其差额，贷记或借记“投资收益”科目。
- 出售采用权益法核算的长期股权投资时，还应按处置长期股权投资的投资成本比例结转原计入资本公积的金额，借记或贷记“资本公积——其他资本公积”科目，贷记或借记“投资收益”科目。

2. 融资业务核算方法的设计

融资业务包括借款、发债、发行股票等。

融资业务核算方法的设计包括负债性融资业务核算方法的设计和权益性融资业务核算方法的设计。

（1）负债性融资业务核算方法的设计。

负债性融资的核算包括：短期借款的核算、长期借款的核算和企业债券的核算。

1）短期借款的核算。短期借款指企业向银行或其他金融机构借入的，期限在 1 年以内（含 1 年）的各种借款。

短期借款一般是企业为维持正常的生产经营活动或抵偿某项债务而借入的资金。

核算借入的短期借款应该设置“短期借款”“应付利息”账户。借入短期借款时，借记“银行存款”，贷记“短期借款”。归还短期借款时，借记“短期借款”，贷记“银行存款”。

设置“短期借款”“应付利息”账户可反映短期借款的增加、减少、结余及付息情况。

短期借款的利息是一项财务费用，属于期间费用，计入当期损益。根据权责发生制，短期借款的利息包括下列情形：

- 短期借款的利息按季度或半年支付并且金额较大。
- 短期的利息按月支付或利息在到期时连本金一起归还并且金额较小。

短期借款的利息按季度或半年支付并且金额较大的设计要点为：

- 按月计入费用，计提时，借记“财务费用”，贷记“应付利息”。
- 实际支付时，按照已经计提的利息金额，借记“应付利息”。按照实际支付的金额与已计提金额之间的差额，借记“财务费用”，按实际支付金额贷记“银行存款”。

短期借款的利息按月支付或利息在到期时连本金一起归还并且金额较小的设计要点为：

在实际支付利息或收到银行的计息通知时直接计入当期损益，借记“财务费用”，贷记“银行存款”。

2）长期借款的核算。长期借款指企业从银行或其他金融机构借入的，期限在 1 年以上（不含 1 年）的各种借款。

企业向金融机构等借入长期借款，必须按照规定的程序进行。

长期借款的规定程序包括申请、审批、签订合同和划拨款项四个步骤。

长期借款核算设计的要点为：

- 在借款的使用期间，应按期支付利息，到期偿还本金。
- 长期借款的利息费用应按照权责发生制的要求，按期预提计入所购建资产的成本（予以资本化）或者直接计入当期财务费用。
- 借入的长期借款存入银行的，借记“银行存款”科目，贷记“长期借款”科目。
- 借入的长期借款直接用来购建固定资产，借记“在建工程”科目，贷记“长期借款”科目。
- 归还借入的长期借款本息，借记“长期借款”科目，贷记“银行存款”科目。

3）企业债券的核算。企业债券指企业为筹集长期资金而发行的，约定于一定日期支付本金及利息给持有者的一种书面凭证。

> 企业债券是事实上的长期负债。

企业债券取得的形式与意义有：

- 以公开募集的方式向社会举债。
- 企业将巨额借款分为若干份。
- 通过发行企业债券能够吸收大量长期资金。

企业应设置“应付债券”科目用以核算企业为筹集长期资金而发行债券的本金和利息。

"应付债券"科目还可按"面值""利息调整""应计利息"等明细核算。

企业债券核算的设计要点为：

● 企业发行债券，无论是按面值，还是溢价或折价发行，均应按实际收到的款项，借记"银行存款"等科目，按债券的面值，贷记"应付债券（面值）"科目。

● 实际收到的款项与面值存在差额的，还应借记或贷记"应付债券（利息调整）"科目。

(2) 权益性融资业务核算方法的设计。

权益性融资业务包括吸收直接投资和发行股票。

吸收直接投资核算的设计要点为：

● 投资者以现金投资，应以实际收到或存入企业开户银行的金额为实收资本入账。

● 投资者以非现金作为投资的，则这些非现金资产（无论是实物还是无形资产）都必须接受评估，按评估价及与之相关的税金作为实收资本入账。

发行股票核算的设计要点为：

● 企业发行股票既可以按面值发行，也可以溢价发行（目前我国尚不允许折价发行）。

● 溢价发行股票，应将相当于股票面值部分记入"股本"科目，其余溢价部分记入"资本公积"科目。

4.9.3 投资及融资业务核算程序的设计

1. 投资业务处理程序设计

投资业务处理程序设计包括有价证券购入业务处理程序设计、有价证券出售业务处理程序设计和有价证券投资收益业务处理程序设计。

(1) 有价证券购入业务处理程序，如图 4-14 所示。

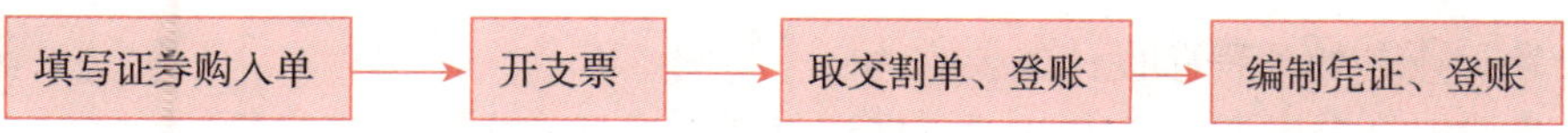

图 4-14 有价证券购入业务处理程序

有价证券购入业务处理程序设计的要点为：

● 由投资部门编制"股票或债券的投资计划书"，经批准，据此填制"证券购入通知单"一式两联，一联留存，另一联由财会部门审批后交出纳。

● 出纳根据"证券购入通知单"开出支票，经审核盖章、登记支票簿后交证券公司。

● 收到证券公司的交割单后，出纳根据交割单、支票存根及购入通知，编制付款凭证，并登记银行存款日记账。

● 会计部门收到付款凭证及有关单据，登记证券投资登记簿及相关明细账。

(2) 有价证券出售业务处理程序，如图 4-15 所示。

图 4-15 有价证券出售业务处理程序

有价证券出售业务处理程序设计的要点为：

- 投资部门根据市场行情变化判断投资目标的实现程度，提出证券出售申请。
- 经审核批准后，编制证券出售通知单，交证券经纪人员办理出售手续。
- 会计部门根据出售交割单和银行转来的收账通知，由出纳编制收款凭证，并登记银行存款日记账或“其他货币资金——存出投资款”，同时登记有关账户及证券投资登记簿。

（3）有价证券投资收益业务处理程序设计。

有价证券投资收益业务处理程序设计的要点为：

- 会计部门根据上市公司股利分配公告和证券公司股利收入划账单据以及银行转来的收账通知单，编制收款凭证及登记投资登记簿。
- 若是债券利息，则会计部门在期末根据债券的票面利率和面值计算期间利息收入；如果溢、折价购入的，还应同时计算溢、折价的本期摊销额，填制债券溢、折价摊销表，并登记证券投资簿，出纳根据银行转来的利息收入收账通知编制收款凭证。

2. 融资业务处理程序设计

融资业务处理程序设计包括股票发行业务处理程序设计、股利分配业务处理程序设计、债券发行业务处理程序设计和银行借款业务处理程序设计。

（1）股票发行业务处理程序，如图 4－16 所示。

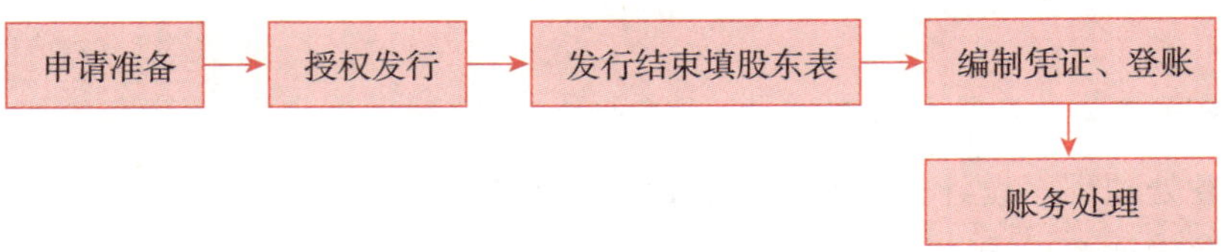

图 4－16　股票发行业务处理程序

股票发行业务处理程序设计的要点为：

- 企业根据自身融资需求准备发行申请材料，送证券主管部门审批。
- 根据审核意见，企业证券部门在核定的股份总额范围内授权证券公司销售股票，并签订承销协议一式两份，一份留存，一份交证券公司保存。
- 证券公司销售股票完毕后将股东缴款单及股东名册交企业证券部门，企业证券部门审核后登记股东名册并将缴款单送会计部门。
- 会计部门收到证券公司转交的缴款单和银行收款单后，经审核由出纳编制收款凭证并登记银行存款日记账，收款凭证和有关单据交企业证券部门。
- 企业证券部门在股东名册上登记收款日期，并将收款凭证和有关单据送会计部门进行账务处理。

（2）股利分配业务处理程序，如图 4－17 所示。

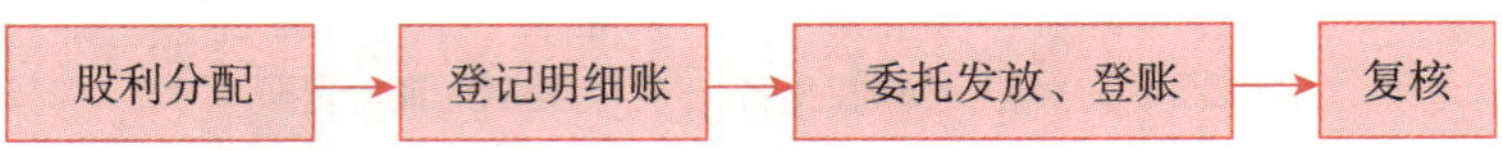

图 4－17　股利分配业务处理程序

股利分配业务处理程序设计的要点为：

● 企业证券部门根据股东大会通过的公告股利分配方案进行分配。登记股利分配簿并编制股利分配清单一式三份，一份留存，两份送会计部门。

● 会计部门对股利分配清单复核后，登记应付股利明细账，一份交出纳。

● 出纳收到审核过的股利分配清单后，签发支票连同清单送证券公司委托发放股利，按支票副本编制付款凭证，据以登记银行存款日记账，付款凭证和支票送回会计部门。

● 会计部门复核登记应付股利明细账，并通知企业证券部门在股利备查簿中登记股利支付日期，会计部门应定期进行账账核对。

（3）债券发行业务处理程序，如图 4-18 所示。

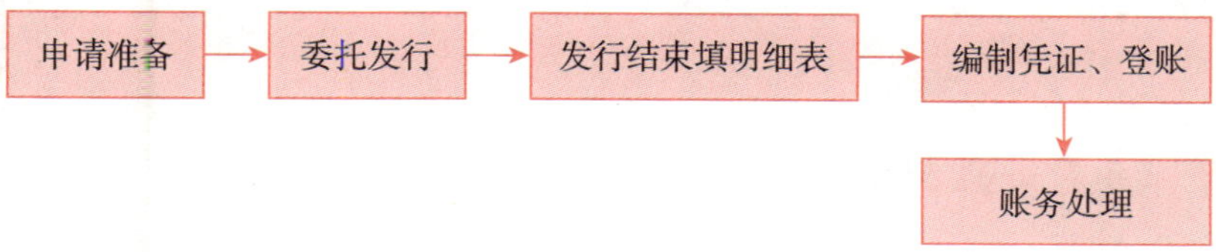

图 4-18　债券发行业务处理程序

债券发行业务处理程序设计的要点为：

● 企业证券部门根据企业融资需求准备申请材料，送相关部门审批。

● 企业申请发行债券得到批准后委托证券公司发行，并签订承销协议一式两份，一份留存，一份送证券公司。

● 证券公司发行结束后，将交款清单送企业证券部门。企业证券部门据此填制应付债券明细表，交款清单送企业会计部门。

● 出纳收到证券公司送来的交款清单和银行收款通知时，审核并编制收款凭证，登记银行存款日记账，然后将收款凭证和有关单证交企业证券部门。

● 企业证券部门在应付债券明细表中登记发行日期，并将收款凭证和有关单据转送会计部门进行账务处理。

（4）银行借款业务处理程序，如图 4-19 所示。

图 4-19　银行借款业务处理程序

银行借款业务处理程序设计的要点为：

● 企业财务部门根据企业经营需要提出借款申请审批书送交银行审批。

● 银行根据有关政策对企业的经营状况进行审查，批准贷款后与企业签订借款合同一式两份，银行据此办理款项划拨手续。

● 企业会计部门在借款入账后，根据银行收款通知和借款合同进行相关账务处理。

4.10 其他会计业务处理制度的设计

本节精要

预算原则程序详，业务收支控制强。
会计资料保管重，责任会计制度良。

4.10.1 预算业务处理制度的设计

1. 预算业务概述

预算是用货币表示的财务计划。

预算指用货币的形式反映企业未来某一特定期间的有关现金收支、资金需求、资金融通、营业收入、成本及财务状况和经营成果等方面的详细计划。完整的预算应该包括营业预算、财务预算及资本支出预算。

> 只有各部门都按照预算要求完成自己的任务，企业的总目标才能实现。

设计全面预算的意义有三点：

（1）可将企业的总体目标分解并且落实到各个部门。

（2）可使各个部门都能够明确自己的工作目标和任务。

（3）可使企业定期地按照预算的要求对各部门的工作进行考核。

执行预算任务必须经常将工作成果与预算相对比，及时发现差异、分析原因。

预算编制方法包括：固定预算法、弹性预算法、零基预算法、概率预算法和滚动预算法。

具体预算编制方法及内容请参考管理会计有关书籍。

2. 预算编制业务程序的设计

预算编制业务程序的设计包括预算编制原则的设计和预算编制程序控制的设计。

（1）预算编制原则的设计。

要点为：

- 编制预算要以明确的经营目标为前提。确定了目标利润，就可以相应地确定目标成本，编制有关营业收入和费用、成本的预算。
- 编制预算要做到全面、完整。凡是会影响目标实现的业务和事项，均应以货币或其他计量形式来具体地反映，尽量避免由于预算缺乏周详的考虑而影响目标的实现。
- 编制预算要积极可靠、留有余地。要充分估计目标实现的可能性，留有余地可应付实际情况的千变万化。

预算指标之间要相互衔接、钩稽关系要明确，以保证整个预算的综合平衡。

积极可靠指要充分估计目标实现的可能性，不要把预算指标定得过高或过低，保证能在实际执行过程中充分发挥预算的指导和控制作用。

（2）预算编制程序控制的设计。

企业编制经营预算和财务预算的预算时间通常为1年，并与企业的会计年度一致。预算通常是在上年的10月开始编制，11月底应将编制的预算交给各部门。

预算编制程序，如图4－20所示。

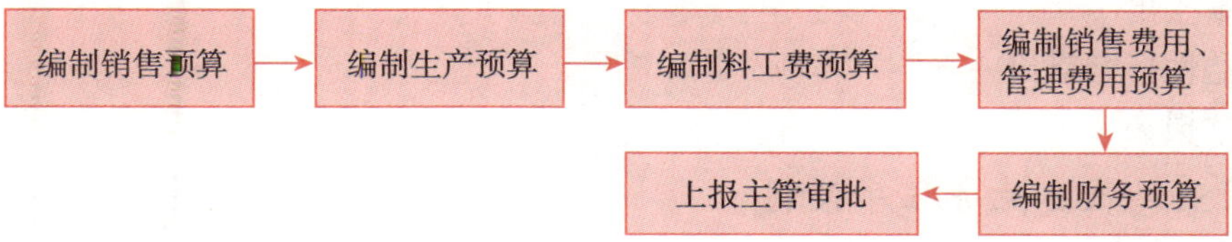

图4－20　预算编制程序

预算编制程序控制设计的要点为：

- 销售部门根据企业的经营目标编制下年度的销售目标预算，经审核同意后转各部门。
- 生产部门根据销售预算中要求的品种、数量及期初库存数和预计期末库存数，编制本期生产预算。
- 根据生产预算，按照单位产品的消耗编制材料、人工、制造费用和资本支出预算。
- 采购部门根据材料预算、材料库存计划及资本支出预算编制采购预算。
- 销售部门、管理部门分别根据销售预算编制销售费用和管理费用预算。
- 会计部门编制现金流量计划及营业外收支预算。
- 会计部门汇总所有各部门预算资料，编制现金收支预算表、销售成本预算表、营业外收支预算表、预计利润表及预计资产负债表。
- 预算方案报主管部门审议批准，董事会审核上报的全年度预算方案。
- 方案经董事会批准后应向各部门说明，通报全体员工知晓企业经营目标。
- 各部门根据分摊的预算可将年度预算分解为月度预算，并定期将支出与预算进行比较，分析差异，找寻原因，及时修正。

4.10.2　营业外收支业务处理的设计

1. 营业外收支概述

营业外收支的特点是：营业外收入和营业外支出与企业的日常活动无直接关系，偶发性很强，前后不发生联系；每项收入、支出往往是彼此孤立的，收入没有相应的成本费用，支出没有相应的收入。

营业外收支的要件为：意外发生，无法加以控制，并且不重复出现。

对于营业外收支应予以考核的不是其数额，而是其合法性和合理性。

营业外收入主要包括：

- 非流动资产处置利得
- 盘盈利得

- 罚没利得
- 捐赠利得
- 无法支付的应付款

营业外支出主要包括：

- 非流动资产处置损失
- 盘亏损失
- 罚款支出
- 公益性捐赠支出
- 非常损失

2. 营业外收支业务程序控制

营业外收支业务程序控制设计的要点为：

(1) 作为营业外收支处理的业务。分清楚该业务是否属于营业外收支，是否符合规定。

(2) 捐赠利得与捐赠公益性支出。数额及范围是否符合有关规定，是否符合营业外收支处理规定。

(3) 盘盈、盘亏的非流动资产处置。处置固定资产、出售无形资产等是否真实、可靠，是否符合规定，检查相关明细账是否属实。

4.10.3 会计资料管理设计

1. 会计资料概述

会计资料主要包括会计业务处理中使用的原始凭证、记账凭证、账簿、表格、报表。其中，原始凭证和账簿的保管显得比较重要。

会计资料保管的基本要求是：要做到会计凭证的安全与完整，要便于日后查阅。

2. 会计资料保管控制

会计凭证保管控制设计的要点为：

(1) 每月记账完毕，要将本月各种记账凭证加以整理，检查是否存在缺号以及附件是否齐全，对记账凭证要分类按顺序编号，定期装订成册。为方便日后查阅，还应该在装订成册的会计凭证上加上封面，并注明单位名称、所属的年份和月份、起讫日期、记账凭证种类、起讫号数、总计册数等，由有关经办人签名，并可加封签由主管签章。

(2) 年度内装订成册的会计凭证应集中由会计部门指定专人负责保管，年终决算后，由会计部门编造清册交本单位的档案部门。

(3) 日后的查阅须有一定的手续，须经本单位领导批准，可以复印的应在专门的登记簿上进行登记，不得直接抽出原始凭证。凭证的保管期限和销毁手续严格执行会计制度的要求。

账簿保管控制设计的要点为：

(1) 年终结账后，须将更换下来的活页账、卡片账装订成册，编号归档。订本式账簿也应编号归档保管。

(2) 建立档案调阅手续，设置“会计档案调阅登记簿”，登记调阅日期、调阅单位及人员、调阅理由、调阅凭证或账册的名称及编号、归还日期、批准调阅人员等内容。未经主管人员同意不得调阅；未经单位领导批准，外单位人员不得调阅；未经批准不得将会计档案携带外出或摘录有关数据，或影印复制。

(3) 会计账簿的保管期限，根据国家《会计档案管理办法》的规定办理。重要账册长期保存，保管期满应进行销毁，销毁时要填写“会计档案销毁报告单”，写明会计档案类别、名称、册数、所属年月等。

(4) 会计账簿经会计主管人员或者单位领导审查签章，报上级主管部门批准方能销毁。销毁时会计主管人员负责监销，在会计档案销毁报告单上应由监销人员及经管人员签章。会计档案销毁报告单也是会计档案之一，应长期保存。

(5) 会计人员交接时，其负责保存的资料应列为交接项目。

会计电算化单位的会计电算化资料，应储存两份分置于不同地点，由不同的人员保管。

4.10.4 责任会计制度设计

1. 责任会计制度概述

责任会计制度是为了适应分权管理和交接责任制的要求，在企业内部建立若干经济责任单位，并对它们分工负责的经济活动进行规划、控制、考核与业绩评价的一整套会计制度。

责任会计的核算对象是企业各责任中心。

责任中心负责的事项为：企业所发生的每一项经济业务都由特定的中心负责。一切与该责任中心相关的业务和事项都可归属到某一责任中心。

责任会计所反映和评价的是每一个责任中心的工作业绩。

责任中心根据其控制区域和权责范围可分为：成本中心、利润中心和投资中心。

反映责任中心经营业绩的表述是责任会计报告。

责任会计报告应该包括报告的对象、形式、时间和内容。

2. 责任会计制度设计程序

建立责任会计制度的基本条件包括以下六点：

(1) 明确规定权责范围。根据企业的具体情况和内部管理的实际需要，合理地划分各责任中心。

(2) 正确编制责任预算。根据全面预算所确定的生产预算总目标和任务，按责任中心进行层层分解、落实，为每个责任中心编制责任预算，作为控制和考核的依据。

(3) 制定业绩考核标准。业绩考核标准应当具有可控性、可计量性和协调性等特点。即考核的内容只能是责任中心能够控制的因素，考核指标的实际执行情况，要能够比较准确地计量和报告。

(4) 制定内部转移价格。根据各责任中心的特点，对企业所转移的各种产品和劳务合理地制定内部转移价格。

(5) 建立、健全信息系统。责任预算一经确定，就要按责任中心建立相应的一套完整的日常记录、计算和积累有关预算执行情况的信息跟踪系统，对实际执行情况进行跟踪反映，并定期编制业绩报告。

（6）制定合理的奖惩制度。制定一套完整、合理、切实有效的奖惩制度，根据各责任中心的实际工作业绩的好坏进行奖惩，鼓励先进，鞭策落后。

各个责任中心须完成企业总的目标中明确的子目标和任务，实现局部和整体的统一。

责任会计制度程序设计，如图 4-21 所示。

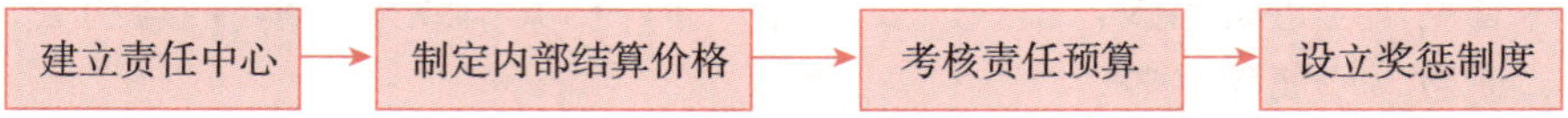

图 4-21　责任会计制度程序设计

责任会计制度程序设计的要点为：

（1）建立责任中心。为各责任中心制定责任预算或确立目标。这是为各责任中心确立一个履行职责的目标，同时也为评价各责任中心的工作确立了一个标准。

（2）制定内部结算价格。可以准确核算各责任中心的经营业绩。这是责任会计核算的重要环节，它包括原始凭证的填制、费用的归集和分配、内部产品或劳务的结算、收入的确认及最终经营业绩的确定等。

（3）考核责任预算。检验、评价和考核各责任中心经济责任的履行情况。通过核算环节，已对各责任中心的实际经营情况做了客观的反映，接着就应将实际执行结果与预定的责任目标或者责任预算进行比较，揭示其差异，并对其经营业绩做进一步的评价。

（4）设立奖惩制度。通过调查和分析编制责任会计报告。责任会计报告是对责任中心经营业绩的全面考核和评价。制定奖惩办法。

责任会计报告的内容包括揭示责任目标（或预算）和实际执行情况的差异，并根据重要性原则对差异进行调查和分析，找出其原因，提出改进工作的建议。

自我测试

复习与思考

1. 会计业务处理原则包括哪些内容？
2. 简述持有至到期投资会计处理的重点。
3. 商品销售收入应满足哪些条件才能确认？
4. 简述零星报销业务的关键控制点。
5. 职工薪酬业务的原始记录和结算凭证有哪些？
6. 简述固定资产核算的内容。
7. 投资业务内部控制有哪些具体要求？
8. 简述采购业务核算程序设计的要点。
9. 融资业务内部控制的要求包括哪些具体内容？
10. 建立责任会计制度的基本要点是什么？
11. 生产控制的方法有哪些？
12. 销售业务内部控制的主要内容有哪些？

设计与分析

1. 请设计一份货币资金的内部报告，并说明其设计宗旨和设计要点。

2. 请说明固定资产业务有哪些主要核算账户，并分别论述其功能。

3. 叙述零售企业的销售业务在货、款分管的收款方式下，销货凭证流转程序的设计。

4. 责任中心的业绩考核是通过编制责任会计报告来完成的，责任会计报告应按不同的责任中心分类进行设计。要求：简述各责任中心的责任会计报告的形式，并对其进行简要的评价、说明。

第 5 章

内部稽核设计和会计监督设计

引 言

本章叙述了内部稽核与会计监督的含义，简述了内部稽核的职责、范围、方法、程序以及会计监督的设计要求和方法。本章强调了内部稽核和会计监督设计在会计主体会计制度设计中的重要地位，对了解、掌控会计基础工作和会计工作秩序具有积极作用。

学习目标

完成本章学习后，你应能够：

1. 解释内部稽核制度的意义。
2. 理解内部稽核程序的设计和方法。
3. 掌握会计监督制度的设计。

5.1 内部稽核制度概述

本节精要

内部稽核切莫缺，稽核职责制度约。
内容分类思法定，原则六项不可削。

5.1.1 内部稽核制度的含义与依据

1. 内部稽核制度的含义

内部稽核制度作为会计机构内部按一定程序实施稽查与复核的行为规范和准则，是会计制度设计中一项不可或缺的内容。

稽核是稽查与复核的简称。稽查作为一种行为是指检查，作为一类人员则指担任检查工作的人。复核是重复核对的意思。

> “复核”通俗的解释就是再查一遍。

内部稽核可以认为是由授权负责检查工作的内部人员对特定事项进行的重复核对的检查。

内部稽核制度是会计机构按既定程序对自身会计核算工作进行自我检查和重复核对的行为规范和准则。内部稽核制度是减少经济业务差错的有力保障。

内部稽核制度与内部监督制度不同。内部稽核制度是会计机构内部的一种检查核对制度，而内部监督制度是会计机构内部的一种监察督导制度。

2. 内部稽核制度的依据

内部稽核制度必须依法设计，内部稽核制度的依据有以下几点：

- 会计法律法规和国家统一的会计制度
- 行政主管部门依法制定的实施办法或补充规定
- 会计主体内部的预算、财务计划、经济计划、业务计划

5.1.2 内部稽核的职责和内容

依法设计内部稽核制度必须掌控内部稽核的职责和内容。

1. 内部稽核的职责

内部稽核的职责主要指稽核人员的职责。内部稽核的主要职责为：

(1) 对审批手续不全的财务收支，应当退回，要求补充、更正。

(2) 对违反规定不纳入会计主体统一会计核算的财务收支应制止和纠正。

(3) 对违反国家统一的财政、财务、会计制度规定（简称违规）的财务收支应制止和纠正。

(4) 对违规的财务收支制止和纠正无效的，应当向单位领导人提出书面意见请求处理。

(5) 对违规的财务收支不予制止和纠正，又不向单位领导人提出书面意见的应承担责任。

(6) 对严重违反国家利益和社会公众利益的财务收支，应向主管单位或者财政、审计、税务机关报告。

(7) 稽核人员有保守秘密的责任，除呈报外不得泄露或预先透露给检查单位。

2. 内部稽核的内容

内部稽核内容分为法定内部稽核的内容和自定内部稽核的内容。

法定内部稽核的内容是由会计法律法规规定的内容，财政部发布的《会计基础工作规范》对其做了原则性规定，是会计制度设计中必须具备的内容。

法定内部稽核的内容规定的要点为：

- 稽核工作的组织形式
- 稽核工作的具体分工
- 稽核工作的职责、权限
- 审核会计凭证和复核会计账簿、会计报表的方法

自定内部稽核的内容是根据会计主体的会计工作实际情况规定的内容。它是法定内部稽核的内容的完善或细化。

自定内部稽核的内容主要应包括：

(1) 审核收入、成本、费用等计划指标项目是否齐全，编制依据是否可靠，有关计算是否正确，各项计划指标是否互相衔接等。审核之后应提出建议或意见，以便修改和完善计划与预算。

(2) 审核实际发生的经济业务或财务收支是否符合现行法律、法规、规章、制度的规定。对审核中发现的问题，及时予以制止或者纠正。

(3) 审核会计凭证、会计账簿、财务会计报告和其他会计资料的内容是否真实、完整，计算是否正确，手续是否齐全，是否符合有关法律、法规、规章、制度的规定。

(4) 审核各项财产物资的增减变动和结存情况，并与账面记录进行核对，确定账实是否相符。不符时，应查明账实不符的原因，并提出改进的措施。

5.1.3 内部稽核制度设计的原则

设计内部稽核制度应当遵循的原则为：

参见会计制度设计的原则。

- 一致性原则
- 客观性原则
- 合理性原则
- 层次性原则
- 相关性原则
- 实效性原则

一致性原则是指稽核报告中应说明本期所使用的会计准则是否与上期一致。

5.2 内部稽核程序设计和方法设计

本节精要

内部稽核程序习，稽核对象目标齐。
技术方法丝多理，学用结合性莫急。

5.2.1 内部稽核程序设计

1. 内部稽核程序设计与内部稽核程序

内部稽核程序设计与内部稽核程序是关系紧密的两类事物。

内部稽核程序设计是设计人根据会计主体的设计要求，在法律允许的范围内，将其掌控的内部稽核程序的内容，以文字或图表的形式予以制度化的过程。

内部稽核程序设计的前提是全面掌控内部稽核程序。

内部稽核程序是从稽核立项到稽核终结依次进行的全部工作过程。

内部稽核程序具有阶段性，其步骤是：根据稽核对象确定稽核目标，运用稽核方法开展稽核业务，最后形成稽核意见。内部稽核程序通过设计人的设计成为会计制度的组成部分。

2. 内部稽核程序的内容

科学、完善的稽核程序可以提高稽核工作效率，并能够达到自我牵制、自我控制的功效。内部稽核程序的内容有以下三点。

(1) 根据稽核对象确定稽核目标。稽核人员实施稽核之前，应收集有关资料，拟订计划及进度表，研究各单位以往审核及检查报告。

本阶段作为稽核的准备阶段主要内容有：

- 确定稽核目标，明确稽核范围
- 确定稽核人员，明确职责分工
- 搜集相关资料，核准稽核依据
- 安排稽核顺序，保障稽核质量

稽核的准备阶段是全部稽核过程的基础，该阶段工作的质量对下阶段工作有直接影响。

(2) 结合稽核内容实施稽核。本阶段作为稽核的实施阶段主要内容有书面审核、实地抽查和形成稽核工作底稿。

书面审核主要是稽核人员对会计凭证、会计账簿和会计报表的稽核。

实地抽查是稽核人员赴被稽核单位实地进行的稽查。

稽核人员执行稽核事务可向有关人员进行查询，并调阅账册、表格及有关档案，及时形成稽核工作底稿。

稽核工作底稿的要点为：

- 稽核发现的疑点
- 疑点书证的复印件
- 查询笔录
- 对疑点的初查
- 对疑点的分析
- 须纠正的问题

> 稽核事务涉及其他部门时，应会同各有关部门办理，且应做会同报告。如遇意见不一致，须单独提出，与书面报告一并呈核。

每年的实地抽查次数视会计主体的实际需要而定。

(3) 进行稽核分析，编制稽核报告。稽核人员应在稽核工作结束后及时地整理稽核工作底稿，并根据查明的事实，进行稽核分析，编制稽核报告。编制、提交稽核报告具有时效性。稽核报告提交给稽核指令下达人。

稽核报告内容的要点为：

- 稽核发现的问题
- 分析问题的成因
- 问题和成因间的关系
- 解决问题的方案

稽核报告的主要作用为：

- 提请会计主体对稽核发现的问题给予关注
- 为会计主体解决稽核发现的问题提供建议
- 为会计监督提供参考

5.2.2 内部稽核方法设计

1. 内部稽核方法设计与内部稽核方法

内部稽核方法设计与内部稽核方法是关系紧密的两类事物。

内部稽核方法设计是设计人根据会计主体的设计要求，在法律允许的范围内，将其掌控的内部稽核方法，以文字或图表的形式予以制度化的过程。

内部稽核方法设计的前提是系统掌控内部稽核方法。

内部稽核方法是指稽核人员在进行内部稽核时，为完成稽核任务、达到稽核目的而应用的各种检查、复核手段。

完整的内部稽核方法体系包括内部稽核基本方法和技术方法。

研究内部稽核方法的目的在于：

- 提升内部稽核的效率
- 保障内部稽核的质量
- 在稽核过程中发现疑点
- 揭示存在问题的实质

设计人设计的内部稽核方法主要属于内部稽核技术方法范畴。

2. 内部稽核技术方法

内部稽核技术方法指用以查明内部稽核项目真实性、合法性及正确性的各种专门的技术手段。

内部稽核技术方法分为审查书面资料的方法和证实客观事物的方法。

(1) 审查书面资料的方法。

包括详查法、抽查法、审阅法、核对法、询问法和分析法。

1) 详查法是指对被稽核单位一定时间内全部或某一部分经济活动的有关资料进行全面、细致、彻底审查的一种方法。

详查法适用于内部控制制度和核算工作质量较差的稽核项目。

2) 抽查法是指在被稽核单位一定时间内全部或某一部分经济活动的有关资料中抽取一部分为样本进行审查，据以推断总体资料的正确性、公允性的一种方法。

抽查法适用于稽核样本数目繁多的稽核项目。

3）审阅法是指稽核人员对被稽核单位的会计资料及其他资料进行仔细审查和详细阅读，以判断这些资料所反映的经济活动是否符合国家规定的一种稽核方法。

审阅法要与核对法结合使用。

在稽核中，应注意是否符合图 5－1 和图 5－2 中所列的要求。

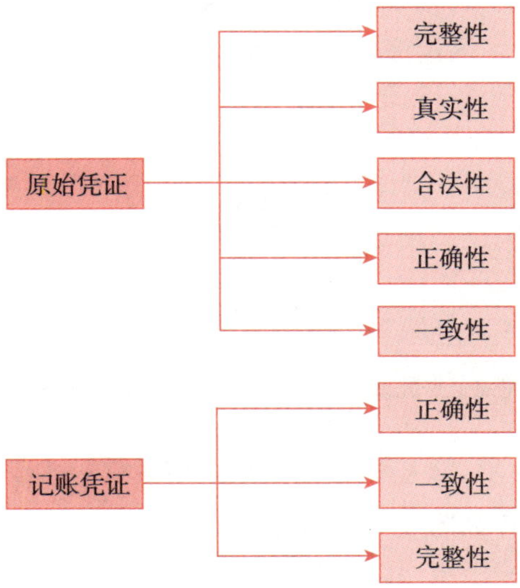

图 5－1　稽核要求（原始凭证和记账凭证）

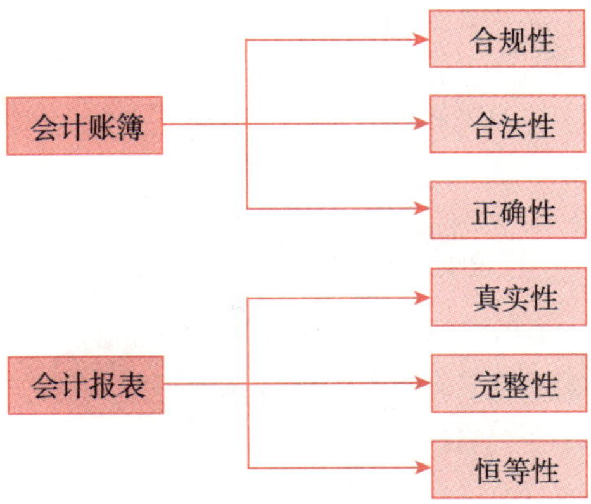

图 5－2　稽核要求（会计账簿和会计报表）

鉴于会计凭证分为原始凭证和记账凭证两种，故在稽核时应分别予以审阅。

采用审阅法应注意审查会计资料的合法性、合规性。

4）核对法是指在相关的资料之间进行相互对照比较，以确定其内容是否一致、记录是否正确的一种稽核方法。

利用核对法可进行下列核对：

A．证证核对。核对程序如图 5－3 所示。

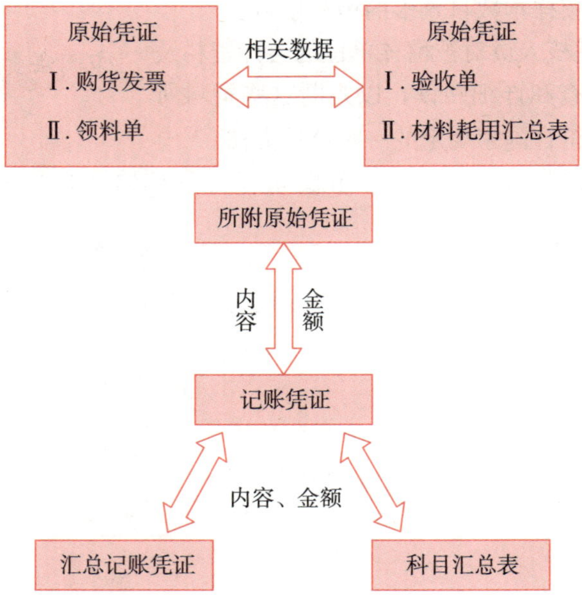

图 5－3　证证核对

B. 账证核对。核对程序如图 5－4 所示。

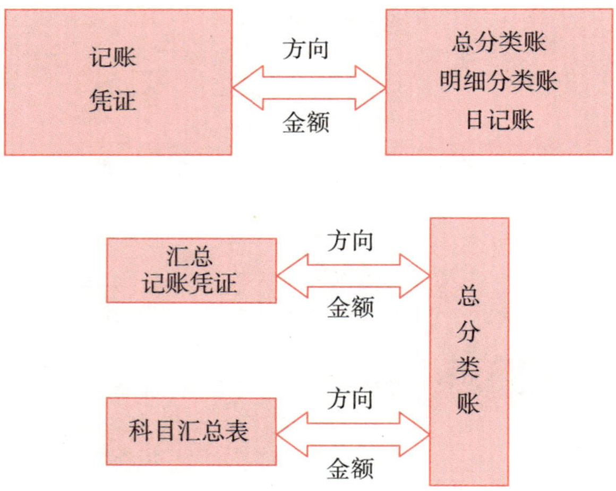

图 5－4　账证核对

C. 账账核对。核对程序如图 5－5 所示。

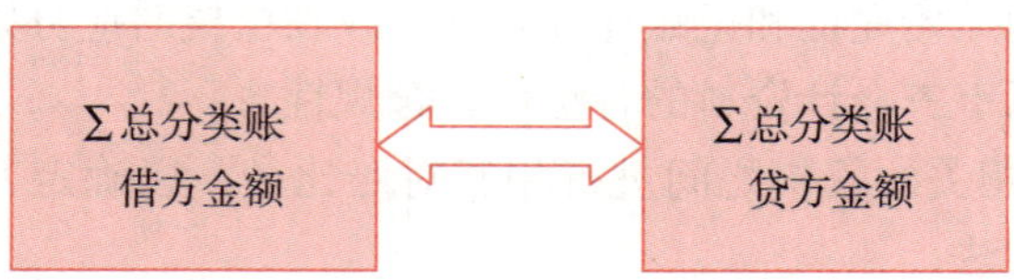

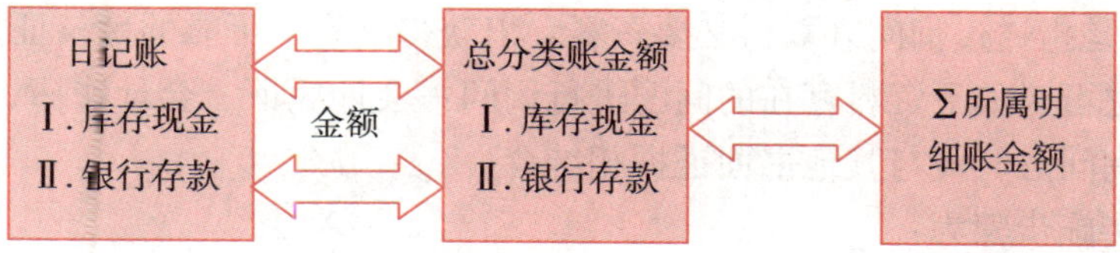

图 5-5 账账核对

D. 账单核对。核对程序如图 5-6 所示。

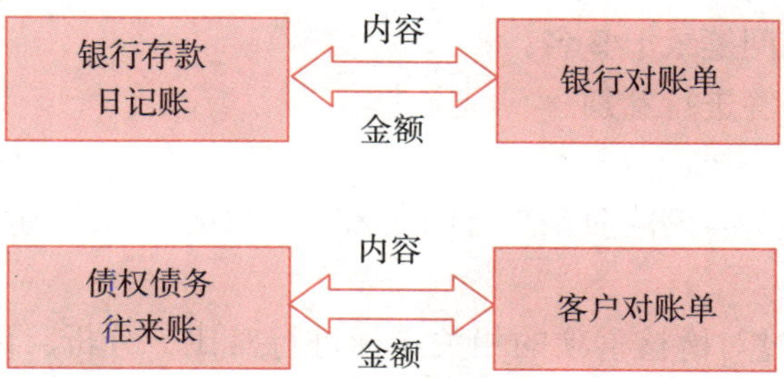

图 5-6 账单核对

E. 账表核对。核对程序如图 5-7 所示。

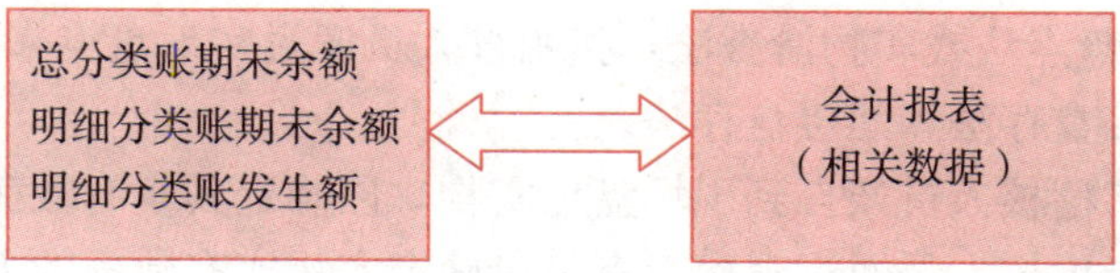

图 5-7 账表核对

F. 表表核对。核对程序如图 5-8 所示。

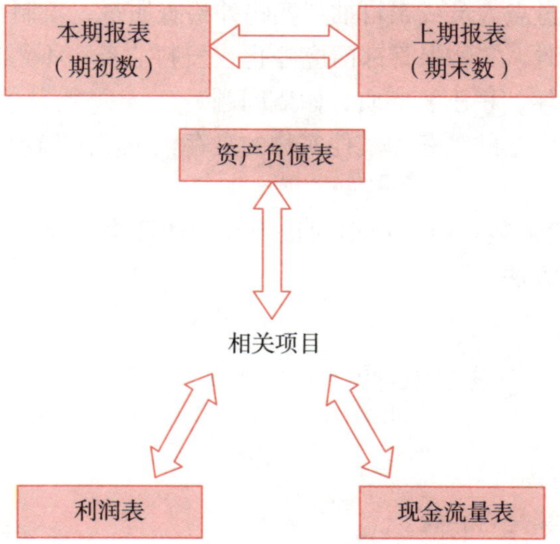

图 5-8 表表核对

5）询问法是指通过询问来取得必要资料，以获得真实、可靠的稽核证据的方法。

利用询问法可对如下资料存在的问题进行询问：会计凭证、会计账簿、会计报表、其他资料。运用询问法时应与其他书面证据相结合。

询问法的实施步骤为：

- 确定询问事项。
- 确定被询问人。
- 向被询问人提出问题，进行调查。
- 做成询问笔录。
- 被询问人应在询问笔录上签名。
- 对被询问人的回答进行鉴别。
- 做出稽核结论。

询问法的注意事项为：询问时至少有两名参与稽核的人员在场，询问笔录的记录应该使用蓝黑墨水笔。

6）分析法是指通过对稽核事项的相关指标进行对比、分析、评价，以便发现其中有无问题或异常情况，为进一步稽核提供线索的一种稽核方法。

分析法只在分析性稽核程序中采用。

（2）证实客观事物的方法。

包括盘存法、调节法、观察法和鉴定法。

1）盘存法亦称盘点法或实物清查法，指稽核人员通过实地盘点来稽核实物的方法。

盘存法包括直接盘存法和间接盘存法。

直接盘存法是指稽核人员亲自到现场盘点实物，以确定其实有数额的方法。

间接盘存法是指稽核人员通过观察盘点借以确定实物实有数额的方法。

盘存法运作要点（以实物资产为例）：

- 准备工作。组织盘存小组；确定盘存对象、范围；选择盘存时间；检查盘存工具、器具；督促盘存实物及时入账。
- 具体执行。观察盘点人员或亲自抽点实物并检查质量、填制盘存单。
- 注意问题。盘存时，实物保管部门应停止收发料业务；不得以账、证、表作为盘存单的记录依据；关注损坏、积压、变质、偷盗问题。

利用盘存法可进行现金的盘存和其他实物的盘存，可以准确地查清现金和实物的实有数额。

2）调节法是指为验证某一项目数据的正确性，使两个独立和各自分离的相关数据通过调整而趋一致的稽核方法。

A. 调节法的公式：

$$\text{被查日存量}=\text{盘点日存量}+\text{被查日至盘点日发出量}-\text{被查日至盘点日收入量}$$

B. 调节法的应用范围：

- 证实财产物资账实是否相符。
- 证实相关数据能否趋于一致。

> 在实际工作中，调节法常应用于银行存款余额的稽核。

C. 调节法主要表式：库存材料调节表、在产品调节表、产成品调节表、库存商品调节表。

3）观察法是指稽核人员亲临稽核现场对被审单位的经济管理及业务活动进行实地观察，借以查明被审事项的事实真相的一种稽核方法。

运用观察法应当观察内部控制制度的执行情况和经济业务的运作过程。

4）鉴定法是指通过物理、化学技术鉴别手段等来确定实物资产的性能、质量和书面资料真伪的一种方法。

稽核人员可委托专业人员对稽核事项进行鉴定。

5.3 会计监督制度设计

本节精要

会计监督法规擎，三类监督职责明。
设计原则三法宝，依法监督任尔行。

5.3.1 会计监督概述

1. 会计监督的作用

会计监督是指在会计工作中，通过记录、计算、分析、检查对各会计主体的财政收支、财务收支及其有关经济业务所进行的检查、控制活动。

会计监督的作用有：

> 会计机构和会计人员进行会计监督是对法律负责，也是对会计主体的经济效益负责，对会计主体管理当局负责。

- 规范会计主体的会计工作行为。
- 促进会计基础工作的健全、完善。
- 保证会计工作秩序的正常运行。
- 实施为管理层服务的内部控制。
- 维护财经纪律与社会经济秩序。

会计监督的关键是要建立、健全会计主体内部会计制约机制。

2. 会计监督的分类

会计监督按监督机构分类，可分为内部监督、政府监督和社会监督。

（1）内部监督是会计机构所行使的内部控制职能和单位管理当局对其下属单位所实施的监督检查行为。

设计内部监督制度必须遵循《中华人民共和国会计法》的相关规定。

> 被监督检查的会计主体不得拒绝监督，不得隐匿和谎报会计资料。

（2）政府监督主要是指单位会计资料应接受财政、审计、税务、物价、中国人民银行、证券监督和保险监管等部门所实施的监督检查。

接受政府监督是会计主体的法定义务。

（3）社会监督主要是指社会中介组织——会计师事务所接受委托对被审计单位所实施的监督检查。

接受监督检查的会计主体必须如实提供所需要的各种会计资料及有关情况。

5.3.2 会计监督制度设计的基本原则

按照《中华人民共和国会计法》和《企业会计准则》的要求，各会计主体必须建立、健全会计监督制度。

不同类型、不同规模的会计主体对其会计监督制度会有不同的选择。设计人员在实际进行会计监督制度设计时均应遵循会计监督制度设计的基本原则。

会计监督制度设计的基本原则有：明晰性原则、重要性原则和可操作性原则。

（1）明晰性原则要求：

- 实现各会计主体中人员分工明确、职责权限明确。
- 达到不相容职务分离的设计要求。

按照明晰性原则进行会计监督制度设计可强化会计机构内部的相互牵制。

（2）重要性原则要求：

- 界定重大对外投资、资产处置、资金调度和其他重要经济业务的具体事项。
- 制定重大对外投资、资产处置、资金调度和其他重要经济业务的决策与执行的相互监督与制约程序。

按照重要性原则进行会计监督制度设计，有助于会计主体实施监督时突出重点。

（3）可操作性原则要求：

- 顺应会计主体的生产经营、业务特点和管理的要求。
- 顺应会计主体的会计工作程序。
- 便于操作和执行人员发现问题、加强科学管理。

按照可操作性原则进行会计监督制度设计可使设计更具有实用性。

5.3.3 会计监督制度设计的内容

1. 内部监督制度的内容

内部监督制度内容的要点为：

（1）记账人员与经济业务事项和会计事项的审批人员、经办人员以及财物保管人员的职责权限应当明确，并相互分离、相互制约。

（2）明确重大对外投资、资产处置、资金调度和其他重要经济业务事项的决策和执行的相互监督、相互制约程序。

（3）财产清查的范围、期限和组织程序应当明确。

（4）对会计资料定期进行内部审计的办法和程序应当明确。

会计主体内部会计监督制度设计的完善可有效地减少错弊的发生。

2. 政府监督制度的内容

政府监督制度中以财政部门为例的会计监督制度内容的要点为：

(1) 会计主体是否依法设置会计账簿。

(2) 会计主体的会计凭证、会计账簿、财务会计报告和其他会计资料是否真实、完整。

(3) 会计主体的会计核算是否符合《中华人民共和国会计法》和《企业会计准则》。

实施政府监督的行政机关不同，对这些行政机关监督制度的设计亦不相同。

政府监督实施查询权的规定：

行政机关在实施会计监督发现重大违法嫌疑时，国务院财政部门及其派出机构可以向与被监督单位有经济业务往来的单位和被监督单位开立账户的金融机构查询有关情况，有关单位和金融机构应当给予支持。

依法实施会计监督的机关及人员对监督中知悉的国家秘密和商业秘密负有保密义务。

3. 社会监督制度的内容

社会中介组织——会计师事务所暨注册会计师履行社会监督职能。

注册会计师根据《中华人民共和国注册会计师法》的规定及其他法律、行政法规的规定履行社会监督职能。

(1) 我国注册会计师可办理的业务有审计业务和会计咨询、服务业务。

1) 审计业务。注册会计师办理的审计业务可分为法定审计业务和约定审计业务。

注册会计师可办理的法定审计业务有：

- “三资”企业的验资、会计报表的审计。
- 股份制企业的验资、改组审计，年度、年中、合并、分立及清算会计报表审计。
- 企业对外报送的会计报表审计。

注册会计师依法执行审计业务出具的报告具有法定证明效力。

注册会计师可办理的约定审计业务有：

- 审查企业会计报表，出具审计报告。
- 验证企业资本，出具验资报告。
- 办理企业合并、分立、清算事项中的审计业务，出具有关的报告。
- 法律、行政法规规定的其他审计业务。

注册会计师办理的约定审计业务不受委托人的干预。

2) 会计咨询、服务业务。注册会计师可办理的会计咨询、服务业务有：

- 设计财务会计制度及有关的内部控制制度。
- 担任会计顾问，提供会计、财务、税务和管理咨询。
- 代理纳税申报。
- 代理记账。
- 代办申请注册登记，协助拟定合同、章程和其他经济文件。
- 培训财务会计人员。
- 审核企业财务前景资料。
- 资产评估。

注册会计师依法设计会计制度及有关内部控制制度必须结合委托人的实际需要。

(2) 社会监督的权责。

会计师事务所必须依法办理业务，其受理业务和注册会计师执业的权限为：

- 会计师事务所受理的业务，不受行政区域、行业的限制。
- 委托人委托会计师事务所办理业务，任何单位和个人不得干预；会计师事务所依法独立、公正执业，受法律保护。

● 注册会计师执行业务，根据需要可以查阅委托人的有关会计资料和文件，查看业务现场的设施，要求委托人提供其他必要的协助。

● 注册会计师执行审计业务，遇有法定情形之一的，应当拒绝出具有关报告。

注册会计师执行审计业务拒绝出具有关报告的法定情形有：

● 委托人示意其做不实或者不当证明的。

● 委托人故意不提供有关会计资料和文件的。

● 因委托人有其他不合理要求，致使注册会计师出具的报告不能对财务会计的重要事项做出正确表述的。

注册会计师依法拒绝出具执行审计业务的有关报告受法律保护。

注册会计师违反工作规则造成不良后果的必须承担相应的法律责任。具体处理为：

● 注册会计师违反工作规则造成不良后果，会计师事务所应当如实上报。

● 主管部门分情况予以警告、罚款、暂停执行业务、吊销注册会计师证书等处分。

● 触犯刑律构成犯罪的，由司法机关依法惩处。

自我测试

复习与思考

1. 简述内部稽核与审计监督的关系。
2. 内部稽核的主要职责有哪些？
3. 说明审阅法要与核对法结合使用的原因。
4. 简述会计监督制度的内容和应符合的要求。
5. 单位负责人和会计人员应担负的会计监督职责分别是什么？
6. 注册会计师可办理的法定审计业务有哪些？

设计与分析

1. 请从内部稽核的角度说明表 5－1 所示的转账凭证是否全面，并指出应该删除或补充哪些内容。

表 5－1　　转 账 凭 证

出纳编号：

年　月　日　　制单编号：

对方单位	摘要	借方		贷方		金额										记账符号	
		总账科目	明细科目	总账科目	明细科目	千	百	十	万	千	百	十	元	角	分	借	贷

记账：　　出纳：　　领缴款人：

2. 利用所学的会计监督知识对下列公司所发生的经济事项进行点评。

某国有企业会计部门共有会计科长、会计、出纳三人。2019 年 12 月 31 日，经理打电话给会计科长刘某，要求从现金收入中直接支取 5 万元用于发放年终奖金，会计科长刘某和出纳张某当时均表示此种做法不妥，但经理仍坚持要求其办理。事后，经理于 2020 年 1 月 13 日做出如下决定：免去刘某会计科长职务；提拔会计李某任科长，出纳张某调公司总务科工作，并将自己战友的女儿陈某调入该会计科任出纳，兼管会计档案保管工作。陈某没有会计证。该决定已经执行。陈某任出纳后，用圆珠笔登记每日发生的库存现金和银行存款日记账，并且未按页次顺序连续登记，有跳行、隔页现象。

第6章

成本核算制度设计

引言

本章介绍了成本的概念、成本核算制度及成本核算基础设计工作的内容；阐述了成本核算制度的设计要求、成本核算方法的设计、产品成本计算对象及成本计算期的设计、生产费用要素与成本项目的设计、生产费用归集与分配方法设计。

学习目标

完成本章学习后，你应能够：

1. 了解成本核算制度的内涵及设计要求。
2. 理解建立成本核算制度的要求。
3. 掌握不同类型企业的成本核算方法设计。

6.1 成本核算制度与设计要求

本节精要

成本核算概念清，设计内容委实明。
四项原则须切记，要求明确设计精。

6.1.1 成本核算制度概述

成本核算是企业会计制度的重要组成部分。

企业须设计相应的成本核算制度，以保证成本核算工作的正常进行，提升成本管理水平，正确地计算成本和销售利润。

成本核算制度是根据国家有关会计法规制度，结合企业的生产经营特点和成本管理要求，制定成本核算方面的有关制度，是组织和处理成本会计工作的规范。

成本核算是应用会计原理、会计准则，系统地记录企业产品或劳务提供过程中所发生的一切费用，确定各种产品或劳务的单位成本和总成本。

1. 成本的概念

典型的成本指产品成本。

成本是为取得财产或接受劳务而牺牲的经济资源。

成本的实质是各项耗费的价值凝聚，是存货资产价值的计量。成本的核算方法决定成本的内容。

按制造成本法核算产品成本的项目包括：

- 直接材料
- 直接人工
- 制造费用

在产品没有被售出以前，产品成本始终是资产的一个组成部分。

2. 成本核算制度设计的主要内容

成本核算制度的主要内容包括：

- 成本开支的范围
- 成本计算对象
- 成本计算期
- 成本项目
- 成本计算方法

成本核算制度设计的主要内容包括：

- 成本核算方法体系的设计
- 生产费用归集原则的设计
- 分配方法、分配程序的设计
- 生产费用归集、分配的设计
- 成本计算中使用凭证的设计

成本核算制度设计的构思必须缜密。

3. 成本核算制度的基础设计工作

设计成本核算制度的前提是做好成本核算制度的基础设计工作。

成本核算制度的基础设计工作包括：建立、健全定额管理制度、原始记录制度；制定与成本有关的存货管理、固定资产管理、工资管理等各项业务制度；制定企业内部稽核制度。

6.1.2 成本核算制度的设计要求

成本核算制度的设计要求：符合国家有关会计法规的规定；适应企业的生产经营特

点；简化成本核算手续；与成本管理职能的要求一致。

1. 符合国家有关会计法规的规定原则

会计法规对企业的成本计算制度、成本开支范围等均做了明确的规定，是企业设计成本核算制度的依据和准绳。企业在设计成本核算制度时必须严格贯彻执行会计法规，不得与其相抵触。

符合国家有关会计法规的规定指符合《企业会计准则》和《企业财务通则》的规定。

《企业会计准则》和《企业财务通则》的意义有：

(1) 是指导企业成本核算制度设计的两个最具有影响力的法律性文件。

(2) 是检验企业成本核算制度设计是否合理、合乎规范的标准。

(3) 是贯穿于成本核算制度设计工作始终的原则、精神。

(4) 完整地体现了有关成本费用开支范围的规定。

2. 适应企业的生产经营特点原则

由于各企业的经济性质、生产经营方式、会计核算组织方式不同，因而经营管理的要求和目的不同。

遵循适应企业的生产经营特点原则，可使设计的成本核算制度能够正确地计算产品成本。适应企业的生产经营特点原则要求：

(1) 设计成本核算制度必须在强调统一性的同时体现各企业的生产经营特点。

(2) 设计成本核算制度必须注重制度的适用性，适应千变万化的企业。

(3) 设计成本项目必须考虑产品生产耗费情况，设计出科学、合理的成本核算制度。

(4) 设计产品成本计算方法必须考虑生产特点、生产组织形式和生产工艺特点。

3. 简化成本核算手续原则

在设计成本核算制度时必须做到坚持保证成本指标真实、可靠与简化手续相结合。

对产品成本影响不大的费用支出，核算手续应尽可能地采用简化的方式。简化成本核算手续原则要求：

(1) 在对成本核算流程进行全面评估的基础上简化成本核算手续。

(2) 简化成本核算手续不能影响正确地计算和合理归集、分配生产费用。

(3) 简化成本核算手续不能影响为企业管理者提供准确无误的成本资料。

(4) 简化成本核算手续不能影响工作效率的提高。

4. 与成本管理职能的要求一致原则

成本核算制度的设计必须注意兼顾各种成本管理职能的要求，必须有利于成本会计职能的充分发挥。

成本管理的主要职能包括：

- 成本预测
- 成本决策
- 成本计划
- 成本控制
- 成本核算

成本核算是成本管理最基本的职能。

- 成本分析
- 成本考核

成本管理职能的特点：

- 相互联系
- 相互制约
- 相互促进

成本核算指标的设计应与成本计划、考核、分析指标的口径保持一致。

> 成本计算方法的设计应注意与成本控制中的责任成本控制的要求相衔接，尽量使产品成本核算与责任成本核算结合，以减少重复劳动。

6.2 成本核算基础的设计

本节精要

开支范围界定严，定额制定四法联。
原始记录巧设计，成本管理制度全。

6.2.1 成本核算制度概述

1. 成本开支范围

成本开支范围是指应计入产品成本的费用项目及具体内容，用以划清成本支出界限，确保成本数据资料的准确性和可比性。

确定成本开支范围有利于同业成本核算口径的统一，其意义有：

(1) 直接影响国家与企业的经济利益关系。

(2) 关系到企业之间的成本、利润等指标的可比性。

(3) 保证会计信息的质量，便于行业内部进行比较、分析。

成本的开支范围以《企业会计准则》《企业财务通则》中的规定为基准。确定成本开支范围的要点为：

- 必须严格把握本行业经济活动的特点。
- 必须制定其他费用支出的开支标准。
- 可根据本企业经营特点制定具体实施细则。

2. 制造业产品成本开支范围

制造业产品成本开支范围包括以下六个方面。

(1) 制造业生产过程中为生产产品所实际消耗的费用，包括：

- 原材料
- 辅助材料
- 备品配件

- 外购半成品
- 燃料
- 动力
- 包装物
- 低值易耗品的原价

（2）生产企业为生产产品发生的费用，包括：

- 固定资产折旧费
- 固定资产经营性租赁费
- 固定资产修理费

（3）生产企业支付的为生产产品而发生的费用，包括：

- 职工的工资
- 奖金
- 津贴
- 补贴
- 福利费

（4）生产企业因生产原因发生的费用，包括：

- 废品修复费用或报废损失
- 季节性停工、修理停工期间所支付的工资、设备维护费、管理费

（5）生产企业为组织和管理生产而支付的费用，包括：

- 办公费
- 差旅费
- 运输费
- 保险费
- 水电费
- 取暖费
- 设计制图费
- 试验检验费
- 劳动保护费

（6）生产部门产生的费用，包括：

- 保险费
- 废品损失
- 季节性修理期间的停工损失

> 计入产品成本和计入期间费用的支出不得混淆。

制造业产品成本开支范围规定了可计入产品成本的费用。

规定制造业产品成本开支范围的同时还必须明确不得计入产品成本开支范围的费用。

制造业不得计入产品成本开支范围的费用包括：

- 资本性支出
- 对外投资支出
- 营业外支出
- 属于期间费用开支范围的各项收益性支出

资本性支出包括：购置固定资产、无形资产的支出，其他资产支出。

明确不得计入产品成本的费用项目。

营业外支出包括：

- 被没收的财物
- 各项罚款
- 赞助、捐赠支出
- 在公积金中开支的支出

属于期间费用开支范围的各项收益性支出包括：

- 管理费用
- 财务费用
- 销售费用

制造业必须严格区分成本项目和非成本项目。

6.2.2 建立、健全定额管理制度

1. 定额的定义与分类

定额是企业类会计主体根据本企业工艺技术水平，为成本费用控制所提供的可行的目标。

定额分为材料消耗定额、劳动定额、费用定额和设备利用定额。

以定额为标准实施对生产产品所耗费的直接材料、直接人工和制造费用的成本管理。

(1) 材料消耗定额包括：

- 原材料
- 燃料
- 动力

(2) 劳动定额包括：

- 生产工时
- 产量定额
- 劳动生产率

(3) 费用定额：主要是制造费用各项目的定额。

(4) 设备利用定额：包括各种机器设备的利用率等。

加强成本定额管理可使成本管理工作掌握主动权。

2. 消耗定额的制定方法

定额的制定方法主要有统计分析法、经验估计法、技术测定法和类推比较法。

(1) 统计分析法是根据历史数据，经过加工处理，结合企业未来的生产技术水平和管理要求，经过分析比较从而确定定额的一种方法。

统计分析法的优点为：参考了大量的统计资料，并考虑了未来因素的变化，确定的定额比较准确。缺点为：容易受历史资料平均数的影响，确定的定额水平比较保守。

(2) 经验估计法是根据企业内部员工（如熟练工人、技术人员和定额管理人员）的检验数据，直接估算定额水平的方法。

经验估计法的优点为：简单易行，制定过程短，工作量小，成本低。缺点为：容易受到估计人员的主观因素影响，技术依据不足，准确性较差。

(3) 技术测定法是以利用技术测定所得到的实际资料为基础，充分考虑未来可能发生的各种情况，计算确定定额水平的一种方法。

技术测定法的优点为比较科学。缺点为：制定过程比较复杂，工作量大，成本较高。

(4) 类推比较法是与同类产品或工艺的典型定额标准进行比较后，估算定额水平的一种方法。

类推比较法的优点为：简单易行，工作量小，成本较低。缺点为：准确性在很大程度上受限于选出的典型定额标准的先进性与合理性。

企业选择何种方式的定额应结合自身的特点、要求和管理水平，随着变化而适时修订。

6.2.3 建立、健全成本核算的原始记录制度

企业类会计主体应根据成本管理要求制定成本核算原始记录制度。

成本核算原始记录是编制成本计划、进行成本核算、分析生产消耗的依据。

成本核算的原始记录包括：

- 材料领用
- 工时消耗
- 设备运转
- 动力消耗
- 废品发生
- 质量检验
- 产品入库

> 成本核算原始记录包括的范围很广，前述的存货、固定资产、工资、货币资金等业务中有的原始凭证同样也是成本核算原始记录凭证。

成本核算原始记录的图表一般以企业内部自用为主。

1. 废品报告单的设计

废品是指不符合规定的技术标准，不能按照原定用途使用，或需要加工修理后才能使用的在产品、半成品和产成品。

废品按修复程度，可分为可修复废品和不可修复废品。

可修复废品是指技术上、工艺上可以修复，而且所支付的修复费用在经济上合算的废品。

不可修复废品是指技术上、工艺上不可修复或者虽可修复但所支付的修复费用在经济上不合算的废品。

废品是按其报损程度和修复价值来界定的。

废品损失是生产过程中发现的、入库后发现的不可修复废品的生产成本，以及可修复废品的修复费用，扣除回收的废品残料价值和应收赔款以后的损失。

出现废品损失应该填写废品报告单并按规定的程序报批。

废品报告单上应列明废品需返修的数量、品种、废损程度、修复要求。

废品报告单的样例如表 6－1 所示。

表 6-1　　　　　　　　××公司废品报告单

车间：　　　　　　班组：　　　　　　单号：　　　　　　日期：

生产名称： 废品数量： 废品产生原因：	产品类别： 可修复废品数量：	计量单位： 不可修复废品数量：
可修复废品的修复费用 其中：直接材料 　　　直接人工 　　　燃料及动力 　　　制造费用 合计： 减：责任单位和责任人的赔偿 可修复废品的净损失	不可修复废品的生产成本 减：回收残料价格 　　责任单位和责任人的赔偿 不可修复废品的净损失	

2. 原材料采购订单的设计

原材料作为产品成本的构成之一，其数据是否具有真实性直接影响着产品成本的真实性。企业类会计主体购买原材料时应该填写原材料采购订单。

原材料采购订单的内容包括：

- 材料的品名、规格或型号、数量、金额
- 付款方式
- 供应商的名称、地址等

原材料采购订单的样例如表 6-2 所示。

表 6-2　　　　　　　　××公司采购订单

供应商名称＿＿＿＿＿＿　　　　订货单位＿＿＿＿＿＿

通信地址＿＿＿＿＿＿　　　　通信地址＿＿＿＿＿＿

联系人＿＿＿＿＿＿　　　　联系人＿＿＿＿＿＿

联系电话＿＿＿＿＿＿　传真＿＿＿＿＿＿　　联系电话＿＿＿＿＿＿　传真＿＿＿＿＿＿

请购单编号：　　　　　　　　　　日期：

序号	编码	物资名称	规格或型号	单位	数量	单价	金额
合计							
供货要求				付款方式			
备注：							

(一)供应商(二)财会部(三)仓库(四)采购部

采购部主管签字：　　　　　　　　　制表人：

注：送货时请在送货单上注明订单编号。

3. 资产入库单的设计

资产入库需要填写一式三联的资产入库单。

资产入库单的留存人有仓库、会计部门和采购部门。

资产入库单的基本要求为：

(1) 能够反映物资的名称、规格、单价、数量、金额等内容。

(2) 对每一批入库的货物编好入库单编号。

资产入库单的样例如表 6-3 所示。

表 6-3　　××公司资产入库单

验收入库单编号：__________

订单编号：__________　　入库日期：__________

序号	编码	物资名称	规格或型号	单位	数量	单价	金额	备注
	合计							

(一)财会部 (二)仓库 (三)采购部

仓管员：______　仓库会计：______　采购人员：______　归口部门：______

6.2.4 建立、健全与成本相关的业务制度

成本是综合性的经济指标。成本管理工作的科学与否直接受到与成本相关的各种业务管理制度的影响。会计主体要创造条件完善并加强与成本有关的各项业务管理制度。

与成本相关的业务制度包括以下几种。

1. 存货管理制度

存货管理制度包括：

- 原材料的领用
- 原材料的发出
- 退回制度的建立
- 存货的定额核定
- 控制管理
- 存货的盘点

2. 固定资产管理制度

固定资产管理制度包括：

- 固定资产的分类
- 固定资产标准的制定
- 固定资产的使用

- 固定资产的维修
- 固定资产的折旧
- 固定资产的报废
- 固定资产的出租
- 固定资产的盘点

3. 低值易耗品的管理制度

低值易耗品的管理制度包括：

- 低值易耗品的分类
- 低值易耗品的购置
- 低值易耗品的领用
- 低值易耗品的摊销方法
- 低值易耗品的移交
- 低值易耗品的报废操作程序

4. 劳动定额管理制度

劳动定额管理制度包括：

- 产品生产工时
- 消耗定额
- 劳动生产率
- 人工工资标准

5. 成本费用定额管理制度

成本费用定额管理制度包括：

- 原材料定额
- 燃料定额
- 动力定额
- 各种间接费用的消耗定额
- 定额差异分析

企业应明确归口管理部门及其职责，完善制度建设。

6.2.5 建立内部结算制度

1. 内部结算制度

内部结算制度是企业内部各部门按照价值规律要求和物质利益原则对相互间所发生的经济往来业务进行计价结算的内部经济核算制度。

设计内部结算制度必须制定合理的内部结算价格。内部结算制度的要点为：

- 制定内部结算价格。
- 易于部门绩效考核。
- 利于产品成本降低。

2. 内部结算价格

内部结算价格是企业内部各部门之间的原材料、燃料、在产品与半成品、劳务等内部经济往来，按价值规律要求和物质利益原则进行计价结算的一种内部经济核算制度。

内部结算价格应根据企业的管理要求制定。

制定内部价格的意义有：

- 可以简化成本核算工作。
- 便于进行成本控制和考核。
- 易于明确经济责任。

内部结算价格的设计必须保持相对稳定。制定内部结算价格的要求有：

(1) 一般应以各种材料和产品的计划单位成本加上预测的利润为内部结算价格或参考外部市场价格确定内部结算价格。

(2) 以市场价格和成本价格两种价格为基础上下波动，是责任会计制度中的重要环节。

6.3 成本核算方法的设计

本节精要

成本核算类型分，情况相异方法斟。
生产过程确费用，不同方法核成本。

6.3.1 产品成本计算对象及计算期的设计

1. 产品成本计算对象的设计

产品成本计算对象的设计是产品成本计算设计中的一个关键性内容。

成本计算对象并不一定是企业的最终产品，成本计算对象的确定往往要受企业产品的生产特点和成本管理要求的制约。

产品成本计算对象的表现形式有：

(1) 有时可能为企业的最终产品。

(2) 有时是某一批产品。

(3) 有时除最终产成品外还有中间产品或联产品、副产品。

产品成本的计算对象通常按生产类型的不同情况和不同方法予以设计。

(1) 工业企业的生产分类。

工业企业的生产分类如图 6－1 所示。

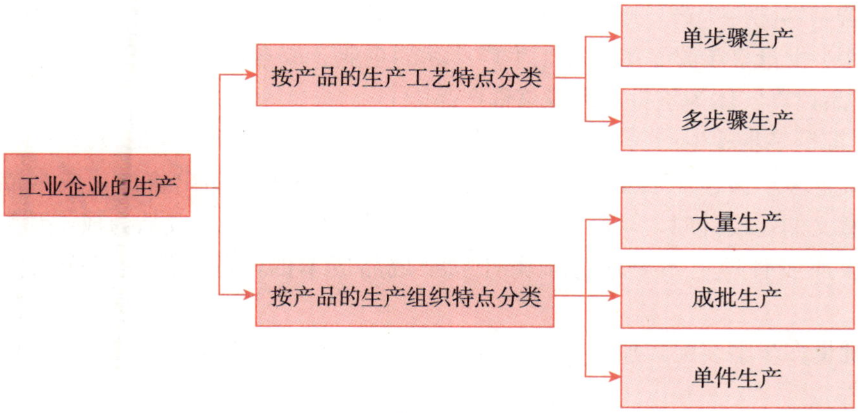

图 6－1　工业企业的生产分类

1）单步骤生产是产品从原材料投入到成品完工，其生产工艺过程不能间断的生产或者由于工作地点分散在几个不同地点进行的生产。

> 不同的步骤会影响不同的成本计算方法。

发电、采掘以及铸造等产品的生产是典型的单步骤生产。

2）多步骤生产是产品的生产过程从原材料投入到制造出最终产品须经过若干个生产步骤。

多步骤生产按产品加工方式的不同分为：

- 连续式多步骤生产。产品的生产从原材料投入到制造出最终产品须经过若干个连续性的生产步骤，如纺织、冶金等产品的生产。
- 装配式多步骤生产。产品的生产首先需要将各种原材料经过若干平行加工过程，分别加工成产成品的零件、部件，并直接交由最后生产步骤完成组装。

多步骤生产适合不同的企业。

3）大量生产是大量地、重复地生产同一品种或很少的几个品种的产品，如煤炭、化工等产品的生产。

4）成批生产是按事先规定的产品批别和数量投入生产，分批重复地生产几种固定的产品，如塑料制品等产品的生产。

成批生产按产量又可分为大批生产和小批生产。

5）单件生产是按照订货合同上购货方的要求，生产个别的、专用的、性质特殊的成品，如重型机械、船舶、专用设备等产品的生产。

（2）成本计算对象的设计。

由于成本计算对象的确定主要取决于企业的生产类型，因此，成本计算对象的设计也必须考虑企业的生产类型。其具体情况一般有：

1）单步骤大量生产一种产品或几种产品企业，成本计算对象的设计：以该种产品或几种产品为成本计算对象。

2）单件小批量多步骤生产一种产品企业，成本计算对象的设计为：

- 单件小批量多步骤连续加工组织生产产品的企业。设计时通常以每一单件或每一批产品为成本计算对象；成本计算实体为该件或该批产品的各个生产步骤，一般只计算产成品成本；若是零部件生产，则以零部件为产品计算实体。

● 单件小批量多步骤平衡式加工生产产品的企业。成本计算对象为各个生产部门（车间等）；产品计算实体为该批产品或该件产品。

3）大批量多步骤生产一种产品或几种产品企业，成本计算对象的设计：

● 大批量多步骤连续加工生产产品的企业。期间有半成品出售的，或半成品具有统计、考核意义的，设计时，可以每一生产步骤的半成品和最终产成品为成本计算对象；如是封闭式生产或管理上不要求分步骤计算半成品成本的，可只以最终产品为成本计算对象。

● 大批量多步骤装配式加工生产产品的企业。成本计算实体为最终产品和平行加工的零件、部件。

4）生产产品品种、规格繁多企业的成本计算对象的设计：

● 为减少生产费用归集、分配对象的数量，可将产品结构、耗用原材料和生产工艺过程大致相同的各品种、规格的产品归为一类，设计时以一类产品作为成本计算对象，先计算其总成本，然后再在类内按一定的比例或系数分配计算各最终成本计算对象（各品种、各规格产品）的总成本和单位成本。

● 对外提供劳务和作业等，在确定成本计算对象时，一般以各劳务项目作为最终成本计算对象，由于劳务和作业一般没有半成品，因而不设中间性成本计算对象。

成本计算对象的设计对日后成本核算资料的提供和成本计算具有决定性影响。

2. 产品成本计算期的设计

注意：产品的生产周期有长有短，有的只有几天，有的跨月份。

成本计算对象设计完成后，就需要对成本计算时间进行设计。

成本计算期是对发生的生产费用归集、分配计入该成本计算对象时所界定的时间范围。

各种产品的成本计算期理应是产品的生产周期，但因存在大量、大批、重复性生产和产品连续不断地产出，成本计算期的确定颇为不易。

成本计算期的确定，可分为：

（1）以会计期间为成本计算期。以会计核算期间为成本计算期，每月计算一次，这种成本计算期与编制月度会计报表的时间一致，但与产品的生产周期不一致。

（2）以生产周期为成本计算期。从产品投产开始到产品完工为止计算一次成本，这种成本计算期与会计核算期的编制报表时间不一致。一般小批单件生产的企业采用较多。

一般而言，以生产周期作为成本计算期有利于保证成本计算的准确性，但是生产周期短的企业则不宜采用。

会计主体实际工作中选择会计期间多以月为时间单位。

6.3.2 生产费用要素与成本项目的设计

1. 生产费用要素的设计

生产费用的归集和分配是产品成本计算的基础。

费用要素指生产费用按照经济内容进行的分类。

费用要素设计就是对生产过程中发生的全部耗费按其经济内容进行归类。

> 确定费用要素既要分清不同性质的生产费用，又要便于考核生产费用预算的执行结果。

生产费用按照经济内容可分为：

（1）劳动对象的耗费，主要是原材料、燃料、动力等的耗费。

（2）劳动资料的耗费，指固定资产的折旧和修理费。

（3）劳动力的耗费，指支付给劳动者的报酬。按支付的方式不同又可以分为工资和福利费等。

费用要素按上述三大要素可细分为以下八类：

（1）外购材料，指企业为进行生产而耗用的一切从外部购入的各种材料。

> 这些费用要素构成了成本核算的主要内容。

外购材料包括：

- 原料
- 主要材料
- 辅助材料
- 半成品
- 包装物
- 修理用备品
- 低值易耗品

（2）外购燃料，指企业为进行生产而耗用的一切从外部购入的各种燃料。

外购燃料包括：

- 液体燃料
- 气体燃料
- 固体燃料

（3）外购动力，指企业为进行生产而耗费的一切从外单位购入的各种动力。

外购动力包括：

- 供电公司提供的电力
- 热力公司提供的热力

（4）职工薪酬，指企业所有应计入制造费用和期间费用的工人和职员的工资。

（5）折旧与摊销费，指企业按照规定方法计提的固定资产折旧费以及无形资产、递延资产的摊销费。

折旧费不包括出租固定资产的折旧费。

（6）利息支出，指企业按规定计入生产费用的借款利息支出减去利息收入后的净额。

（7）税金，指企业应缴纳并计入管理费用的各种税金。

税金包括：

- 房产税
- 印花税
- 土地使用税
- 车船税

（8）其他支出，指不属于以上各要素的费用支出。

其他支出包括：

- 差旅费
- 办公费
- 邮电费
- 租赁费
- 保险费
- 诉讼费

费用要素是根据管理需要确定的，当管理要求变化时，必须对费用要素做出相应的改变。

费用要素一经确定应当保持一个较稳定的时期，以便于计算和考核。

2. 成本项目的设计

成本项目的设计要点为：

- 一般无须设计得非常具体。
- 某种费用在总成本中所占比重较大时单独设置项目。
- 按生产需求和管理要求对成本项目进行适当的增减合并。

（1）成本项目。成本项目是构成产品成本的要素，是对计入产品成本的生产费用按用途进行的分类。

成本项目的数额与费用要素的数额并非天然相等，原因在于制造成本法下企业发生的许多费用并不计入成本。

会计主体管理上的要求不同决定了设计的成本项目不同。

（2）具体设计。制造业对发生的与费用要素相关的耗费一般设计为直接材料、直接人工和制造费用。

1）直接材料指企业主要在产品生产过程中耗费的劳动对象。

直接材料包括：

- 实际耗费的原材料
- 辅助材料
- 外购半成品
- 配套件
- 燃料
- 动力
- 包装物

当外购半成品的比重比较大时可单独设置“外购半成品”成本项目。

直接材料费用中占比例较大的项目可考虑单独设置成本项目列示。如燃料和动力，可以设置“燃料与动力”一个成本项目，也可以设置“燃料”“动力”两个成本项目。

成本项目的设置以满足成本管理的需要为原则。

2）直接人工是企业生产产品过程中直接从事生产的工人工资及按规定比例计提的福利费。

直接人工包括生产工人的工资、生产工人的福利费。

3）制造费用指企业基本生产车间和辅助生产车间为组织和管理生产而发生的各项费用。

制造费用包括：

- 车间管理人员工资
- 车间用固定资产折旧费
- 保险费
- 经营性固定资产租赁
- 机物料消耗
- 水电费
- 办公费

6.3.3 生产费用归集与分配方法的设计

1. 生产费用归集与分配原则的设计

为使企业生产费用的核算能够真实、合理地反映其实际情况，各企业都应制定各项生产费用归集与分配的一般原则和标准，为成本核算和成本管理人员提供依据。

> 这些原则和标准一般是企业会计准则规范的内容。

生产费用归集与分配的原则及要求如下：

(1) 区分直接费用和间接费用，其要求为：

- 按成本与特定对象的关系区分直接费用和间接费用。
- 凡是能够直接确认归属对象的费用，均应直接计入产品成本。
- 间接发生的不能直接确认归属对象的费用，则先通过中间环节归集，然后定期按一定标准分配计入产品成本。

(2) 应用成本计算方法，其要求为：

- 按规定要求应用成本计算方法。
- 一般规定不得以计划成本、估计成本、定额成本代替实际成本。
- 采用计划成本或定额成本核算的，需按照规定的成本计算期，及时调整为实际成本。

(3) 分清费用的受益界限，其要求为：

- 按照权责发生制和配比原则分清费用的受益界限
- 正确区分费用的五个受益界限

费用的五个受益界限为：

- 资本性支出与收益性支出的界限
- 产品制造成本与期间费用的界限
- 本期产品制造成本与下期产品制造成本的界限
- 不同产品的成本界限
- 在产品成本与产成品成本的界限

2. 生产费用归集与分配的主要账户设计

生产费用归集与分配的主要账户有：

- 基本生产成本
- 辅助生产成本
- 制造费用
- 管理费用

- 财务费用
- 销售费用
- 废品损失

而对于几种产品共同耗用的费用，一般需通过中间环节归集，然后定期按一定标准分配计入产品成本。

对于间接费用都存在一个分配问题，这取决于分配标准和方法的设计。

3. 分配标准和分配方法的设计

（1）分配标准设计的原则及其要求。

1）相关性原则，要求：

- 分配标准应与分配的特定费用之间有依存关系。
- 分配标准应与全部的分配对象之间有依存关系。
- 如果应分配的费用是综合费用（如制造费用），则分配标准应与综合费用各个组成部分中具有代表性的内容有紧密的内在联系。

2）方便性原则，要求：

- 分配的标准必须方便计量。
- 分配的标准必须方便获取。
- 分配时方便计算。

3）稳定性原则，要求：

分配标准一经选定，应保持相对稳定，不要随意变动。

（2）分配标准的设计。

分配标准可分为实物指标分配标准、生产指标分配标准和价值指标分配标准。

实物指标分配标准指以产品、劳务或耗用材料等的实物量作为分配标准。

实物指标分配标准如产品的件数（台数、辆数、张数、头数）、重量、长度、面积、体积，电力的度数等。

生产指标分配标准指以生产工人工作时间、机器设备工作时间、其他有关时间等劳动量作为分配标准。

生产指标分配标准的工时既可以是实际工时数，也可以是计划、定额工时数。

价值指标分配标准指以生产工人工资成本、直接材料成本等指标作为分配标准。

价值指标分配标准既可以是实际的，也可以是计划或定额的。

（3）分配方法的设计。

分配方法的设计包括要素费用分配方法设计和生产费用分配方法设计。

1）要素费用分配方法设计。

分配方法的设计是与分配标准设计紧密联系在一起的。依上述分配标准形成的分配方法有：

分配方法取决于分配标准。

- 产量比例分配法
- 产品重量比例分配法
- 产品体积比例分配法
- 生产工人工时比例分配法

- 机器工时比例分配法

2）生产费用分配方法设计。

- 定额耗用量比例分配法（定额比例法）
- 定额成本比例分配法（定额成本法）
- 生产工人工资比例分配法
- 计划成本分配法

3）计算步骤。各种分配方法的计算步骤和原理基本相同，计算步骤均为两步：

第一步，将应分配的间接费用作分子，将选择的分配标准（按各分配对象计算）作分母，计算出分配率。

第二步，将分配率与各受益对象的分配标准分别相乘，求得各受益对象应分配的份额，以达到把应分配间接费用分配开来的目的。

直接材料、直接人工、制造费用都可以按照分配步骤完成分配方法的设计。

例如，直接材料费用的分配，以产品重量为分配率，则公式如下：

分配率＝材料费用总额÷各种材料的重量之和

某种材料应分配的材料费用＝该产品的重量×分配率

分配方法的设计，关键在于分配标准的设计。

> 选定制造费用及各种共同费用的分配标准，也就意味着分配方法的设计随之基本完成。

4. 辅助部门生产费用的分配方法设计

辅助生产费用一般是通过“辅助生产成本”账户予以归集。

辅助生产费用的分配方法有直接分配法、顺序分配法、交互分配法、计划成本分配法和代数分配法。

（1）直接分配法，是一种不考虑各个辅助部门之间互相提供服务（劳务或作业）的情况，而是将辅助部门所发生的费用直接分配给辅助部门以外的其他各受益部门负担的方法。

直接分配法的要求为：

- 凡是能够确认各受益部门应承担数额的辅助生产费用，则可以直接计入该部门的有关费用中。
- 凡属各部门共同发生的辅助生产费用，则可以按各部门承担的劳务供应量进行分配。

直接分配法的公式如下：

$$\text{某种服务(劳务或作业)的单位成本}=\frac{\text{该辅助部门本期发生的服务费用总额}}{\text{该辅助部门本期提供服务(劳务或作业)的总量}}$$

$$\text{某受益部门(产品)负担的服务费用}=\text{该受益部门(产品)接受服务(劳务或作业)受益量}\times\text{该种服务(劳务或作业)的单位成本}$$

直接分配法是辅助部门生产费用分配的基本方法。

（2）顺序分配法，也称阶梯分配法，是按辅助生产车间受益量多少的顺序分配辅助生产费用的一种方法。

顺序分配法的分配步骤为：

● 将各辅助生产车间按照受益量的大小排序，受益量最小的排在第一位，受益量最大的排在最后一位。

● 排在前面的辅助生产车间的费用分配给排在后面的辅助生产车间。

● 排在后面的辅助生产车间的费用不再分给排在前面的辅助生产车间。

（3）交互分配法，指辅助部门之间应根据相互提供服务的数量和交互分配前的费用分配率进行一次交互分配，然后各辅助部门再将交互分配后的实际费用在辅助部门之外的各受益部门之间进行直接分配。

交互分配法的分配程序分为交互分配阶段和对外分配阶段。

1）交互分配阶段：

● 根据各辅助部门提供服务的总量以及所发生的服务费用总额，计算交互分配前的单位服务成本（即费用分配率）。

● 根据各辅助部门的受益量和单位服务成本进行交互分配。

交互分配阶段计算公式为：

$$\text{交互分配前的单位服务成本}=\frac{\text{某辅助部门交互分配前的服务费用总额}}{\text{该辅助部门提供的服务总量}}$$

$$\begin{matrix}\text{某辅助部门应}\\\text{负担的服务费用}\end{matrix}=\begin{matrix}\text{该辅助部门}\\\text{耗用服务量}\end{matrix}\times\begin{matrix}\text{交互分配前的}\\\text{单位服务成本}\end{matrix}$$

2）对外分配阶段：

● 将交互分配前的服务费用加上交互分配时从其他辅助部门分配转入的费用，减去交互分配时本辅助部门分配转出的费用，计算出交互分配后的实际费用。

● 按照辅助部门外部各部门受益量的比例对外部各受益部门进行直接分配，辅助部门内部不再分配。

对外分配阶段计算公式为：

$$\begin{matrix}\text{某辅助部门交互分配后的}\\\text{单位服务成本}\end{matrix}=\frac{\text{该辅助部门交互分配后的服务费用总额}}{\text{该辅助部门对外部各受益部门提供服务的总量}}$$

$$\begin{matrix}\text{外部某受益部门应}\\\text{负担的服务费用}\end{matrix}=\begin{matrix}\text{该受益部门}\\\text{耗用服务量}\end{matrix}\times\begin{matrix}\text{某辅助部门交互分配后的}\\\text{单位服务成本}\end{matrix}$$

（4）计划成本分配法，又称内部结算价格分配法，是先按提供劳务、作业的计划单位成本和各受益部门实际接受劳务、作业的受益量进行分配，然后再将计划成本与实际费用的差额进行调整分配的一种辅助部门费用的分配方法。

计划成本分配法的分配程序分为交互成本分配阶段和调整分配阶段。

1）交互成本分配阶段。根据企业已确定的计划单位成本和各受益部门（包括辅助部门）的受益量进行分配。

受益各部门所承担的计划成本计算公式：

$$\begin{matrix}\text{某受益部门应负担的}\\\text{计划成本}\end{matrix}=\begin{matrix}\text{该受益部门实际}\\\text{受益量}\end{matrix}\times\begin{matrix}\text{该种服务的计划}\\\text{单位成本}\end{matrix}$$

2）调整分配阶段。调整分配阶段也称追加（或追减）分配阶段。该阶段需要将各辅助部门实际发生的费用与该辅助部门按计划成本分配转出的费用之间的成本差异，对辅助部门以外的各受益部门进行调整分配。

（5）代数分配法，是通过建立多元一次方程组的方法，求出各辅助生产车间提供劳务、作业的单位成本，并据以分配辅助生产费用的一种方法。

代数分配法的关键是建立多元一次方程组。

5. 完工产品与在产品之间费用分配方法的设计

生产费用经过上述分配方法分配、汇总后，应计入产品成本的各项费用，已按成本项目全部归集在“基本生产成本”账户及其所属明细账中。

完工产品与在产品之间费用分配的要点为：

（1）如果有关产品已全部完工，所归集的生产费用就是该种完工产品的成本。

（2）如果期末既有完工产品又有在产品，就需要将期初在产品费用与本期发生的生产费用之和，在本期完工产品与期末在产品之间进行分配。

选择分配方法时应考量的因素：

- 月末结存在产品数量的多少
- 月末在产品数量变化的大小
- 月末在产品价值的大小
- 在产品成本中各项费用比重的大小
- 企业定额管理基础工作的好坏

> 生产费用在完工产品与在产品之间的分配，是产品成本计算工作中又一个重要而复杂的问题。

常用的分配方法有在产品不计价法、在产品按固定成本计价法、在产品按定额成本计价法、定额比例法和约当产量法。

（1）在产品不计价法，是一种不计算月末在产品成本的方法。

在产品不计价法的适用范围为：

- 月末在产品数量很少
- 月末在产品价值很低
- 月末在产品数量稳定

为简化成本计算工作，可以不计算月末在产品成本。某种产品每月发生的生产费用，全部由该种完工产品负担。

（2）在产品按固定成本计价法，是一种月末在产品按年初成本计价的方法。

选择在产品按固定成本计价法时应考量的因素：

- 月末在产品数量较少
- 月末在产品数量变化不大
- 月初、月末在产品的差额对完工产品成本影响不大

在产品按固定成本计价法的要点为：

- 各月末在产品可按年初在产品成本计价，这样各月月末在产品成本不变，月初与月末在产品成本相等，那么本月发生的各项生产费用，全部由完工产品负担，也就是本月完工产品的成本。
- 每年到年终时，应根据实际盘点的在产品数量，计算 12 月末在产品的实际成本，并将算出的年末在产品成本作为下一年度各月固定的在产品成本。

冶炼企业和化工企业可以采用这种方法计算在产品成本。

（3）在产品按定额成本计价法，是一种月末在产品以定额成本计价的方法。

选择在产品按定额成本计价法时应考量的因素有：

- 实际结存的在产品数量
- 实际结存的在产品投料
- 实际结存的在产品加工程度

每月生产费用脱离定额的差异全部计入当月完工产品成本。

根据单位产品定额成本计算出月末在产品的定额成本，将其从月初在产品定额与本月生产费用之和中扣除，余额即本月完工产品成本。

该方法适用于定额管理比较科学、消耗定额比较准确、结存数量比较稳定的在产品。

(4) 定额比例法，是一种按完工产品与在产品的定额耗用量（或定额成本）的比例分配生产费用的方法。

选择定额比例法时应考量的因素有：

- 定额管理基础较好
- 各项消耗定额比较健全、稳定
- 月末在产品数量变动较大

定额比例法的要点为：

- 如果产品只耗用一种材料，可按直接材料的定额耗用量或定额成本比例进行分配。
- 如果产品耗用的直接材料不止一种，由于各种直接材料的单位成本不可能完全相同，就必须按定额成本的比例进行分配。

由于定额耗用量资料容易取得，所以一般均按定额耗用量比例进行分配。

费用分配率与分配额的计算公式如下：

对于直接人工与制造费用成本项目，按定额耗用量和定额成本比例进行分配的结果是相同的。

$$\text{费用分配率}=\frac{\text{月初在产品费用}+\text{本月生产费用}}{\text{完工产品定额耗用量(成本)}+\text{月末在产品定额耗用量(成本)}}$$

$$\text{完工产品某项目实际成本}=\text{该项目费用分配率}\times\text{完工产品该项目定额耗用量(成本)}$$

$$\text{月末在产品某项目实际成本}=\text{该项目费用分配率}\times\text{月末在产品该项目定额耗用量(成本)}$$

(5) 约当产量法，是按照完工产品数量与月末在产品约当产量的比例分配计算完工产品成本与月末在产品成本的一种方法。

约当产量是将月末在产品数量按其投料程度折算为相当于完工产品的数量。

- 完工产品，原材料是在生产开始时一次投入，完工产品与月末在产品的原材料费用仍可按完工产品数量和在产品数量的比例分配。
- 约当产量，单件完工产品与不同完工程度的在产品所发生的加工费用不相等，因而完工产品与月末在产品的各项加工费用，应按约当产量分配计算，而不能按它们的数量比例分配计算。

在产品约当产量计算公式如下：

$$\text{在产品约当产量}=\text{在产品数量}\times\text{完工百分比(完工率)}$$

$$\text{某项费用分配率}=\frac{\text{该项费用总额}}{\text{完工产品产量}+\text{在产品约当产量}}$$

完工产品该项目费用＝完工产品数量×费用分配率

在产品该项目费用＝在产品约当产量×费用分配率

或　　在产品该项目费用＝费用总额－完工产品费用

采用约当产量法必须正确计算在产品的约当产量。

测定在产品完工程度的方法有平均计算和各工序分别测定完工率。

平均计算：一律按 50％作为各工序在产品的完工程度。

平均计算的适用范围为：

- 各工序在产品数量和单位产品在各工序的加工量都相差不大。
- 后面各工序在产品多加工的程度可以抵补前面各工序少加工的程度。

全部在产品完工程度均可按 50％平均计算。

各工序分别测定完工率：为了提高成本计算的正确性，加速成本的计算工作，可以按照各工序的累计工时定额占完工产品工时定额的比率计算，事前确定各工序在产品的完工率。

各工序在产品完工率的计算公式如下：

> 在产品约当产量正确与否，主要取决于在产品完工程度（即完工率）的测定是否正确。

$$\text{某工序在产品完工率}=\frac{\text{前面各工序工时定额之和}+\text{本工序工时定额}\times 50\%}{\text{产品工时定额}}$$

本工序（即在产品所在工序）工时定额乘以 50％，是因为该工序中各件在产品的完工程度不同，为了简化完工率的测算工作，在本工序一律按平均完工率 50％计算。

在产品从上一道工序转入下一道工序是因上一道工序已经完工，所以前面各道工序的工时定额应按 100％计算。

约当产量法适用范围广，月末在产品数量大、变化大时，采用此法尤为合适。

6. 生产费用归集与分配的程序设计

生产费用归集与分配的程序设计的作用有：

- 可使生产费用归集与分配程序和方法更形象。
- 可使生产费用归集与分配程序和方法更直观。
- 可对生产费用归集与分配程序和方法有更完整的了解。

生产费用归集与分配程序的表现形式为框图和 T 形账户。

生产费用的归集与分配的程序说明：

- 审核原始凭证，根据审核无误的原始凭证，分清受益对象，计算直接费用，直接记入“生产成本”总账和明细账。分配各项间接费用，分别记入“制造费用”“待摊费用”“预提费用”“废品损失”等总账和明细账，并编制各项费用分配表。
- 根据材料费用、工资及福利费、外购动力费汇总分配表编制记账凭证，并登记相关的总账和明细账。
- 根据折旧费分配表编制记账凭证，并登记总账及明细账。
- 根据其他费用分配表编制记账凭证，并登记相关的总账及明细账。
- 选择一定的方法分配辅助生产费用，并编制辅助生产费用分配表。根据辅助生产费用分配表编制记账凭证，并登记相关的总账和明细账。

计算完工产品的总成本和单位成本，只需将汇集于产品成本计算单中的生产费用总额按一定的方法在完工产品和在产品间进行分配即可。

6.3.4 生产成本计算方法的设计

1. 生产成本计算方法

生产成本计算方法的种类，如图 6-2 所示。

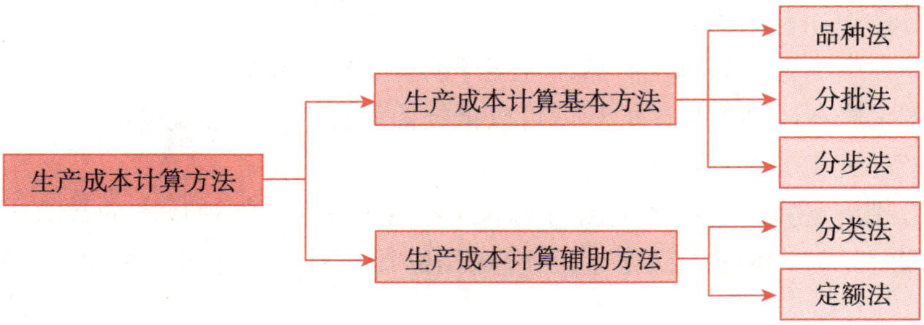

图 6-2　生产成本计算方法的种类

品种法、分批法、分步法的关系为：

- 品种法是基本方法的基础。
- 分批法是品种法在时间上和计算对象上的延伸。
- 分步法是几个品种法的联结。

2. 生产成本计算方法的设计

（1）生产成本计算基本方法的设计。

1）品种法的设计。品种法又称简单法，是按照产品品种归集生产费用、计算产品成本的一种方法。

品种法的适用范围为：

- 大量的单步骤生产
- 大批的单步骤生产

品种法成本计算期的确定：以会计期间作为成本计算期，每月计算一次成本。

品种法的要点为：

- 如果只生产一种产品，则只需要设立一张成本计算单，将发生的全部费用直接计入该生产成本，不需要进行分配。
- 如果生产多种产品，就需要按品种分别设立成本计算单，将各种直接费用直接计入各种产品成本，将间接费用按一定的方法分配计入各种产品成本。
- 如果月末有在产品，还需将成本计算单上汇集的费用在产成品和在产品之间进行分配。

品种法的计算程序为：

- 根据各项费用的原始凭证和其他有关资料编制各种费用分配表。
- 根据在产品盘存表和其他有关资料，计算在产品盘盈、盘亏或毁损价值，并从有关费用中冲减盘盈价值，盘亏或毁损损失计入生产费用。
- 根据待摊费用和预提费用明细账，编制费用分配表，分配各项费用。
- 归集和分配辅助费用。

- 归集和分配基本生产成本。
- 根据上列各种费用分配表，登记管理费用和财务费用明细账，归集和结转管理费用和财务费用。
- 根据上列各种费用分配表和其他有关资料登记产品成本明细账，分别归集各产品的生产费用，并计算完工产品总成本和单位成本。

要采用适当的分配方法分配计算各产品的完工产品和月末在产品成本。

2）分批法的设计。分批法是按照产品的批别归集生产费用，计算产品成本的一种方法。

> 采用分批法计算产品成本应按照某一订单或某批产品来归集生产费用。

分批法的适用范围为：

- 小批、单件、多步骤生产的产品。
- 不要求计算各步骤的半成品成本。
- 不重复生产一批产品或产品种类经常变动。

分批法成本计算期的确定：以产品生产周期作为成本计算期。

每批产品完工后根据各产品归集的费用总额计算各批产品的总成本和单位成本。

费用计入的要点为：

- 直接费用：直接计入各批别的产品。
- 几批产品共同负担的费用：分配计入各批别的产品。

不论订单或批别的产品是单一品种还是多品种，只要属于该订单或该批的费用都要归集。

分批法计算产品成本与品种法计算产品成本的不同点为：

- 分批法。计算期就是产品的生产周期，在产品未完工时所归集的费用都是在产品成本，而在产品完工后，所有费用又都是产成品的成本。没有在产品成本，费用不需要在完工产品和在产品之间分配。
- 品种法。以会计期间作为成本计算期，每月计算一次成本。有在产品成本，费用需在完工产品和在产品之间分配。

分批法的成本计算程序为：

- 按产品批别或每一订单设置成本明细账或成本计算单，并分别按成本项目设置专栏。
- 分配各种要素费用。首先在反映直接费用的原始凭证上注明订单号或产品批号，在反映间接费用的原始凭证上注明发生地点。其次将直接费用按凭证所标批别直接计入各批产品的成本计算单，间接费用则汇集到有关账户。
- 采用合理的分配标准，对间接费用进行分配，计入各批产品的成本计算单。
- 产品完工时，汇总各批产品成本计算单中的费用总额，确定完工产品的总成本和单位成本。

生产计算对象以每一批别或订单为主。

3）分步法的设计。分步法是按照生产步骤归集生产费用，计算产品成本的一种方法。

分步法的适用范围为：

- 大量、大批的多步骤生产。
- 以品种作为最终成本计算对象。
- 以每一种产品的各个生产步骤作为中间性成本计算对象。

● 按消耗品品种和经过的生产步骤以及成本项目分别归集各生产步骤的费用。

分步法成本计算期的确定：以会计期间作为成本计算期。

采用分步法是按月计算产成品和各步骤半成品成本。

半成品成本的计算方法有逐步结转分步法和平行结转分步法。

由于产品生产是分步骤进行的，上一步骤生产的半成品就是下一步骤的加工对象。

为了计算各种产品的产成品成本，还需要按照产品品种结转各步骤成本。

> 与其他成本计算方法不同的是在采用分步法计算产品成本时，在各步骤中间还有个成本结转问题。

逐步结转分步法也称顺序分步法，需要计算各个生产步骤半成品成本，它是按照产品加工顺序，逐步计算并结转各步骤半成品成本，直至最后生产步骤计算出产成品成本的一种成本计算方法。

逐步结转分步法的要点为：

● 计算第一生产步骤的半成品成本，随着半成品转移到第二步骤继续加工，其成本也随同转移到第二步骤。

● 下一步骤将上一步骤转来的半成品产品，加上本步骤耗用的材料费和加工费，计算出本步骤的半成品成本，再顺序结转。

● 产品成本也随同半成品逐步积累，直到最后一个步骤。

逐步结转分步法的程序，如图 6－3 所示。

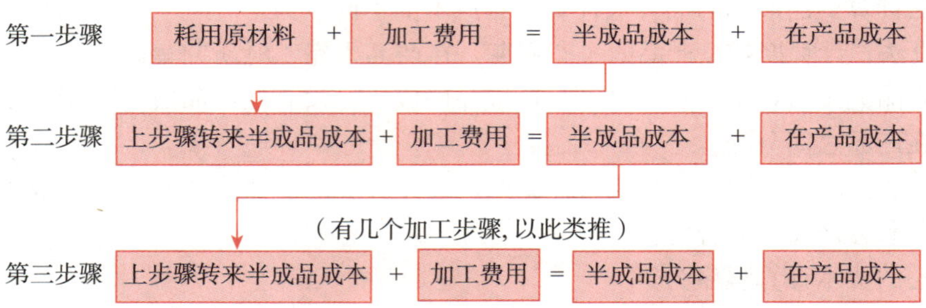

图 6－3　逐步结转分步法的程序

平行结转分步法亦称不计算半成品成本分步法，就是不需要计算各个生产步骤半成品成本的计算方法。

平行结转分步法成本计算程序的特点为：

● 各生产步骤不计算半成品成本，只计算本步骤所发生的生产费用。

● 除第一步骤生产费用中包括所耗用的原材料费用和各项加工费用外，其他各步骤只计算本步骤发生的各项加工费用。

● 各步骤之间不结转半成品成本，不论半成品实物在各生产步骤之间是直接转移，还是通过半成品库收发，都不进行总分类核算。

● 为了计算各生产步骤发生的费用中应计入产成品成本的份额，必须将每一生产步骤发生的费用划分为耗用于产成品部分和尚未最后制成的在产品部分。

平行结转分步法成本计算程序的在产品包括：

● 尚在本步骤加工中的在产品

● 本步骤已完工转入半成品库的半成品

● 已从半成品库转到各步骤进一步加工及尚未最后制成的半成品

> 半成品成本不随半产品实物转移而转移。

将各步骤费用中应计入产成品的份额，平行结转、汇总计算，最后得出该种产成品的总成本和单位成本。

平行结转分步法计算程序，如图 6－4 所示。

第一步骤
某产品成本明细账

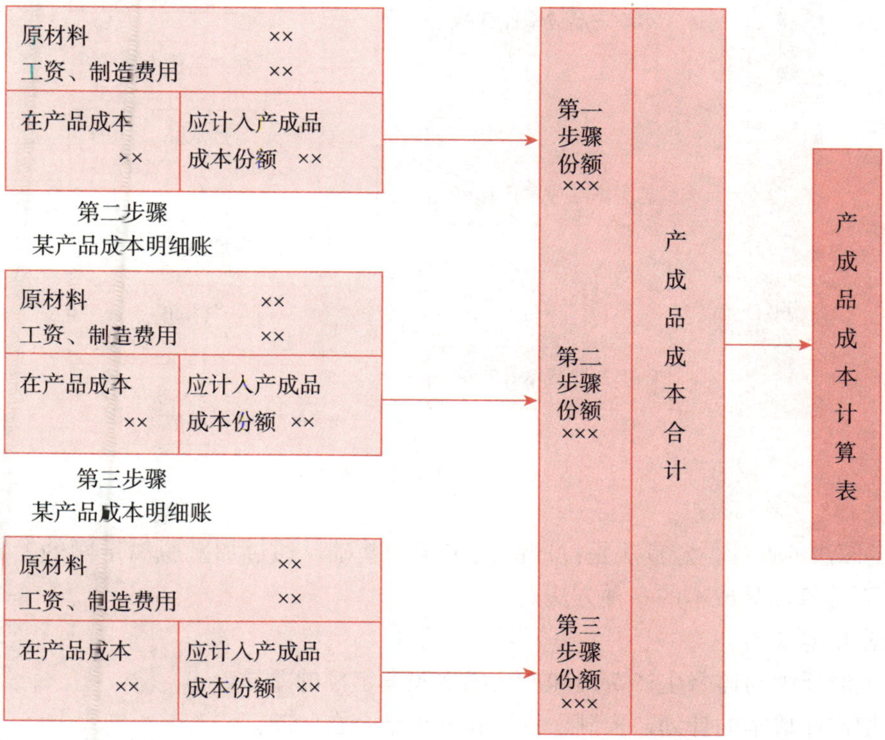

图 6－4　平行结转分步法计算程序

（2）生产成本计算辅助方法的设计。

1）分类法的设计。分类法是品种法、分批法、分步法三种基本方法的演变，是把类别作为品种，按品种法计算出类别后，再按照一定的方法，在每类产品的各种产品之间分配费用，计算出类别内的各种产品成本的计算方法。分类法不能算是一种独立的成本计算方法，而是上述三种方法的结合。

对于多品种生产的情况，不论生产组织方式、生产工艺过程特点如何，为了简化成本计算过程，均可采用分类法。

分类法的适用范围为：

● 使用同样的原材料

● 加工工艺基本相同

● 产品品种、规格繁多

● 可按一定标准分类

分类法的基本计算方法为：

- 以产品类别为成本计算对象，设置成本计算单，归集生产费用，算出每类产品的总成本。
- 采用合理分配方法将各类产品的总成本在类别内的各产品、产成品和在产品之间进行分配。

分类法与生产类型没有直接关系，可以应用在各种类型的生产中。

分类法成本计算程序，如图 6－5 所示。

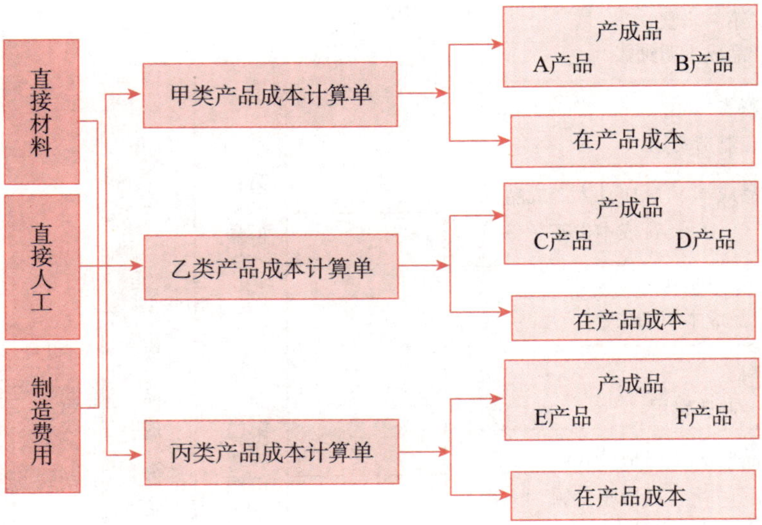

图 6－5　分类法成本计算程序

2）定额法的设计。定额法是以产品的定额为基础，通过加减脱离定额的差异和定额变动差异而计算产品成本的一种方法。

定额法的意义有：

- 可及时反映与监督生产费用和产品成本脱离定额的差异。
- 可把产品成本的计划、控制、核算和分析结合在一起。
- 可有效地加强成本管理。

定额法的计算程序为：

- 制定原材料、动力、工时等消耗定额。
- 根据各项消耗定额与原材料的计划单价、计划的工资率、计件工资单价等计算各项费用定额、产品的单位定额成本。
- 核算脱离定额的差异，在发生生产费用时，分别编制定额凭证和差异凭证，并在有关的费用分配表和明细分类账中分别予以登记。

采用定额法计算产品成本的企业日常核算应以计划成本为主。

定额调整或修订的要点为：

- 生产技术条件的变化
- 劳动生产率的提高
- 计划价格的修订

设计某个产品的成本计算方法应该：

- 对现有可供选择的成本计算方法有哪些、各种方法的特点及适用范围如何有全面、透彻的分析和了解。
- 对企业所生产的产品的生产组织、生产工艺特点及企业对这些产品的成本核算、管理、控制有哪些要求也要有全面、透彻的分析和了解。

设计比较适合的成本计算方法必须全面掌握会计主体的生产情况。

自我测试

复习与思考

1. 简述成本核算制度的设计要点。
2. 制造业产品成本开支范围有哪些?
3. 工业企业成本核算的原始记录包括哪些?
4. 工业企业的成本计算方法有哪几种?
5. 简述分步法、分批法的计算特点。

设计与分析

1. 某公司是一家从事元件生产的企业，其中D产品需经过A、B两个生产工序，生产过程中有关资料如下：

(1) 企业预测D产品市场前景较好，准备大批量投产。

(2) 原料即主要材料在生产开始时一次性投入，并发生工资费用及制造费用。

(3) A工序生产的半成品可单独对外销售。

(4) D产品在各工序的加工进度均匀，月末有在产品，并且数量波动较大。

(5) D产品单件工时定额20小时，其中A工序定额为8小时，B工序定额为12小时。

(6) 企业管理部门要求详细掌握各工序的成本情况以便于考核其业绩。

要求：

(1) 按上述有关资料确定核算D产品成本的基本方法。

(2) 依据上述业务资料，设计出核算D产品的生产过程所涉及的成本类总分类会计科目和必要的明细分类科目。

(3) 分别写出按照约当产量法分配本月直接材料费用、直接人工费用和制造费用时在产品完工率的计算公式。

2. 设计出逐步结转分步法与平行结转分步法的费用归集与分配步骤，指出两种方法的特点，并对两种方法进行比较。

3. A公司为某地区的大型发电企业。请你设计该公司的成本计算方法及核算程序。

要求：

(1) 根据实际情况，说明该公司应以什么作为成本计算对象，适合采用哪一种成本计算方法。

(2) 根据适用的成本计算方法设计其成本核算程序的流程。

第 7 章

会计电算化制度设计

引 言

本章介绍了会计电算化制度的设计原则，阐述了会计电算化内部控制系统的设计，详细叙述了会计电算化信息系统维护与管理制度的设计。

学习目标

完成本章学习后，你应能够：

1. 解释会计电算化制度的设计原则。
2. 掌握会计电算化内部控制系统的设计。
3. 理解会计电算化信息系统维护与管理制度的设计。

7.1 会计电算化制度的设计原则

本节精要

电算会计绩效高，法定依据应记牢。

原则三项设计到，控制操作风险小。

会计电算化是以电子计算机为主的当代电子信息技术应用到会计实务中的简称。

会计电算化信息系统的基本职能与手工会计系统的基本职能没有本质区别。

电算化会计与手工操作会计存在一定的不同之处，具体如下：

- 进行会计数据处理时所采取的工具不同
- 进行会计数据处理时所采取的手段不同
- 进行会计数据处理时所采取的方法不同
- 进行会计数据处理时所采取的组织流程不同

会计电算化可有效地减轻会计人员的工作压力。

本节针对会计电算化信息系统的特点，分析建立会计电算化制度的基本依据和建立有关制度的原则。

电算化会计与手工操作会计存在的不同，决定了会计电算化系统制度设计与手工会计系统制度设计也不尽相同。

7.1.1 会计电算化制度设计的法律依据

会计法律法规、会计准则和统一会计制度是制定会计电算化信息系统管理制度的依据。

全面掌握会计电算化制度设计的法律依据为所设计的制度符合合法性原则奠定了基础。会计电算化制度设计的依据有：

(1)《会计电算化工作规范》及其附件较详细地规定了计算机会计信息系统应该具有的管理制度，并明确规定计算机会计信息系统管理制度的主要内容应包括系统操作管理制度、计算机硬件和软件管理制度和会计档案管理制度。

(2)《会计核算软件基本功能规范》既是软件开发的基本依据，也是设计会计电算化信息系统管理制度的基本依据。所有会计电算化软件都必须具备财政部颁布的《会计核算软件基本功能规范》所规定的功能，这是对会计软件最基本的要求。这些要求包括会计业务处理能力的要求和系统控制功能的要求。达不到功能规范要求的软件应该视为难以保证数据处理正确、可靠或存在安全隐患的软件。

(3)《中华人民共和国会计法》第十三条规定，使用电子计算机进行会计核算的，其软件及其生成的会计凭证、会计账簿、财务会计报告和其他会计资料，也必须符合国家统一的会计制度的规定。这从法律的高度对开展会计电算化工作的基本原则做出了明确的规定。

(4) 财政部 1999 年 2 月 4 日颁布的《独立审计具体准则第 20 号——计算机信息系统环境下的审计》，向建立完善的计算机会计系统审计的法规体系迈出了重要的一步，对于开展计算机审计具有重要意义。

(5) 财政部 2001 年 6 月发布的《内部会计控制规范——基本规范（试行）》系统地明确了内部会计控制的目标和原则、内部会计控制的内容、内部会计控制的方法、内部会计控制的检查等问题。

(6) 财政部 2013 年 12 月 6 日制定了《企业会计信息化工作规范》，进一步推动了企业会计信息化，节约社会资源，提高会计软件和相关服务质量，规范信息化环境下的会计工作。

7.1.2 会计电算化制度的设计原则

建立健全、严密、有效的内部控制制度，必须遵循内部控制的基本原则。

会计电算化信息系统的设计原则有合法性原则、标准化原则和经济性原则。

1. 合法性原则

合法性原则要求会计主体使用的软件必须符合财政部对会计核算软件功能规范的要求。

会计主体使用的软件符合合法性原则的要求是建立计算机会计系统内部控制的基础。

2. 标准化原则

标准化原则亦被称为业务处理程序标准化原则。会计电算化系统中会计业务的处理具有严格的时序性要求，例如结账前必须首先完成相应的账项调整和结转，结转时也有结转顺序的要求。

遵循标准化原则制定操作程序可对业务处理的过程进行严格的控制。

3. 经济性原则

经济性原则要求在确定具体的控制方法时，除对控制的效果予以必要的考量外，还须关注所采取措施的经济性，从而真正做到以最少的投入达到最好的效果。

遵循经济性原则有助于设计的会计电算化制度能够确保作业成本的合理降低。

7.2 会计电算化内部控制系统的设计

本节精要

内控本由制度生，目标明确易成功。
一般控制系基础，应用控制显灵通。

7.2.1 会计电算化内部控制系统的分类

国外的控制学者通常把控制系统划分为三类。

会计电算化内部控制系统的分类，如图 7-1 所示。

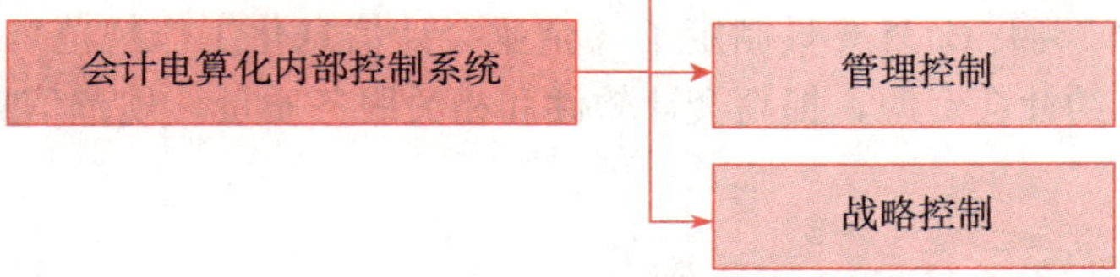

图 7-1　会计电算化内部控制系统的分类

世界范围的会计电算化应用程度表明，其内部控制系统已具备业务控制的大部分和管理控制的相当部分。

依据控制实施的范围，也可将会计电算化内部控制系统分为一般控制和应用控制。

一般控制亦称管理控制，是指对计算机会计信息系统的组织、运行安全、工作环境等方面进行的控制。

会计电算化系统的一般控制是以软件系统内在和外在环境控制为主的控制。

应用控制是指对计算机会计信息系统中具体的数据处理功能的控制。

7.2.2 会计电算化内部控制系统的一般控制设计

会计电算化内部控制系统的一般控制是会计电算化控制系统的核心和重点，是应用控制的基础。

会计电算化内部控制系统的一般控制包括组织控制、系统操作控制、硬件和系统软件控制、工作环境控制、系统安全控制和档案控制。

1. 组织控制

组织控制的基本目标是减少电子数据处理部门发生错误和舞弊的可能性。

组织控制包括：

(1) 职责分工。电算化会计信息系统建立后，通常会产生一个或几个新的部门和机构。不论如何设置部门和机构，从内部控制考虑，在会计电算化内部控制系统中都应特别注重职权的分割，必须贯彻不相容职务分离的原则。

(2) 人事控制。强有力的内部控制还取决于相关人员的素质，企业应建立人员招聘、在职教育、定期考评、岗位轮换、业务规章、奖惩制度等控制措施，对相关人员的知识、技能、职业道德提出更高的要求。

(3) 授权控制。凡是由计算机会计信息系统处理的业务都应经过授权。不是由计算机会计信息系统生成的业务，在计算机处理之前应通过审核与批准。

2. 系统操作控制

系统操作控制要求系统操作必须遵循一定的标准操作规程。

标准操作规程包括：

(1) 操作计划。计算机操作应该遵循操作计划。计划应该切实可行，留有重新运行、组合运行以及进行预防性维护的时间。操作计划应该按照管理部门设立的优先顺序编制，或按照操作系统安排的优先顺序编制。

(2) 机器操作规程。为计算机输入输出设备的运行设立标准操作规程。

(3) 作业运行规程。计算机操作员应当遵循每一个作业操作指南中的规定进行作业操作，这些规程一般包括程序运行顺序、设备和文件的使用要求以及对其他特殊操作的要求。

(4) 用机时间记录规程。应当对每个上机操作者所用时间进行记录，这样能够考核计算机完成的任务以及所耗机时。

3. 硬件和系统软件控制

硬件控制包括：

- 冗余字符检测
- 奇偶检验
- 重复处理检验
- 回声检验
- 设备检验
- 有效性检验
- 操作性控制

系统软件包括：

- 操作系统
- 公用程序
- 编译和汇编程序
- 数据库管理系统

系统软件具有管理功能、应用程序支持功能和控制功能。

4. 工作环境控制

工作环境不属于软件系统内部。

工作环境控制是指为保证会计电算化系统的正常条件而实施的控制。

工作环境的好坏会对会计电算化系统的安全产生直接影响。

工作环境控制包括：

(1) 硬件工作状况控制。会计电算化系统需要较多的硬件设备，如主机、键盘、监视屏、上网硬件等。为保证系统正常、安全运行，应建立对各类硬件设备的定期维修制度对关键设备要定期检测和维护，保证其处于良好的工作状态。

(2) 自然环境控制。计算机工作时，要求外界自然环境达到一定的标准。越是性能先进的计算机，对工作环境的要求越高。这类控制具体包括：机房环境控制，即要求机房的温度、湿度、防尘、防火等达到一定的条件；磁场环境控制，磁场的存在是看不见、摸不着的，但它在瞬间就可以破坏系统工作，尤其是损毁储存的各种数据，因此必须在没有磁场的空间建立会计电算化系统；形成环境控制制度。

自然环境控制包括建立防火制度、防磁制度，建立出入登记制度、机房财产保管制度。

5. 系统安全控制

影响系统安全因素的存在决定设计人在设计会计电算化信息系统时必须对系统安全控制予以足够的考量。

影响系统安全的因素包括：

(1) 不可控制的自然灾害。

(2) 非预期的、不正常的程序结束操作造成的故障。

(3) 存储数据的辅助介质（如磁盘）部分或全部遭到破坏。

(4) 计算机病毒侵入。

(5) 用户非法读取、执行、修改、删除、扩充和迁移各种数据、索引、模式、子模式和程序所导致的数据遭到破坏、篡改或泄露。

(6) 使用、维护人员的错误或疏忽。

(7) 利用计算机舞弊和犯罪。

系统安全控制指防止影响系统安全的因素危及计算机系统的安全，解决系统中的安全问题，通过解决这些问题使系统恢复正常。

系统安全控制包括：

(1) 硬件安全控制。建立设备经常性检查和保养制度，以保证设备的正常工作。规定机房禁止的行为，以维护机房的正常工作秩序。建立硬件故障发生时的应急措施，一旦出现硬件故障可以及时排除或防止故障进一步扩大。严禁无关人员接触计算机系统。

(2) 软件安全控制。对进入经济业务系统建立授权层次。只有经过授权的人员才能存取数据和进入程序。

(3) 环境安全控制。环境安全控制是为了给计算机提供正常的运行环境的控制措施。

(4) 建立网络防火墙。建立网络防火墙可以有效抵御外来病毒或黑客对网络系统的非法入侵。

(5) 不使用盗版软件。使用正版软件也必须经过严格的检测以确保无毒。

(6) 保存购买的系统盘和应用软件盘。认真保存购买来的系统盘和应用软件盘。

(7) 专机专用、专盘专用。确保计算机会计系统安全，要求实施重要工作的计算机应专机专用、专盘专用。

6. 档案控制

档案控制是指对会计档案的建立、保管、使用、复制、修改和销毁等方面的控制。

档案控制设计包括：

(1) 非书面输出的文档控制。应指出其副本该如何拷贝、保管和使用。

(2) 书面输出的文档控制。应规定输出文档的内容、件数，管理人和使用人的登记制度，并在系统中实行输出文档的自动连续编号。

(3) 文档查阅控制。无论输出何种文档，只要其源于系统内部，均应建立登记查阅制度以确保文档资料的安全、保密。

(4) 文档销毁控制。一些到期按规定可以销毁的文档，对已经输出的书面文档可以直接销毁，而其保留在计算机内的信息，则应通过专人按指定内容和范围进行删除；还应建立包括销毁人、销毁时间、件数、内容、审批手续等在内的销毁制度。

7.2.3 会计电算化内部控制系统的应用控制设计

会计电算化内部控制系统的应用控制是对电算化会计信息系统中的数据活动所进行的处理控制。

会计电算化内部控制系统的应用控制的作用在于：

(1) 确保经授权的业务数据均得到处理并转入介质中储存，将处理的结果通过适当方式输出。

(2) 确保经济业务事项在电算化内部控制系统中得到准确处理。

(3) 确保会计电算化内部控制系统可以持续地发挥效用。

应用控制是按会计电算化应用时计算机对数据资料进行处理的过程予以划分的。会计电算化内部控制系统的应用控制包括数据输入控制、数据处理控制和数据输出控制。

1. 数据输入控制

数据输入控制是指为保证输入电算化系统内的业务数据正确、真实和合法而设置的各种控制。

数据输入是电算化系统数据处理的基础。

数据输入控制的目的是确保：

(1) 业务信息在进入系统前经适当审批。

(2) 进入系统的业务信息是完整、真实的。

(3) 进入系统后业务信息得到及时转换、存储。

(4) 不适当的业务信息无法进入系统。

数据输入控制主要包括：

(1) 多重输入校验。将数据多次输入电脑（一般采用两次输入），由电脑对输入的数据进行比较，如果不相符合，机器就会提示操作者做相应的修改。

(2) 逻辑运算校验。按数据本身所具备的逻辑关系进行输入控制，检查一个记录的数值是否超过事先允许的界限和量级。比如，输入会计科目的编号若为 8888 时，显然超过科目编码的规定；又如，输入本人本月工资的扣款项目水电费为 9 990 元，这一般也不符合客观事实；再如，输入月份为 18 时，这是日历中不可能找到的。逻辑校验法一般要求事先在系统中设置逻辑值。

(3) 顺序校验。是对一批业务数据是否按顺序排列而进行的控制。

(4) 字段类型校验。是检验一个字段中的字符是否属于该字段的类型。

(5) 符号校验。即校验一个字段中算术符号的正确或错误。例如，发生的成本费用金额一般为正数，财产物资的结余金额一般应大于或等于零，一旦出现负数，就应提示出错信息，让用户进行修改。

(6) 校验码控制。即将数值型的代码末尾附加一位校验码，可以使用数字，也可以使用字母，用来校验输入代码是否正确。

(7) 合计数控制，也称总量控制。控制的数量可以是凭证张数，也可以是金额合计数。

(8) 平衡校验。将各种平衡方法程序化，当相应数据输入后电脑自动对其进行检查。

2. 数据处理控制

数据处理控制是为保证数据处理的正确性而设置的控制。

数据处理控制措施主要通过审核处理、进行数据有效性检验和处理有效性检验实现，一般应在系统设计时固化在系统软件中。

数据处理控制包括：

- 数据验证
- 数据计算
- 数据比较
- 数据合并
- 数据排序
- 文件更新和维护
- 数据访问

数据处理控制的控制措施一般被写入计算机程序，所以，数据处理控制也是自动控制。

- 数据改错

3. 数据输出控制

数据输出控制是指为保证合法、正确地输出各种会计信息而进行的控制。

数据输出控制的目的是及时、准确地将输出结果传递给经过适当批准的人员。

计算机数据输出的方式很多，有屏幕显示、打印输出、存入磁介质、网络传输等。

数据输出控制的方法有：

(1) 输出控制总数与输入控制总数相核对。输出控制总数与输入控制总数相核对的控制方法用于账、证、表的输出控制。

(2) 系统抽样检测。为了确保输出信息的正确性，往往要由数据输入部门或审计部门对会计电算化系统内部的数据进行抽样测试。抽样测试的入口可以通过查询子系统进行，也可以是重新输入抽样数据进行校对。进行抽样检测时，应注意抽样预计差错率的计算。

数据输出控制的最终目的是确定数据处理过程中是否发生任何未经授权的、由计算机操作部门进行的数据变换，确定输出结果是否正确、合理。

7.3 会计电算化信息系统维护与管理制度的设计

本节精要

电会岗位责任清，上机操作规范明。
软件硬件均呵护，备份防毒业务精。

会计电算化信息系统投入运行后，为了保证系统的长期稳定运行，必须对会计电算化信息系统的运行进行管理。

7.3.1 信息系统内部管理制度的设计

《内部会计控制规范——基本规范（试行）》第二十六条规定：电子信息技术控制要求运用电子信息技术手段建立内部会计控制系统，减少和消除人为操纵因素，确保内部会计控制的有效实施；同时要加强对财务会计电子信息系统开发与维护、数据输入与输出、文件储存与保管、网络安全等方面的控制。

1. 会计电算化岗位责任制度的设计

会计电算化岗位责任制设计的要点为：

(1) 要建立会计电算化岗位责任制。

(2) 要明确每个工作岗位的职责范围。

会计电算化岗位责任制设计要求：

- 事事有人管

- 人人有专责
- 办事有要求
- 工作有检查

会计电算化系统应设置财务负责人、系统管理员和一般操作人员等岗位。各岗位操作人员需进行必要的培训，按规定操作系统，不得擅越其各自职能权限。

（1）财务机构负责人职责权限。

1）负责组织实施和监督检查单位的财务信息化工作，负责会计电算化岗位的设定，确保不相容岗位相分离，组织会计电算化培训；2）负责会计电算化建设推进中与企业内部相关部门，系统服务商的协调工作，确保会计电算化的合法性和合规性；3）规范企业的财务行为，及时组织处理会计软件应用中的突发事件，防止利用计算机进行舞弊，制止不规范业务的发生。

（2）会计电算化系统管理员职责权限。

1）负责校办企业会计电算化系统的具体操作人员权限分配和调整；2）根据用户需求报企业信息化部门申请开通或删除相关账户；3）负责会计电算化系统参数设置和档案管理维护工作，负责企业的账套设立、增减，会计科目设置；4）负责企业个性化报表表样及公式的设计；5）处理日常操作过程中出现的系统软硬件、网络、数据库及会计软件问题，负责汇总应用中的问题，及时与系统服务商联系解决，保证系统的安全运行；6）负责监控使用情况，如系统监控及日志查询，发现重大异常操作应做好记录，并立即向财务部负责人报告；7）每周备份服务器数据库，并检查服务器运行状况，做好服务器的安全维护工作；8）定期或不定期通过系统监督和检查企业账务处理情况；9）其他会计电算化系统操作管理工作。

（3）一般操作人员职责权限。

1）严格按照会计电算化建设的有关规定及使用手册进行操作，不越权操作、不违规操作；2）妥善保管个人登录密码，严禁对外出借密码；3）所有会计业务处理，必须严格遵循财务制度、会计基础工作规范要求；4）督促企业财务人员通过系统按时上报财务报表和财务分析报告，及时发现、解决内部往来差异。

2. 会计信息系统操作制度的设计

会计主体实现会计电算化后，会计人员必须操作计算机才能进行会计核算工作，操作不正确会造成系统内数据的破坏或丢失，影响系统的正常运行。

会计信息系统操作制度的作用有：

- 保证会计信息系统正常运行。
- 保证会计核算工作顺利进行。
- 保证会计信息的安全与完整。

会计信息系统操作制度设计的主要内容包括：

（1）明确规定上机操作人员对会计软件的操作工作内容和权限，对操作密码要严格管理，指定专人定期更换操作员的密码，杜绝未经授权人员操作会计软件。

（2）预防已输入计算机的原始凭证和记账凭证等会计数据未经审核而登记机内账簿，保证会计数据正确、合法。

（3）操作人员离开机房前，应执行相应命令退出会计软件，否则会给无关人员越权操作软件提供机会。

(4) 会计电算化系统原则上专机专用，谢绝无关人员使用机器做其他与会计无关的工作。

(5) 不断改进预防计算机病毒的措施和制度。

3. 计算机硬件、软件和数据管理制度设计

计算机硬件、软件和数据管理制度设计包括：计算机硬件设备维护管理制度设计，会计软件和系统软件的维护管理制度设计，会计数据的安全维护管理制度设计。

(1) 计算机硬件设备维护管理制度设计。保证机房设备安全和计算机正常运行是进行会计电算化的前提条件。

计算机硬件设备维护管理制度设计的要点：

- 明确机房禁止的行为，以维护机房的正常工作秩序。
- 经常对有关设备进行保养，保持机房和设备的整洁。
- 制定硬件故障发生时的应急措施，防止意外事故的发生。
- 建立严格防范计算机病毒侵害的制度。

硬件维护工作应注意：对较小的故障，一般由本单位的会计电算化维护人员负责；对较大的故障，应及时与硬件生产或销售厂家联系解决。

(2) 会计软件和系统软件的维护管理制度设计。

会计软件的维护是会计电算化软件系统维护的主要工作。系统软件维护管理的主要任务有：

- 检查系统文件的完整性。
- 检查系统文件是否被非法删除和修改。
- 保证系统软件的正常运行。

会计软件的维护设计包括：

- 操作维护设计，指对会计主体日常维护会计软件工作的设计。
- 程序维护设计，指对会计主体的软件的修改、版本的升级等程序维护工作的设计。

程序维护则包括：

- 正确性维护，指诊断和改正错误的过程。
- 适应性维护，指当单位的会计工作发生变化时，为适应变化了的工作而进行的修改活动。
- 完整性维护，指为了维护已有功能而进行的软件修改活动。

会计主体使用商品化会计软件的修改、升级等程序维护应由软件开发厂家负责。

会计软件维护设计的要点为：

- 对正在使用的会计核算软件进行修改、对通用会计软件进行升级和对计算机应急设备进行更换等工作，要有一定的审批手续。
- 会计主体的会计软件的修改、版本的升级必须保证实际会计数据的连续和安全，并由有关人员进行监督。
- 系统维护员负责会计软件的维护工作，及时排除故障，确保系统的正常运行。

(3) 会计数据的安全维护管理制度设计。

会计数据的安全维护是为了确保会计数据和会计软件的安全、保密，防止对数据和软

件的非法修改和删除。

会计数据的安全维护管理制度设计内容包括：

- 必须经常进行备份工作，对磁性介质中存放的数据要保存双备份。
- 系统维护一般由系统维护员或指定的专人负责，数据录入员、系统操作员等其他人员不得进行维护操作。
- 制定会计系统发生意外事故时的会计数据维护制度，以解决因发生意外事故而使数据混乱或丢失的问题。

4. 电算化会计档案管理制度设计

电算化会计档案管理是重要的会计基础工作。

电算化会计档案指存储在计算机中的会计数据（以磁性介质或光盘存储的会计数据）和计算机打印出来的书面等形式的会计数据。

电算化会计档案的特点有磁性化、不可见性和易修改性。

会计主体必须加强对会计档案管理工作的设计，建立和健全会计档案的立卷、归档、保管、调阅和销毁管理制度，并由专人负责管理。

电算化会计档案管理制度设计的内容包括：

（1）会计档案必须有会计主管、电算化管理员的签章才能存档管理。

（2）对电算化会计档案管理要做好防磁、防火、防潮、防尘、防盗等工作，重要的会计档案应准备双份，存放在两个不同的地方。

（3）采用磁性介质保存会计档案，要定期进行检查，定期进行复制。

（4）防止由于磁性介质遭到破坏而使会计档案丢失。

（5）会计软件的全套文档资料及会计软件程序视同会计档案保管，管理期截止到该软件停止使用或有重大更改之后的5年。一般情况下，会计主体如遇到会计软件升级、更换以及会计软件运行环境改变的情况时，旧版本会计软件及相关的文档资料应与该软件使用期的会计档案一并归档。

（6）会计软件源程序和系统开发过程中形成的文档资料必须严格保管。

（7）档案的保密规定。对任何伪造、非法涂改、故意毁坏数据文件的行为都要进行相应的处理。

7.3.2 会计信息系统的相关管理制度设计

会计信息系统的运行需要设计规范的运行管理制度。

> 在正常运行出现问题的情况下，需要进行故障判断并加以解决。

会计信息系统的相关管理制度设计包括会计软件的数据备份制度设计和防范计算机病毒侵害制度设计。

1. 会计软件的数据备份制度设计

在会计信息系统中，会计数据的管理是保证系统数据安全和可靠的重要方面。为了确保会计电子数据的安全性，对电子数据进行备份处理是非常必要的。

计算机会计信息系统中的数据备份，通常是指将存储在计算机硬盘上数据库中的数据复制移动存储器中，另行保管。当硬盘上的数据发生故障时，能及时地从移动存储器恢复正确的数据。存储在硬盘上的会计数据必须建立数据备份，双备份下的两套备份介质应存放在不同的地点保管，并按会计档案的保存期限存档。

会计数据的备份通常采用的方式为：

会计核算软件一般都提供数据备份功能，不同的软件或许有不同的备份方式，比如有的使用“数据备份”功能，有的使用“数据另存为”功能等。

（1）小型会计软件。一般都运行在单机或单台服务器上，可以采用软件进行数据备份，一般是按天（不应超过一周时间）进行备份。也可以在计算机中不同的硬盘上进行备份，以防止硬盘损坏而丢失会计电子数据。对于这种数据备份方式，应按日期做好电子数据的档案管理工作。

（2）大型会计软件。系统运行的过程中，由于数据量大，一般应采用两个服务器和磁盘阵列进行双机热备份，以提高系统运行的安全性。当系统出现问题而导致会计数据出现丢失等错误的情况时，便可以用离当前日期最近的备份数据进行恢复处理，以尽可能减少损失。商品化会计软件都设置了“账套备份”与“账套恢复”功能，账套备份还可以采用常态化的“自动备份计划”功能，实现工作日的自动备份。

备份应该注意的问题有：

（1）系统中的会计数据需要至少每天进行一次硬盘备份或者启用自动备份系统，将系统日自动备份数据复制转储到与服务器不同物理位置的计算机上，并做好按期保密工作；每周五准备移动硬盘进行备份，以避免意外和人为错误造成对工作的干扰。

（2）电算主管应对每次备份情况做详细记录，记录的内容包括：本次备份的时间、所备份的会计数据状态（是否过账、结账等）以及所覆盖的会计期间。

（3）对于单机系统，凡是具有数据输入或系统设置权限的人员都应该有数据备份权，以便完成输入或设置后能够及时进行备份。对于网络系统，应设专人负责备份。

（4）严格规划会计软件备份权限设置，既要保证数据安全性，又要利于会计信息保密性要求，可统一授权系统管理员进行账套数据的备份。

2. 防范计算机病毒侵害制度设计

计算机病毒是危害计算机系统的一种手段，其传播泛滥的客观效果可危害或破坏计算机资源。

计算机病毒危害的后果很难预测，轻则中断或干扰计算机信息系统的工作，重则破坏机内数据，造成系统重大甚至无可挽回的损失。

在计算机会计系统的运行中必须对计算机病毒给予充分的重视，这就要求必须对计算机病毒有充分的了解。

> 了解计算机病毒的特点有利于制定对计算机病毒的防范管理制度。

典型计算机病毒及其说明如下：

（1）引导型病毒。在系统启动、引导或运行的过程中，病毒利用系统扇区及相关功能的疏漏，直接或间接地修改数据，实现其直接或间接传染、侵害或驻留等功能。

（2）文件型病毒。这些病毒以执行文件为对象，直接或间接实现其传染、侵害或驻留等功能。

（3）混合型病毒。这种病毒是以上两种病毒的混合体，它带有两种病毒的混合特征，如执行带病毒的可执行文件时可能发生对引导扇区的感染。

（4）操作系统型病毒。这类病毒将自身附贴到一个或多个操作系统模块或系统设备驱动程序以及一些高级的编译程序中，以篡改了的内容替代正常操作系统用的合法模块，在系统运行时病毒进入内存待机而发。这些模块可以是命令解释程序、系统输入输出程序或是任何非标准外设的专用驱动程序。操作系统一经启动，系统被引导后，病毒将获得控制。此后，在所有的时间内病毒将主动监视系统的运行，用户一旦调用这些系统软件，病毒将实施感染和破坏。

(5) 网络型病毒。这种病毒侵害的对象是网络功能。它侵害的途径基本是依靠网络的通信线路，从一个节点感染到另一个节点，蔓延非常迅速。

计算机病毒感染的具体表现为：

(1) 侵害计算机的引导区或破坏文件分区表，使系统无法启动或调用文件。

(2) 系统无法调用某些外部设备，如打印机、显示器等，但这些设备本身并无故障。

(3) 系统内存无故减少，软件运行速度减慢甚至死机。

(4) 在特定的日期，当前运行的文件突然被删除。

(5) 用户储存在硬盘上的文件被无故全部删除。

(6) 正在运行的计算机突然无故重新启动。

(7) 突然格式化特定的磁道、扇区甚至整个磁盘。

(8) 屏幕突然出现弹跳的小球、字符、某些特定的图形等。

正在工作的计算机发生突然的非正常运行通常都应首先怀疑是计算机病毒在起作用。

> 防范计算机病毒对计算机系统的损害，切断计算机病毒的传染途径是预防病毒的重要措施。

防范计算机病毒的基本方法包括预防计算机病毒传染计算机系统和防止计算机病毒对计算机系统的破坏。

预防计算机病毒传染计算机系统的措施包括：

(1) 建立网络防火墙以抵御外来病毒或“黑客”对网络系统的非法侵入。防火墙是设置在被保护网络和外部网络之间的一道屏障，以防止发生不可预测的、潜在性的侵入。它可以通过监视、限制、更改跨越防火墙的数据流，尽可能地对外部屏蔽网络内部的信息、结构和运行状态，以此来实现网络的安全保护。

(2) 绝不轻易使用来路不明的软件。所有软件必须经过严格的检测确保无毒才可使用。

(3) 妥善保管购买的正版系统软件和应用软件。

(4) 凡不需写入的存储介质都应设置成写保护状态。

(5) 用于重要的计算机和存储介质应该专机专用。

防止计算机病毒对计算机系统的破坏的主要措施包括：

(1) 使用防病毒软件经常对计算机系统进行检查以便在病毒发作前杀灭病毒，防止病毒对计算机系统的破坏。

(2) 不断改进数据备份技术并严格执行备份制度，从而在遭到计算机病毒侵害时可以使用备份数据及时将系统恢复到最近状态，尽量减少病毒造成的损失。

(3) 对定期发作的病毒，在病毒发作日尽量不使用计算机，在必须使用计算机时应修改计算机机器时间。

(4) 使用可以对受到破坏的数据进行抢救的软件，这些软件甚至可以在对硬盘进行格式化后，恢复硬盘中原来保存的数据。有条件的单位应根据需要置备这些软件以便在必要时抢救机内数据。

重要程序和数据文件一定要多做备份，这是防范病毒危害最简单的有效措施。

自我测试

复习与思考

1. 简述会计电算化制度设计的原则中判断软件合法性的要点。

2. 会计信息系统操作制度设计的要点包括哪些？

3. 计算机会计系统管理制度设计的基本原则有哪些？

4. 与传统手工条件下的会计工作相比，计算机引入后会给会计数据处理带来哪些控制问题？

设计与分析

试为某一企业设计计算机会计信息系统备份制度。

第 8 章

会计制度设计与法律

引 言

本章叙述了法律的一般知识，会计法、审计法的定义与调整对象，《中华人民共和国会计法》（以下简称《会计法》）和《中华人民共和国审计法》（以下简称《审计法》）的主要内容。本章是对《会计法》和《审计法》的概况性介绍。

学习目标

完成本章学习后，你应能够：

1. 解释法律、会计法、审计法的定义。
2. 理解会计法和审计法的调整对象。
3. 掌握《会计法》和《审计法》的主要内容。

8.1 会计制度设计与法律概述

本节精要

法律依存界定明，广狭之义须理清。
程序正义应牢记，立法权力人大行。

8.1.1 会计制度设计与法律的关系

会计制度设计与法律之间天然存在着依存关系。会计制度设计必须依据法律而进行，会计制度只有经得起法律的检验才能存在。

1. 《会计法》是会计制度设计的主要法律依据

会计制度设计作为一项依法进行的严肃工作，在实际设计的过程中不仅要符合财政部发布的《会计基础工作规范》的具体要求，而且还必须依据《会计法》的有关规定。

《会计法》是会计制度设计主要法律依据的要点，体现在：

- 会计制度设计必须符合《会计基础工作规范》的具体规定。
- 《会计基础工作规范》的制定依据是《会计法》。
- 《会计基础工作规范》属于广义会计法的范畴。
- 会计制度设计必须依据《会计法》的规定。

> 《会计法》是会计制度设计的主要法律依据。

会计制度设计人在设计会计制度时只有依据《会计法》的规定，其所设计的会计制度才可能加强会计主体的会计基础工作，建立规范的会计工作秩序，提高会计工作水平。

2. 设计的会计制度必须经得起《审计法》的检验

会计制度设计人设计的会计制度只有经得起《审计法》的检验，才可能保护会计主体的会计工作秩序，提高会计主体的会计工作水平，维护会计主体的合法权益。

设计的会计制度必须经得起《审计法》检验的要点为：

- 设计的会计制度必须有利于审计监督。
- 设计的会计制度必须经得起审计监督。

8.1.2 法律的一般知识

会计法和审计法是中国法律的重要组成部分，准确地理解会计法和审计法首先必须掌握法律的一般知识。

1. 法律的定义

法律有广义与狭义之分。

(1) 广义法律。广义法律是由国家制定或认可的体现统治阶级意志的以国家强制力保证实施的行为规范的总和。法律是国家权力机关制定或认可的，违反法律将被制裁。

国家是维护一个阶级对另一个阶级统治的机器。由国家制定的行为规范一般指成文法，系国家机关依据法定职权通过法定程序出台的具有法律效力的规范性文件。由国家认可的行为规范一般指习惯法，系国家未经一定的立法程序，而直接赋予社会生活中已经存在并已经为人们遵守的行为规则以法律效力，承认该行为规则为现行的法律规范。

广义法律包括的内容，如图 8-1 所示。

财政部发布的《会计基础工作规范》属于广义法律的范畴。

(2) 狭义法律。狭义法律是拥有立法权的国家机关依照立法程序制定和颁布的规范性文件。

程序系按时间先后或依次安排的作业步骤。按程序予以立法和进行包括会计制度设计在内的制度设计是极为重要的。按程序立法和进行制度设计体现了程序正义的要求，现代

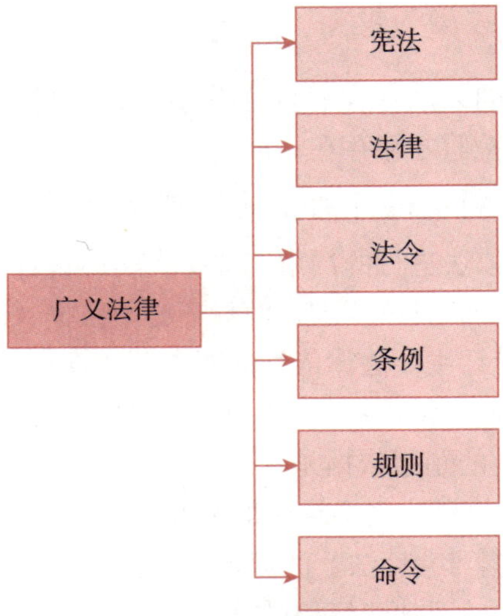

图 8-1　广义法律

法治国家对程序正义高度重视。

2. 法律规范与规范性文件

（1）法律规范。法律规范是由国家制定或认可的、体现统治阶级意志、以国家强制力保证实施的行为规则。

法律规范的逻辑因素，如图 8-2 所示。

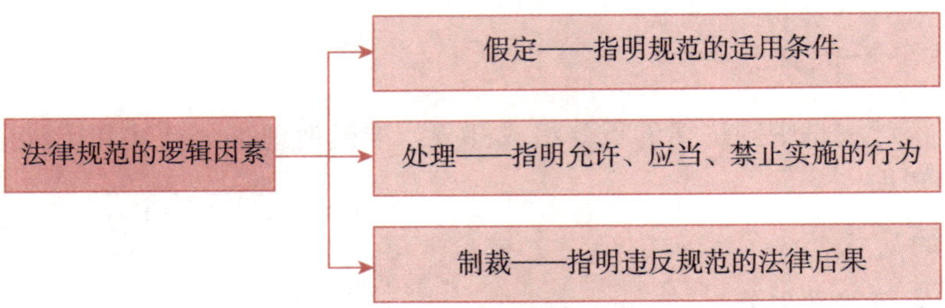

图 8-2　法律规范的逻辑因素

（2）规范性文件。规范性文件是国家机关在其职权范围内制定的要求人们普遍遵守的行为规则的文件。

规范性文件是法律规范的表现形式，具有法律规范的一般约束力。

3. 立法权

国家立法机关制定法律必须具有相应的立法权力。理解立法权对更深刻地认识法律具有不可或缺的重要意义。

立法权是国家制定、修改、废止法律的权力。中国法律的立法权由《中华人民共和国宪法》（以下简称《宪法》）予以明确规定。

《宪法》是国家的根本法，规定国家的社会制度、国家制度、国家机构、公民的基本权利和义务。《宪法》第五十八条规定，全国人民代表大会和全国人民代表大会常务委员会行使国家立法权。《宪法》第一百条规定，省、直辖市的人民代表大会和它们的常务委员会，在不同宪法、法律、行政法规相抵触的前提下，可以制定地方性法规，报全国人民代表大会常务委员会备案。宪法具有最高法律效力，立法权由宪法规定。

4. 法律的调整对象

了解法律的调整对象的意义有助于认识法律的作用。法律的调整对象指客观存在的社会关系。社会关系作为人们之间相互结成的联系，在人类社会实践中无所不在、极为繁杂。

社会是因共同的物质生产活动而相互联系的人们的总体。

不同的法律有不同的调整对象。法律调整的对象即法律所调整的社会关系性质不同，导致法律性质不同。法律性质不同，使得法律归属的法律部门也不相同。

8.2 会计法概述

本节精要

会计关系特点强，会计法律内容详。
五十二条须牢记，设计制度多考量。

会计制度设计必须依据《中华人民共和国会计法》的规定。

《中华人民共和国会计法》于1985年1月21日第六届全国人民代表大会常务委员会第九次会议通过；根据1993年12月29日第八届全国人民代表大会常务委员会第五次会议《关于修改〈中华人民共和国会计法〉的决定》第一次修正；1999年10月31日第九届全国人民代表大会常务委员会第十二次会议修订；根据2017年11月4日第十二届全国人民代表大会常务委员会第三十次会议《关于修改〈中华人民共和国会计法〉等十一部法律的决定》第二次修正。

8.2.1 会计法的含义

会计法是调整会计关系的法律规范的总称。会计法作为法律的一种也有广义与狭义之分。

（1）广义的会计法。广义的会计法是由国家制定或认可的以国家强制力保证实施的会计行为的法律规范的总和。

广义的会计法不仅包括会计基本法《会计法》，而且还包括《政府会计准则》《企业会计准则》《会计基础工作规范》等所有由国家制定或认可的，以国家强制力保证实施的有关会计的法令、规定、命令、办法等。

（2）狭义的会计法。狭义的会计法指拥有立法权的国家机关依照立法程序制定和颁布的会计规范性文件。狭义的会计法仅指会计基本法，即《中华人民共和国会计法》。

会计法律规范因发布的国家机关的权限不同而具有不同的法律效力。

8.2.2 会计法的调整对象

会计法的调整对象是会计法所要调整的内容，即会计关系。会计关系是会计主体在处理经济业务的过程中所发生的各种关系。

> 掌握会计法的调整对象有利于深刻地理解会计法。

会计关系的特点有：

- 会计关系以货币量度作为其统一的衡量尺度。
- 会计关系一旦发生势必引起会计主体资金数量的增减变动。
- 会计关系以会计凭证为依据。
- 会计关系离不开一套专门的会计核算、会计分析、会计检查、会计监督方法。

8.2.3 会计法的作用和特点

1. 会计法的作用

会计法的作用是会计法对国家和会计主体所产生的影响，可总结为：

- 维护社会主义市场经济的正常秩序。
- 保护会计主体资产的安全、完整。
- 保证会计机构的合理设置。
- 保障会计工作的有序进行。

2. 会计法的特点

会计法的特点可总结为：

- 会计法具有经济业务规范性。
- 会计法具有综合性。
- 会计法具有督促性。

8.2.4 会计法 的主要内容

《会计法》共有七章五十二条。

- 第一章　总　则　（第 1 条～第 8 条）
- 第二章　会计核算　（第 9 条～第 23 条）
- 第三章　公司、企业会计核算的特别规定　（第 24 条～第 26 条）
- 第四章　会计监督　（第 27 条～第 35 条）
- 第五章　会计机构和会计人员　（第 36 条～第 41 条）
- 第六章　法律责任　（第 42 条～第 49 条）
- 第七章　附　则　（第 50 条～第 52 条）

《会计法》各章的主要内容分别为：

1. 总则

总则是这部法律重要原则问题的规定。总则既是对该法其他各章规定的概括，同时，对其他各章亦具有指导的作用。总则规范会计主体的会计行为。

总则的主要内容为：

- 立法宗旨
- 适用范围
- 账簿设置的要求
- 单位负责人的责任范围
- 会计机构、会计人员的职责及其合法权益保护
- 对会计人员的奖励
- 会计工作管理体制
- 统一的会计制度及制定

2. 会计核算

第二章对会计核算进行了规定。

该章的主要内容为：

- 会计核算的范围及会计核算的客观性原则
- 会计核算的内容
- 会计年度
- 记账本位币
- 对会计核算总的要求
- 对原始凭证和记账凭证的规定
- 对会计账簿的规定
- 对账实、账证、账账、账表核对的规定
- 或有事项
- 财务会计报告
- 会计记录文字
- 会计档案的保管

3. 公司、企业会计核算的特别规定

第三章明确了公司、企业会计核算的特别规定。公司、企业进行会计核算时还必须执行特别的规定。

该章的主要内容为：

- 公司、企业进行会计核算，除应当遵守本法第二章的规定外，还应当遵守的规定
- 公司、企业确认、计量和记录资产、负债、所有者权益、收入、费用、成本和利润的规定
- 公司、企业进行会计核算的禁止性行为

4. 会计监督

第四章为会计监督。会计监督是国家管理部门及各单位的会计机构、会计人员依法对经济业务活动和财务收支进行的审核、监察和督导。监督检查部门必须依法对会计主体实施会计监督。

该章的主要内容为：

- 单位内部会计监督制度的规定
- 单位会计机构、会计人员的会计监督职责
- 对会计违法行为的检举
- 会计师事务所对会计工作的会计监督
- 财政、审计、税务、人民银行、证券监管、保险监管等部门会计监督的权责
- 对会计主体接受有关监督检查部门依法实施的会计监督的规定

5. 会计机构和会计人员

第五章为会计机构和会计人员。

该章的主要内容为：

- 会计机构的设置和会计人员的配备
- 会计机构内部的稽核制度
- 对不相容职务的规定
- 从事会计工作的人员是否具备专业能力
- 会计人员的职业道德和对会计人员的教育和培训
- 对不得再从事会计工作的规定

6. 法律责任

第六章为法律责任。任何监督检查部门、会计主体、单位负责人、会计机构和会计人员只要违反会计法的规定就应该承担相应的会计法法律责任。会计法规定的法律责任有行政责任和刑事责任两种。

> 法律责任是行为人违反《会计法》规定的义务而应承担的法律后果。

该章的主要内容为：

- 不依法设置会计账簿、填制和取得会计凭证等十种违法行为应承担的法律责任
- 伪造、变造会计凭证、会计账簿，编制虚假财务会计报告等违法行为应承担的法律责任
- 隐匿、故意销毁依法应当保存的会计凭证、会计账簿、财务会计报告应承担的法律责任
- 授意、指使、强令他人实施违法会计行为应承担的法律责任
- 单位负责人对依法履行职责、抵制违法行为的会计人员实行打击报复应承担的法律责任
- 财政部门及有关行政部门工作人员滥用职权、玩忽职守、徇私舞弊或者泄露国家秘密、商业秘密应承担的法律责任
- 违反本法规定将检举人姓名和检举材料转给被检举单位和被检举人个人应承担的法律责任
- 违反本法规定同时违反其他法律规定的处罚规定

7. 附则

第七章为附则。附则是附在法律、法规、条约、规则、章程等后面的补充性条文，一般是对生效时间、修改程序等事项的规定。

该章的主要内容为：

- 本法用语的含义
- 个体工商户会计管理具体办法的制定
- 对实施时间的规定

单位负责人是指单位法定代表人或者法律、行政法规规定代表单位行使职权的主要负责人。

8.3 审计法概述

本节精要

> 制度检验审法良，审计监督作用强。
> 五十四条须遵照，言简意赅多回想。

会计制度设计必须有利于审计监督，会计制度设计必须经得起审计监督。在我国，审计机关和审计人员实施审计监督的法律依据是《中华人民共和国审计法》。

《中华人民共和国审计法》于 1994 年 8 月 31 日由第八届全国人民代表大会常务委员会第九次会议通过；根据 2006 年 2 月 28 日第十届全国人民代表大会常务委员会第二十次会议《关于修改〈中华人民共和国审计法〉的决定》修正。

《中华人民共和国审计法》是中华人民共和国的第一部审计法。

8.3.1 审计法的含义与作用

1. 审计法的含义

审计法是调整审计关系法律规范的总称。审计法作为法律的一种也有广义与狭义之分。

(1) 广义的审计法。广义的审计法是由国家制定或认可的以国家强制力保证实施的审计行为的法律规范的总和。

广义的审计法不仅包括审计基本法——《审计法》，而且还包括《中华人民共和国审计法实施条例》在内的所有由国家制定或认可的，以国家强制力保证实施的有关审计的法令、准则、决议、命令、办法等。

(2) 狭义的审计法。狭义的审计法指拥有立法权的国家机关依照立法程序制定和颁布的审计规范性文件。狭义的审计法仅指审计基本法，即《审计法》。

审计法律规范因发布的国家机关的权限不同而具有不同的法律效力。

2. 审计法的作用

审计法作为行政法的一种，以保护公共利益为目的，该法法律关系主体的一方或双方是国家或社会公共团体。

审计法的作用是审计法对国家政治、经济所产生的影响，具体体现在：

- 加强国家的审计监督
- 维护国家财政、经济秩序
- 促进廉政建设
- 保障国民经济健康发展

8.3.2 审计法的立法依据

立法依据是立法的出处和来源，国家立法机关制定法律必须具有相应的立法依据。了解立法依据对更深刻地认识法律具有十分重要的意义。

立法依据是国家立法机关在按照立法程序制定审计法律的过程中所遵循的出处和来源。

审计法的立法依据是宪法。宪法是国家的根本法，具有最高法律效力，是制定其他法律的依据。

《宪法》第九十一条规定，国务院设立审计机关，对国务院各部门和地方各级政府的财政收支，对国家的财政金融机构和企业事业组织的财务收支，进行审计监督。

审计机关在国务院总理领导下，依照法律规定独立行使审计监督权，不受其他行政机关、社会团体和个人的干涉。

《宪法》第一百零九条规定，县级以上地方各级人民政府设立审计机关。地方各级审计机关依照法律规定独立行使审计监督权，对本级人民政府和上一级审计机关负责。

《宪法》第九十一条、第一百零九条是审计法的立法依据。

8.3.3 审计法的调整对象

审计法的调整对象是审计法所要调整的内容，即审计关系。

> 掌握审计法的调整对象有利于深刻地理解审计法。

审计关系是国家在进行审计监督过程中所发生的各种关系。例如：

- 审计授权关系
- 审计监督关系
- 审计领导关系
- 审计管辖关系
- 审计协作关系
- 审计监管关系
- 审计指导关系
- 审计责任关系

> 国家进行审计监督的形式不同，所发生的审计关系也不相同。

…………

审计法的调整对象是审计关系，审计法调整对象的特点也就是审计关系的特点，这是审计关系作为一种社会关系不同于其他社会关系的特有之处。

审计关系的特点可总结为：

- 经济性
- 不平等性

- 强制性
- 综合性
- 专业技术性

不平等性和强制性是审计法调整对象的重要特点。

8.3.4 《审计法》的主要内容

《审计法》共有七章五十四条。

- 第一章　总则　(第 1 条～第 6 条)
- 第二章　审计机关和审计人员　(第 7 条～第 15 条)
- 第三章　审计机关职责　(第 16 条～第 30 条)
- 第四章　审计机关权限　(第 31 条～第 37 条)
- 第五章　审计程序　(第 38 条～第 42 条)
- 第六章　法律责任　(第 43 条～第 52 条)
- 第七章　附则　(第 53 条～第 54 条)

《审计法》各章的主要内容分别为：

1. 总则

第一章总则是对该法其他各章规定的概括，同时，对该法的其他各章亦具有指导的作用。

总则的主要内容为：

- 审计法的立法宗旨
- 审计法的立法依据
- 国家实行审计监督制度
- 国家审计监督的范围及审计监督的基本任务
- 审计机关设立的原则
- 审计机关依法审计的原则
- 审计机关和审计人员的基本职业准则

国家审计监督的原则是国家进行审计监督所依据的法则或标准。

2. 审计机关和审计人员

审计机关指代表国家依法行使审计监督权的行政机关，包括国务院和县级以上地方各级人民政府的审计机关。审计人员指审计机关的工作人员，是公务员的构成之一。审计署是我国最高的国家审计机关。

合理地设置审计机关，依法确定审计机关的领导体制，并为审计机关配备合格的审计人员是国家实行审计监督制度在机构和人员方面的重要保证。

该法第二章对审计机关和审计人员进行了规定。

该章的主要内容为：

- 审计机关的设置
- 审计机关的领导体制
- 审计特派员制度

- 审计机关经费来源
- 审计人员的任职资格
- 审计人员的回避义务与保密义务
- 对审计人员的法律保护
- 审计机关负责人的任免

3. 审计机关职责

审计机关作为政府的一个部门，在行政执法过程中必须依法履行自己的职责。审计机关职责指法律、行政法规规定的审计机关应当完成的职能任务和应承担的责任，是审计机关的法定工作和责任。

第三章明确界定了审计机关的职责。

该章的主要内容为：

- 审计机关的审计范围
- 审计机关对特定项目进行的专项审计调查
- 审计机关审计调查结果的报告
- 审计机关的管辖范围
- 审计机关对内部审计机构的指导和监督
- 审计机关对社会审计机构出具的相关审计报告进行核查的范围

> 界定审计机关职责的意义在于有利于依法行政。

4. 审计机关权限

审计机关是国家的行政机关。国家通过审计立法的方式授予审计机关一定的行政权力。审计机关在审计监督过程中，可在国家的授权范围内依法行使相应的行政权力。审计机关权限是国家依法赋予审计机关在审计监督过程中所享有的职权范围。

国家通过《审计法》授予审计机关的权限为：

- 要求提供、报送资料权
- 监督检查权
- 调查取证权
- 查询账户权
- 采取行政强制措施权
- 建议纠正违法事项权
- 审计结果通报权和审计结果公布权
- 提请公安、监察、财政、税务、海关、价格、工商行政管理等机关予以协助权

5. 审计程序

审计机关和审计人员在实施审计的过程中，严格遵守审计程序是实现审计工作规范化的一个重要标志。审计程序是审计工作程序的简称。审计程序具有强制性，无论是审计机关、审计人员还是被审计单位都必须严格遵守。

该法第五章规定了如下审计程序：

- 审计事项的确定程序
- 审计组的组成程序

- 审计通知书的送达程序
- 审计调查取证的程序
- 审计报告的提交程序
- 审计意见书的出具程序
- 对违法事项的处理、处罚程序
- 审计意见书和审计决定的送达程序
- 审计决定的生效程序
- 审计决定的变更或者撤销程序

6. 法律责任

无论是审计机关及其审计人员，还是被审计单位及其工作人员，只要违反《审计法》的规定，就应该承担相应的审计法法律责任。审计法规定的法律责任有行政责任和刑事责任两种。

该章的主要内容为：

- 被审计单位拒绝审计或为审计设置障碍的法律责任
- 对被审计单位责任人行政责任、刑事责任的追究
- 对本级政府部门和下级政府违反预算等行为的处理
- 对被审计单位违反财务收支行为的处理与行政责任的追究
- 对被审计单位违反财务收支行为责任人的处理与行政责任追究
- 被审计单位财政、财务收支违法犯罪应追究的法律责任
- 对报复陷害审计人员责任人追究的法律责任
- 对审计人员违法行为追究的法律责任

7. 附则

该章的主要内容为：

- 对军队审计工作的规定
- 对实施时间的规定

中国人民解放军审计工作的规定，由中央军事委员会根据《审计法》制定。

自我测试

复习与思考

1. 会计制度设计与法律的关系如何？
2. 法律规范与规范性文件的概念分别是什么？
3. 简述会计法的作用和特点。
4. 简述《会计法》的主要内容。
5. 审计法的立法依据是什么？
6. 简述《审计法》的主要内容。

设计与分析

北京籍的小A与黑龙江籍的小C从北京某大学英语系毕业后，在北京集资创办了一家翻译公司。小A与小C委托某会计咨询公司设计本公司的会计制度。设计要求如下：

（1）因为公司规模较小，公司的会计机构配备两名会计人员。

（2）因公司主营业务为外语翻译，公司的会计记录的文字应当使用英文。

（3）公司拟采用电算化会计记账。

请分析：

该会计咨询公司能否完全按翻译公司的设计要求进行会计制度设计？请说明原因。

参考书目

1. 牛慧，李树. 审计新论. 北京：中国经济出版社，1990.
2. 牛慧. 基础会计理论. 哈尔滨：黑龙江人民出版社，1995.
3. 李树. 会计法学与会计. 哈尔滨：黑龙江教育出版社，1997.
4. 苏君. 会计制度设计. 北京：经济科学出版社，1999.
5. 阎德玉. 会计制度设计. 武汉：湖北人民出版社，1999.
6. 张爱民. 财务制度设计. 北京：高等教育出版社，2000.
7. 张德升. 会计制度设计. 上海：上海交通大学出版社，2001.
8. 李殿富. 会计制度设计. 北京：中央广播电视大学出版社，2002.
9. 张跃进. 企业内部会计制度设计（第二版）. 北京：经济科学出版社，2002.
10. 邵瑞庆. 会计学导论. 上海：上海三联书店，2002.
11. 于长春. 会计制度设计（第三版）. 北京：首都经济贸易大学出版社，2013.
12. 牛慧. 审计学原理（第二版）. 北京：中央广播电视大学出版社，2003.
13. 田昆儒 会计制度设计模拟试卷. 北京：清华大学出版社，2005.
14. 王国生. 会计制度设计. 北京：北京日报出版社，2004.
15. 张文贤. 会计制度设计案例. 上海：立信会计出版社，2004.
16. 王炜，金跃武. 基础会计（第四版）. 北京：高等教育出版社，2018.
17. 伍中信，肖美英. 现代企业会计制度设计（第二版）. 北京：中国人民大学出版社，2009.
18. 李贻玲，田旺林. 企业会计制度设计. 北京：科学出版社，2005.
19. 李端生，王玉兰. 会计制度设计（第六版）. 大连：东北财经大学出版社，2017.
20. 于富生，黎来芳，张敏. 成本会计学（第 8 版）. 北京：中国人民大学出版社，2018.
21. 阎至刚. 会计制度设计（第二版）. 北京：中国人民大学出版社，2010.
22. 李凤鸣. 会计制度设计（第五版）. 上海：复旦大学出版社，2019.
23. 何卫红. 财务会计新编（第二版）. 北京：清华大学出版社，2007.
24. 屈志凤. 会计制度设计. 天津：天津大学出版社，2010.
25. 王仲兵. 会计制度设计. 北京：中央广播电视大学出版社，2011.

图书在版编目（CIP）数据

会计制度设计/牛慧主编. --4版. --北京：中国人民大学出版社，2020.6
21世纪高职高专精品教材. 会计系列
ISBN 978-7-300-27427-0

Ⅰ. ①会… Ⅱ. ①牛… Ⅲ. ①会计制度-设计-高等职业教育-教材 Ⅳ. ①F233

中国版本图书馆CIP数据核字（2019）第196802号

"十三五"职业教育国家规划教材
"十二五"职业教育国家规划教材
经全国职业教育教材审定委员会审定
21世纪高职高专精品教材·会计系列
会计制度设计（第四版）
主　编　牛　慧
副主编　陈平平　肖康元
Kuaiji Zhidu Sheji

出版发行	中国人民大学出版社		
社　址	北京中关村大街31号	**邮政编码**	100080
电　话	010－62511242（总编室）		010－62511770（质管部）
	010－82501766（邮购部）		010－62514148（门市部）
	010－62515195（发行公司）		010－62515275（盗版举报）
网　址	http://www.crup.com.cn		
经　销	新华书店		
印　刷	北京昌联印刷有限公司	**版　次**	2009年4月第1版
规　格	185 mm×260 mm　16开本		2020年6月第4版
印　张	14	**印　次**	2022年7月第2次印刷
字　数	333 000	**定　价**	38.00元